Virtuelle Welten?
Die Realität des Internets

COLLEGIUM GENERALE UNIVERSITÄT BERN

Kulturhistorische Vorlesungen
2005/2006

PETER LANG
Bern · Berlin · Bruxelles · Frankfurt am Main · New York · Oxford · Wien

Virtuelle Welten?
Die Realität des Internets

Herausgegeben im Auftrag des Collegium generale von
Thomas Myrach und Sara Margarita Zwahlen

PETER LANG
Bern · Berlin · Bruxelles · Frankfurt am Main · New York · Oxford · Wien

Bibliografische Information Der Deutschen Bibliothek
Die Deutsche Bibliothek verzeichnet diese Publikation in der Deutschen Nationalbibliografie; detaillierte bibliografische Daten sind im Internet über ‹http://dnb.ddb.de› abrufbar.

ISSN 0171-7332
ISBN 978-3-03911-310-1

Hochfeldstrasse 32, Postfach 746, CH-3000 Bern 9
info@peterlang.com, www.peterlang.com, www.peterlang.net

Inhaltsverzeichnis

Vorwort

In den vergangenen Jahrzehnten hat der Computer seinen Siegeszug von einer nur für ausgesuchte Problemstellungen eingesetzten mächtigen Rechenmaschine hin zu einem allgegenwärtigen und vielfältig nutzbaren Gebrauchsgegenstand vollzogen. Durch die Vernetzung von Rechnern ist das Potential dieser Technologie noch dramatisch gesteigert worden, sind neuartige, vorher kaum erahnte Informations- und Kommunikationsmöglichkeiten entstanden. Eine zentrale Vernetzungstechnologie stellt dabei das Internet dar, auf dessen Basis heute eine weltumspannende Zusammenarbeit zwischen Rechnern und den dahinter befindlichen Menschen als deren Nutzer möglich ist. Damit wird eine technologische Infrastruktur geschaffen, deren Benutzung die verschiedensten Lebensbereiche in mehr oder minder grossem Ausmass beeinflusst.

Im Zusammenhang mit Computern und gerade auch mit der Nutzung des Internets wird nebst anderen modischen Termini häufig mit dem Begriff der Virtualität operiert. Als virtuell gilt die Eigenschaft einer Sache, die nicht in der Form existiert, in der sie zu wirken scheint, aber in ihrem Wesen und ihrer Wirkung einer real existierenden Sache gleichartig ist (nachzulesen beim Online-Lexikon Wikipedia). Das Internet selbst kann als ein virtuelles Netz bezeichnet werden, da es für seine Nutzer den Anschein eines einzigen, zusammenhängenden Netzes vermittelt, obwohl es sich um den Zusammenschluss verschiedener Rechnernetze handelt. Im Internet ist das Einkaufen in virtuellen Läden möglich, kann man Kunst in virtuellen Museen erleben, können virtuelle Klassenzimmer gebildet werden, ist ein virtueller Schalter von Ämtern geöffnet, lässt sich gar ein virtuelles Leben führen. Letzteres erlaubt beispielsweise die virtuelle Welt mit dem bezeichnenden Namen *Second Life*.

Second Life ist eine proprietäre Plattform für avatar-basierte Interaktion im Internet. Als Avatare werden dabei die grafischen Repräsentationen von Benutzern bezeichnet, mit denen sich diese durch die virtuelle Welt bewegen. In *Second Life* nehmen Benutzer zugleich die Rolle von Produzenten und

Konsumenten ihrer virtuellen Realität wahr. Der Anbieter von *Second Life*, die in San Francisco ansässige Firma Linden Lab, beschränkt sich darauf, die technische Infrastruktur zur Verfügung zu stellen. Als Produzenten digitaler Inhalte werden Benutzer zu Eigentümern ihrer geistigen Arbeit und haben in *Second Life* die Möglichkeit, bestimmte Nutzungsrechte an Dritte zu vergeben. Dies kann im Austausch für Linden Dollar, eines zum Konsum gewisser Funktionen von Second Life beschränkt geltenden Lizenzrechtes, geschehen. Der als Komplementärwährung zu betrachtende Linden Dollar kann an einem von Linden Lab betriebenen Devisenmarkt für US Dollar ver- bzw. gekauft werden. Neben vielen Privatleuten sind bereits auch eine Anzahl von Profit- und Non-Profit-Organisationen mit eigenen Niederlassungen in *Second Life* vertreten.

Obwohl der Begriff der Virtualität oft und gerne in Zusammenhang mit Phänomenen im Umfeld des Internets gebraucht wird, ist diese Charakterisierung nicht immer so angemessen und treffend wie etwa in *Second Life*. In manch anderem Fall wirkt diese Bezeichnung etwas bemüht. Man darf sich fragen, inwieweit realweltliche Handlungen allein durch Nutzung von Diensten und Medien des Internets eine virtuelle Natur bekommen. Um nur ein Beispiel zu nennen: Ein Anbieter nutzt eine Plattform im *World Wide Web (WWW)*, um darüber seine Produkte zu verkaufen. Wie angemessen ist es, dabei von einem virtuellen Laden zu sprechen? Praktisch wird damit in der Regel ein typischer Versandhandel implementiert, nur dass statt einem papiergebundenen Katalog und herkömmlichen Postverkehr das elektronische Medium zum Zuge kommt. Der traditionelle Versandhandel wurde bis anhin noch kaum als die virtuelle Form eines Verkaufsladens aufgefasst. Vielleicht ist also bei der elektronischen Verkaufsplattform die Analogie schlicht unglücklich und man müsste von einem virtuellen Versandhandel reden. Jedoch: Ist der verschickte Papierkatalog real, der elektronische Katalog auf der Plattform dagegen virtuell? Ist die auf einem Papierformular eingetragene und postalisch versendete Bestellung real, die entsprechende Eingabe über ein elektronisches Bestellformular hingegen virtuell? Man mag dies so sehen, muss es aber nicht.

Die grosse Bedeutung des Internets als eine ubiquitäre Vernetzungstechnologie und die damit zusammenhängenden vielfältigen Konsequenzen haben uns bewogen, diesem Thema eine Veranstaltungsreihe des Collegium generale zu widmen. Die Abgrenzungsproblematik zwischen Realität und Virtualität einerseits sowie die scheinbar unauflösbaren Zusammenhänge von Virtualität und Realität anderseits haben uns bei der Bestimmung des Veranstaltungstitels «Virtuelle Welten? Die Realität des Internets» geleitet.

Bei der Auswahl der Referentinnen und Referenten für die Vorlesungsreihe zeigte sich sehr schnell, dass die Beschäftigung mit dem Internet wahrhaftig von quasi universalem Interesse ist. Kaum ein Fachbereich, in dem sich nicht relativ leicht ein Vertreter oder eine Vertreterin finden liess, der bzw. die sich aus ihrem jeweiligen Blickwinkel mit den Auswirkungen des Internets und seiner Nutzung auseinander setzt. Es wäre wohl nicht schwer gewesen, gleich mehrere Veranstaltungsreihen zu diesem Thema zu füllen. Insofern können wir mit den in diesem Buch wiedergegebenen Beiträgen keine umfassende oder gar erschöpfende Behandlung dieses Themas für uns in Anspruch nehmen, sondern nur einzelne Schlaglichter auf das Phänomen Internet und seine Nutzung werfen. Jedoch ist der Kreis der unterschiedlichen Disziplinen gross, denen die einzelnen Referenten und Referentinnen und Verfasser bzw. Verfasserinnen entstammen: Vertreten sind die Naturwissenschaften, die Geisteswissenschaften, die Humanwissenschaften, die Wirtschafts- und Sozialwissenschaften, die Rechtswissenschaften, die Medizin und die Theologie. Damit sollte eine grosse Breite verschiedener Perspektiven gewährleistet sein, die in diesem Band abgedeckt werden. Die unterschiedlichen Ansatzpunkte versprechen vielfältige Einsichten in die Wirkungen der «virtuellen» Medien des Internets.

Das Internet ist vor allem erst einmal eine technische Infrastruktur, die durch eine spezifische Protokollarchitektur geschaffen wird, über welche dann Rechnernetze zu einem einzigen umfassenden virtuellen Netz zusammengeschlossen werden können. Die noch relativ junge Entstehungsgeschichte des Internets und seine Funktionsweise werden skizziert im Beitrag von Torsten Braun.

Das Internet ist ein neues Medium bzw. eine Technologie, in der neue Medien gebraucht werden. Die Nutzung des Internets stellt damit eine Herausforderung dar, und es fragt sich, wie Menschen mit diesem Medium umgehen. In ihrem Aufsatz Internet und Psychologie gehen Groner/Scholler/Wismarth auf Fragen der Benutzerfreundlichkeit ein und stellen Kommunikationstheorien vor, die in diesem Zusammenhang von Bedeutung sind. Zudem nehmen sie aus einer psychologischen Sicht zu dem vermeintlichen oder tatsächlichen Problem der Internetsucht Stellung.

Auch der Beitrag von Elke Hentschel beschäftigt sich mit Besonderheiten von Internetmedien, allerdings aus einer linguistischen Sichtweise heraus. Ausgehend von einer Charakterisierung der verschiedenen Internetdienste in asynchrone und synchrone, legt sie einen besonderen Schwerpunkt auf den Sprachgebrauch bei dialogischen Formen der asynchronen Kommunikation im Internet. Dabei stellt sie sich die Frage, inwieweit ein Medium wie Chat eine schriftliche oder mündliche Kommunikation darstellt, und sie zeigt anhand plastischer Beispiele auf, wie in der schriftbetonten Kommunikation in Internet-Medien nonverbale Elemente Einfluss finden.

In ihrem Beitrag über Massenkommunikation im Internet charakterisiert Philomen Schönhagen aus der Perspektive der Medienwissenschaften, inwieweit das Internet ein Medium für Massenkommunikation ist bzw. traditionelle Medien der Massenkommunikation und die mit ihnen verbundenen Berufsstände wie den Journalismus zu ergänzen oder zu ersetzen vermag. Dabei werden Medien wie Chats und Newsgroups sowie Weblogs analysiert. Gerade den Blogs wird verschiedentlich das Potential zugesprochen, die klassische Rolle des Journalismus als Bündelung von Neuigkeiten und Meinungen zu ergänzen oder gar zu ersetzen und somit auch eine *Grassroot*-Massenkommunikation zu ermöglichen. Dies beleuchtet die Medienwissenschaftlerin kritisch.

Der Reigen der einführenden Beiträge wird abgeschlossen mit Betrachtungen zum virtuellen Netz aus einer medienphilosophischen Perspektive von Gerhard Johann Lischka. Der Autor stellt dabei verschiedene Aspekte einerseits der Vernetzung und andererseits der digitalen Welt in einen grösseren Kontext und wirft diesbezüglich grundsätzliche Fragen auf. Er vermag damit von den Detailfragen der Mediennutzung im Internet auf die grösseren Perspektiven zu verweisen.

Insbesondere seit dem Aufkommen des Hypertext-Mediums *World Wide Web* wird das Internet auch ökonomisch genutzt. Ein zentrales Thema der Ökonomie ist die Organisation von Austauschverhältnissen auf sogenannten Märkten. In diesem Zusammenhang stellt sich die Frage, inwieweit durch das Internet ein spezifischer «virtueller» Marktraum geschaffen wird und welche

Eigenschaften dieser Marktraum allenfalls hat. Anhand der Beispiele der Internetsuche nach Produkten und der Durchführung von Online-Auktionen erläutert Thomas Myrach spezifische Ausprägungen von ökonomischen Gesetzmässigkeiten im Netz der Netze.

Das Internet im Allgemeinen und das *World Wide Web* im Besonderen stellen einen immensen Informationsraum dar, in dem zu allen denkbaren (und gelegentlich auch undenkbaren) Themen reichhaltige Informationen abgerufen werden können. Damit sind neue Möglichkeiten, aber auch Gefahren verbunden. Aus der Perspektive der Medizin wird dies im Beitrag von Simon Hölzer über informierte Patientinnen und Patienten und *Cyber*-Hypochonder exemplarisch dargestellt. Danach kann das Internet ein wichtiges Werkzeug auf dem Weg zum informierten Patienten, zur informierten Patientin sein, der bzw. die in der Gesundheitsdiskussion allenthalben gefordert wird. Allerdings bestehen hier massive Qualitätsprobleme, da gerade der nicht fachspezifisch vorgebildete Mensch korrekte von unkorrekten Informationen nicht ausreichend unterscheiden kann.

Das Thema Wissensvermittlung steht auch im kunsthistorischen Beitrag von Harald Kraemer über Hypermedia und virtuelle Museen im Mittelpunkt. Er stellt verschiedene Möglichkeiten dar, wie mit den Mitteln des Internets und der Multimedialität Kunstgegenstände virtuell vermittelt werden können und wie sich diese Art der Vermittlung ergänzend zu den klassischen Formen der Präsentation in Museen einsetzen lässt.

Weniger die Wissensvermittlung als Spass und Unterhaltung werden in dem Beitrag von Alexandra Papadopoulos über Computerspiele thematisiert. Computerspiele sind das Beispiel für virtuelle Welten schlechthin, und mit der Vernetzung via Internet werden weitere Möglichkeiten in Richtung kooperativer Spiele eröffnet. Dabei zeigt sich, dass einerseits die virtuellen Computerwelten klare Bezüge zur Realität aufweisen und andererseits die Realität Auswirkungen auf diese virtuellen Welten haben kann, wie das etwa im oben angesprochenen *Second Life* deutlich wird.

Das Internet schafft nicht nur Markträume, Wissensräume und Spielräume, sondern auch Treffräume, in denen Menschen miteinander kommunizieren, Wissen und Ideen austauschen. Dies wird etwa deutlich im Beitrag von Joana

Breidenbach über die Ethnographie des Cyberspace. Sie stellt die Frage von Identität im Internet. Breidenbach fokussiert insbesondere zwei Phänomene, welche durch die neuen internetbasierten Medien ermöglicht werden: Zum einen die Transnationalisierung als neue Organisationsform von Familie, Staat und ethnischen Gemeinschaften und zum anderen die Artikulation der Identität marginalisierter Gruppen und Interessensverbände ethnischer Minderheiten. Demnach ist der Cyberspace nicht ein virtueller Raum, in dem Menschen ihre kulturelle Identität aufgeben oder alle kulturellen Unterschiede aufgehoben werden, sondern sogar ein Instrument, um überhaupt erst kulturelle oder ethnische Identität zu gewinnen oder sich ihrer zu versichern.

Ebenfalls um Gemeinschaften (Communities) geht es im Beitrag von Marco Prestipino und Gerhard Schwabe. Sie untersuchen Tourismus-Communities unter dem Aspekt, dass diese ein Informationssystem darstellen, über das sich Reisende informieren können. Die Autoren vergleichen die Informationsqualität der Antworten, welche von solchen Tourismus-Communities erzeugt werden, mit denen, die aus klassischen Printprodukten wie Reiseführern entnommen werden können. Damit ist wiederum die Frage der «Entprofessionalisierung» des Informations- und Wissensaustausches gestellt, wie sie auch im Beitrag von Frau Schönhagen anklingt.

Eine spezifische Art der Community wird über sogenannte *Dating*-Plattformen ermöglicht, auf denen eine virtuelle Partnerwahl erfolgt. Die dabei stattfindenden Prozesse und Ergebnisse werden von Evelina Bühler-Ilieva aus einer soziologischen Sicht untersucht. Sie zeigt auf, wie Partnerwahl im virtuellen Raum geschieht, und welchen Erfolg eine so erfolgte Paarbildung letztlich hat. Dabei prägt sie den schönen Begriff von den «inneren Augen», die bei der Kontaktanbahnung im Internet von wesentlicher Bedeutung sind.

Das Internet und die mit ihm verknüpften Technologien erweisen sich als ein Instrument, das in vielfacher Hinsicht und damit mit unterschiedlichsten Zielen instrumentalisiert werden kann. Mit der Nutzung des Internets sind auch Risiken und Gefahren verbunden, wie in verschiedenen Beiträgen anklingt. Die beiden abschliessenden Artikel setzen hier einen Schwerpunkt.

Eine Herausforderung stellen die virtuellen Welten an die klassischen Rechtssysteme, die sich mit diesem neuen Medium nicht oder noch nicht ausreichend beschäftigt haben. Die verschiedenen Rechtsaspekte im Zusammenhang mit dem Internet werden in dem Beitrag von Ursula Sury aus einer juristischen Sicht analysiert. Dabei geht es um so verschiedene Fragen der Gültigkeit von Vertragsabschlüssen im Internet, um Internet-Kriminalität *(Cybercrime)*, um Persönlichkeitsschutz und um die Garantierung des Rechts auf Eigentum an digitalen Produkten.

Das Thema des Persönlichkeitsschutzes bzw. der *Privacy* ist im virtuellen Raum von grosser, wenn nicht sogar zentraler Bedeutung. Prinzipiell sind alle Bewegungen im virtuellen Netz nachvollziehbar und die (legitime) Privatheit von menschlichen Handlungen nicht gewährleistet. Diese vor allem auch ethische Problemstellung behandeln Hodel, Schüttel und Biedermann in ihrem Aufsatz über *Privacy* im Internet. Im Mittelpunkt stehen ethische Prinzipien, die bei der Nutzung des Internets eingehalten werden sollten, und wie diese mit einer geeigneten IT-Architektur garantiert werden können. Damit leisten die Autoren und die Autorin einen Beitrag zu einem Thema, das in Zukunft noch an Bedeutung gewinnen dürfte.

Mit dem in diesem Band vereinigten Angebot an unterschiedlichen Perspektiven, unterschiedlichen Einsichten, unterschiedlichen Themen hoffen wir, Ihnen einen vielfältigen, bereichernden und informativen Zugang zum Phänomen des Internets geben zu können. Allen Autorinnen, Autoren und sonstigen Mitwirkenden an diesem Sammelband, insbesondere der Mitherausgeberin Sara Zwahlen, sei für ihr Engagement herzlich gedankt. Ihnen, lieber Leser oder liebe Leserin, danke ich für Ihr Interesse und verweise Sie nunmehr auf die nachfolgenden Beiträge.

Entstehung und Funktionsweise des Internets

Torsten Braun

Die Advanced Research Projects Agency (ARPA)

Die Geschichte des Internets beginnt am 4. Oktober 1957, als die damalige Sowjetunion den ersten Satelliten Sputnik in eine Erdumlaufbahn brachte (Naughton, 2003; Hafner et al., 2000). Für die USA war die Tatsache, technologisch gegenüber der Sowjetunion im Hintertreffen zu sein, ein Schock. Präsident Eisenhower gründete daraufhin im Februar 1958 die dem Verteidigungsministerium unterstellte Advanced Research Projects Agency (ARPA), deren Ziel es war, die angewandte Forschung in akademischen und universitären Einrichtungen besser zu koordinieren und auch finanziell stärker zu unterstützen.

1962 wurde der Physiologie-Professor Joseph Licklider zum Direktor des Information Processing Techniques Office (IPTO) der ARPA berufen. Dieser hatte die Vision, dass Computer von menschlichen Benutzern interaktiv zur Unterstützung von Entscheidungsprozessen verwendet werden sollten. Damals gab es noch keine persönlichen Computer, sondern verschiedene Rechenzentren betrieben einige wenige grosse Computer, welche einen Auftrag nach dem anderen verarbeiteten. Die Reaktionszeiten waren lang, die Interaktion mit dem Computer basierte auf Terminals, welche aus einer Eingabe- (Tastatur, später auch Maus) und einer Ausgabeeinheit (Bildschirm) bestanden. Die Terminals waren über spezielle Terminalleitungen an die Computer angeschlossen. Das Konzept des Time-Sharing sollte mehreren Anwendern die gemeinsame Benutzung eines Computers ermöglichen, um interaktiv und damit bei kurzen Reaktionszeiten mit diesem zu arbeiten. Die Rechenzeit eines Computers wird dabei so aufgeteilt, dass jeder Prozess oder jeder Benutzer den Eindruck gewinnt, dass das entsprechende Programm permanent Fortschritte erzielt.

Der ARPA-Mitarbeiter Bob Taylor hatte nun drei Terminals auf seinem Schreibtisch stehen, die jeweils mit einem einzelnen Grosscomputer verbunden waren. Taylor suchte nach Möglichkeiten, um von einem Terminal aus auf die geografisch verteilten Grosscomputer zuzugreifen. Er entwickelte 1966 die Idee, die an den verschiedenen Universitäten stehenden Computer miteinander zu einem Computernetz zu verbinden und das Einloggen von einem auf den nächsten Computer zu ermöglichen. Durch den damit erreichten entfernten Ressourcenzugriff erhoffte man sich auch eine effizientere Ressourcennutzung, da die Beschaffung und der Betrieb der damals sehr teuren Computer auf einige wenige Standorte beschränkt werden sollte. Der erste Ansatz, alle Computer direkt miteinander zu verbinden, wurde aber schnell verworfen, da diese Lösung für eine grosse Anzahl von Computern nicht skalierte. Der Aufwand, d. h. die Anzahl der erforderlichen Leitungen, ist proportional zu N^2, mit N = Anzahl der zu verbindenden Computer. Wesley Clark schlug daher 1967 eine Lösung vor, die darin bestand, die zur Kommunikation erforderlichen Aufgaben vom Computer auf ein spezielles Gerät – einen so genannten Interface Message Processor (IMP) – auszulagern und die Computer über ein Netz von IMPs miteinander zu verbinden. Es blieb zunächst aber noch offen, wie die konkrete Technologie zum Aufbau des Netzes aussehen sollte.

Robuste Kommunikationsnetze und Paketvermittlung

Parallel zu den oben genannten Überlegungen entwickelten andere Forscher Konzepte für den Aufbau robuster Kommunikationsnetze. Paul Baran arbeitete bei der amerikanischen Firma RAND an Projekten, welche von der Air Force in Auftrag gegeben wurden. Er machte sich insbesondere darüber Gedanken, wie Kommunikationsnetze zu gestalten sind, die auch einen atomaren Angriff überleben können und in einem solchen Fall die Kommunikation des Militärs sicherstellen. Zentralistische oder hierarchische Netzstrukturen mussten demnach vermieden werden. Sein Vorschlag (Baran, 1964) basierte auf einem Netz gleichberechtigter Knoten, die jeweils mit mehreren anderen Knoten verbunden werden, wodurch redundante Kommunikationswege entstehen. Die Berechnungen zeigten, dass bereits wenige Verbindungen (z. B. 3–4) ausreichten, um eine gute Robustheit des Netzes zu erreichen. Baran schlug vor, die Daten in Nachrichtenblöcke aufzuteilen und diese unabhängig voneinander, gegebenenfalls auf unterschiedlichen Wegen, vom Sender- zum

Empfängerknoten zu transportieren. Der Empfängerknoten wartet bis alle Nachrichtenblöcke eintreffen und setzt dann die ursprüngliche Nachricht wieder zusammen. Baran versuchte die Umsetzung seines Konzepts voranzutreiben und wurde von seiner Firma sowie der Air Force darin unterstützt. Er nahm daher mit dem amerikanischen Telefon-Monopolisten AT&T Kontakt auf. Allerdings bewerteten die Manager von AT&T seine Idee als untauglich und frustriert beendete 1965 Baran die Bemühungen, seine Ideen in die Realität umzusetzen. Traditionelle Telefonnetze sind im Gegensatz zu Datennetzen verbindungsorientiert und streng hierarchisch aufgebaut. Die durch die völlig unterschiedliche Philosophie begründete Skepsis der Telefonmonopolisten ist aber nicht aussergewöhnlich. Bis weit in die 90er Jahre gab es viele Vorbehalte gegenüber der Internet-Technik durch die Telekommunikationsmonopolisten.

In Europa arbeitete Donald Davies am National Physical Laboratory (NPL) des Imperial College in London unabhängig von Baran an Konzepten zur Unterstützung der Kommunikation zwischen Computern. Er erkannte, dass das auf durchgeschalteten Verbindungen beruhende Telefonnetz ungeeignet war, die Rechnerkommunikation effizient zu unterstützen. Zunächst müssten zwischen Computern Verbindungen aufgebaut werden, bevor eine kurze Nachricht überhaupt übertragen werden kann. Um die reservierten Verbindungskapazitäten nicht zu verschwenden, müssten dann die Verbindungen wieder abgebaut werden. Die verbindungsorientierte Technik stellt daher für die Kommunikation zwischen Computern einen aufwändigen und wenig effizienten Ansatz dar. Ähnlich wie Baran schlug er daher eine Aufteilung von Nachrichten in kleinere Einheiten (so genannte Pakete, packets) vor. Diese sollten Steuerinformationen am Beginn des Pakets enthalten, auf deren Basis die Entscheidungen zum Weiterleiten gefällt werden. Alle Pakete werden unabhängig voneinander durch ein Netz von Paketvermittlungsknoten geleitet und beim Empfänger wieder zur ursprünglichen Nachricht zusammengesetzt. Davies schlug zunächst feste Paketgrössen vor und kreierte den Begriff «Packet Switching» (Davies, 1964). Das Konzept wurde 1967 am NPL in einem Prototyp implementiert.

Im Gegensatz zur Paketvermittlung wird bei der im Telefonnetz eingesetzten Leitungsvermittlung die gesamte Kapazität einer Leitung oder eines Kanals einer Verbindung zugewiesen. Die Anzahl der Verbindungen ist damit begrenzt. Die Netzkapazität wird ggf. nicht optimal ausgenutzt. Es entsteht

Aufwand zum Aufbauen und Abbauen einer Verbindung. Bei der Paketvermittlung werden die Verbindungen zwischen den Netzkomponenten zwischen mehreren Datenströmen aufgeteilt. Ist ein Datenstrom nicht aktiv, so kann eine Leitung von anderen Datenströmen benutzt werden. Alternative Wege können gleichzeitig oder im Fehlerfall benutzt werden.

Im Oktober 1967 fand ein ACM-Symposium statt, bei dem Mitarbeiter vom Imperial College und der ARPA Vorträge hielten und ihre Ideen austauschten. Die Anwender der ARPA erkannten sofort das Potenzial der Paketvermittlung. Die Arbeit des Imperial College zitierte die Arbeiten von Baran, welche die ARPA-Mitarbeiter nach ihrer Rückkehr verstaubt in ihrem eigenen Archiv fanden. Unter der Leitung von Larry Roberts wurde im August 1968 eine Ausschreibung zur Lieferung der IMPs veröffentlicht, um ein Netz zur Verbindung von vier Computern mit den Standorten University of Utah, University of California Los Angeles bzw. Santa Barbara sowie dem Stanford Research Institute (SRI) aufzubauen. Die Firma BBN, ein Spin-Off des MIT, investierte einen beträchtlichen Aufwand in die Erstellung eines Angebots und stach dabei grosse Unternehmen aus. Im Januar 1969 wurde der Vertrag mit BBN unterzeichnet. BBN entwickelte innerhalb weniger Monate unter der Leitung von Bob Kahn die IMP-Software auf der Basis von Minicomputern der Firma Honeywell. Neun Monate später wurde der erste IMP an die University of California at Los Angeles (UCLA) geliefert. Weitere Lieferungen erfolgten an andere Universitäten im Abstand von einem Monat. Ende 1969 waren vier Computer über das ARPANET *(Abb. 1)* miteinander verbunden. Die physikalische Verbindung erfolgte über Telefonleitungen. BBN verwarf übrigens Anfang der 80er Jahre wegen wenig Erfolg versprechender Geschäftsaussichten den Plan, ins Router-Geschäft einzutreten. Die 1984 als Spin-off der Stanford University gegründete Firma Cisco ist heute Marktführer mit einem jährlichen Umsatz von über 25 Milliarden Dollar.

Standardisierung und frühe Anwendungen

Neben den IMPs musste aber auch spezielle Software für die zu verbindenden Computer entwickelt werden, vor allem, um die Kommunikation zwischen Endsystemen und IMPs sowie zwischen den Endsystemen zu regeln. Anfang

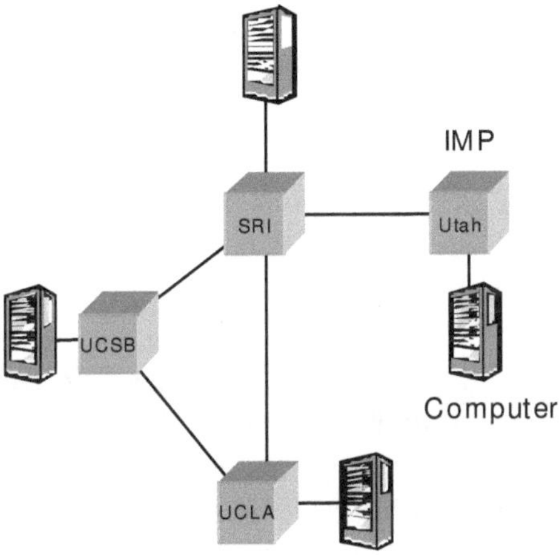

Abbildung 1: ARPANET Ende 1969.

1969 wurde dazu eine Arbeitsgruppe, bestehend aus Mitgliedern (meist Doktoranden) der am ARPANET beteiligten Universitäten, etabliert. Diese Arbeitsgruppe um Vint Cerf, Steve Crocker und Jon Postel sollte sich um folgende Fragen kümmern: Wie kommunizieren IMPs und Endsysteme miteinander? Wie kommunizieren Endsysteme miteinander? Welche Anwendungen sollten unterstützt werden? Die Arbeitsgruppe entwickelte einen sehr kollegialen, kooperativen und konsensorientierten Arbeitsstil, um die Spezifikationen für die erforderlichen Protokolle zu entwickeln. Die Spezifikationen werden «Request for Comments» (RFC) genannt. Auch heute gibt es noch Arbeitsgruppen in der Internet Engineering Task Force (IETF), die stark durch ein konsensorientiertes Arbeiten geprägt sind.

Innerhalb der Arbeitsgruppe wurden auch Anwendungen diskutiert. Bereits 1971 wurde die erste E-Mail-Software entwickelt. 1971 erschienen die ersten Spezifikationen zum entfernten Einloggen in andere Rechner (Telnet). 1973 wurde die Anwendung Talk entwickelt, welche zwei gleichzeitig auf einem Computer eingeloggten Benutzern erlaubt, eine Art Chat durchzuführen. Als weitere wichtige Anwendung etablierte sich später auch Usenet News, ein Dienst, um Nachrichten in ein Forum zu stellen und diese zu diskutieren.

Im Mittelpunkt der Arbeiten der Arbeitsgruppe stand zunächst die Entwicklung des Kommunikationsprotokolls Network Control Protocol (NCP), ein

Vorläufer von TCP. Das in Cerf et al., 1974 beschriebene Transport Control Protocol (TCP) regelt den zuverlässigen Datentransport zwischen Computern über unzuverlässige Netze. Motiviert wurde diese Arbeit durch die Entwicklung von Ethernet (Metcalfe, 1973), welches auf dem Anfang der 70er Jahre an der Universität Hawaii für lokale Funknetze entwickelten Aloha-Verfahren basierte. Bei Aloha sendet ein Knoten dabei einfach ein Paket und hofft, dass es beim Empfänger ankommt. Unter Umständen treten jedoch Kollisionen auf, wenn zwei oder mehr Rechner gleichzeitig senden. Die Übertragung eines Paketes wird dann gestört. Bei Ethernet hören die Knoten vor dem Senden ab, ob andere Stationen senden und falls dies der Fall ist, wird die eigene Übertragung zurückgestellt. Störungen einzelner Bits werden zwar erkannt, aber die Fehlerkorrektur wird anderen Instanzen überlassen. Diese neuen Technologien für lokale Netze beeinflussten die Entwicklung von TCP. Da das ARPANET als eher zuverlässig galt, konnten Fehler durch benachbarte IMPs behoben werden. Bei TCP übernehmen nun die Endsysteme die Fehlerkorrektur, z. B. dann, wenn ein Paket nicht oder verfälscht beim Empfänger ankommt.

Des Weiteren entwickelte Cerf die Vision des Internets als ein Zusammenschluss vieler verschiedenartiger Netze, zu welchem sich das Internet in der Folgezeit entwickelte. In den USA betrieb die National Science Foundation (NSF) ein Backbone, an dem einzelne regionale Netze angeschlossen waren. Auch in Europa entstanden Forschungsnetze mit Verbindungen in die USA. Die Verbindung der Netze erfolgt durch Gateways, auch Router genannt, welche im heutigen Internet die Rolle der IMPs übernehmen.

Im Jahr 1977 wurde TCP in zwei Protokolle (TCP und IP, Internet Protocol) aufgeteilt. IP ist für das Weiterleiten von Paketen zwischen Quelle und Ziel verantwortlich. TCP sorgt für eine zuverlässige Kommunikation zwischen zwei am Internet angeschlossenen Computern. TCP/IP löste im Jahr 1983 das NCP vollständig ab. Die internationale Standardisierungsorganisation ISO versuchte zwar um 1990, eine neue Protokollarchitektur zu entwickeln, doch setzte sich TCP/IP letztendlich durch, nicht zuletzt, da TCP/IP integraler Bestandteil in Unix geworden war. AT&T verteilte 1974 das von Ken Thompson entwickelte Unix einschliesslich des Quellcodes zum Selbstkostenpreis von $ 150,–. Unix wurde zum wichtigsten Betriebssystem für wissenschaftliche Arbeitsplatzrechner, welche mit Hilfe von TCP/IP miteinander kommunizieren konnten.

Wissenschaftsnetze

In den 80er Jahren wurden immer mehr Forschungsnetze realisiert, welche auf dem TCP/IP-Protokoll aufbauen. In den USA wurden 1980 zunächst verschiedene Informatikfakultäten über das CSNET miteinander verbunden. Ab 1985 betrieb die National Science Foundation das Backbone-Netz (NSFNET), um die amerikanischen Universitäten miteinander zu verbinden. Auch in Europa wurden IP-Netze aufgebaut, z.B. das EUnet (European UNIX Network) 1982 zwischen den Niederlanden, Grossbritannien, Schweden und Dänemark. Diese einzelnen Netze wurden dann zum Internet zusammengeschlossen («network of networks»). In der Schweiz baute SWITCH ab 1998 das erste mit dem Internet verbundene Schweizer IP-Netz auf. Bereits 1989 waren alle damaligen Universitäten am so genannten SWITCHlan angeschlossen, welches anfangs noch andere Protokollfamilien unterstützte. Typische Anschlussbandbreiten waren 64 bzw. 128 kbit/s, die Kapazität des Backbone wies 2 Mbit/s auf (SWITCH, 2002).

1983 wurde im Internet das Domain Name System (DNS) zur Verwaltung von Rechnernamen eingeführt. In der Schweiz übernahm SWITCH ab 1990 diese Aufgabe, wobei bis 1993 noch weniger als 100 Domänennamen zu verwalten waren. Heute sind mehr als eine Million Namen bei SWITCH registriert.

1989 wurde das ARPANET abgeschaltet. 1991 öffnete das NSFNET das Netz für kommerzielle Organisationen. ABB Forschung, Radio Schweiz, die Flugzeugwerke Emmen und die Schweizerische Meteorologische Anstalt waren die ersten nicht-universitären an SWITCHlan angeschlossenen Organisationen.

Funktionsweise des Internets

Wie funktioniert nun das Weiterleiten von Paketen zwischen zwei Computern im Internet? Ein sendender Computer erzeugt einen Strom von Paketen und sendet diesen an einen Router (vgl. *Abb. 2*). Jedes Paket besteht aus einem Kopf (Header) mit IP- und TCP-Steuerinformationen. Der IP-Teil enthält die Sender- und Empfängeradressen. Jede Adresse besteht aus vier zusammengehörenden, mit einem «.» getrennten Nummern < 255. Die Adresse des Web-Servers der Universität Bern ist z.B. 130.92.5.10. Die vorderen Zahlen sind für alle Computer in einem Netz gleich. Beispielsweise beginnen alle Adressen der Universität Bern mit «130.92». Ein gesendetes Paket kommt als Folge einzelner Bits bei einem Router an. Der Router extrahiert aus dem Bitstrom die Zieladresse und entscheidet anhand einer Tabelle, auf welchem Ausgang das Paket weitergeleitet werden soll. Router im Backbone haben zum Teil mehrere 10'000 solcher Tabelleneinträge, während Router nahe bei den Endsystemen einige wenige Tabelleneinträge besitzen. Router müssen entweder manuell konfiguriert werden, oder sie lernen automatisch mit Hilfe von Routing-Protokollen, welche Teilnetze wie erreichbar sind.

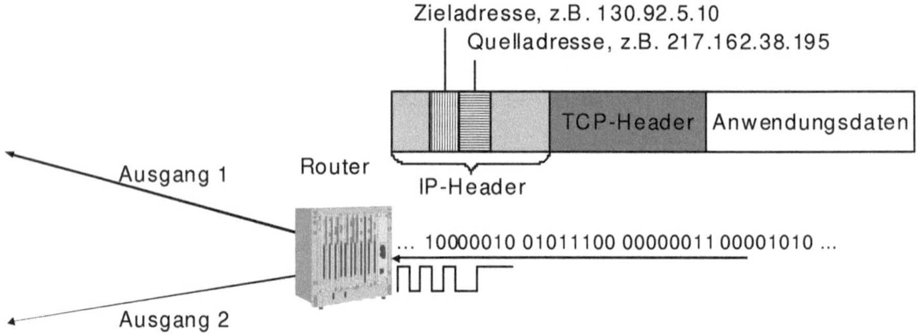

Ziel	Ausgang
66.*.*.*	1
130.*.*.*	2

Abbildung 2: Weiterleiten von Paketen.

In einem typischen Szenario sind Router miteinander verbunden und bilden ein Teilnetz. *Abbildung 3* zeigt ein solches Szenario, bei dem Router B direkt mit A, C, und G verbunden ist. C ist direkt mit A, B, D, F und G verbunden; D ist direkt mit A, C, E und F verbunden. Beim so genannten Distanz-Vektor-Verfahren lernt B aus der Nachricht von C, dass D und F über einen Zwischenknoten erreichbar sind. C selbst lernt nun, dass D direkt mit E verbunden ist, daher ist E von C aus über einen Zwischenknoten erreichbar. C verbreitet diese Nachricht an B, welcher lernt, dass E über C über insgesamt zwei Zwischenknoten erreichbar ist. Das Verfahren funktioniert nur für eine begrenzte Anzahl von Routern. Daher werden Router in Teilnetze zusammengefasst. Auf der Ebene der Teilnetze werden dann ähnliche Verfahren eingesetzt, um die Erreichbarkeitsinformation für diese Teilnetze zu verteilen.

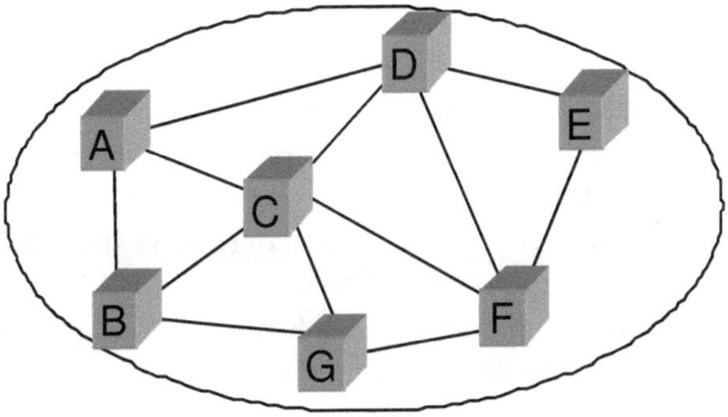

Abbildung 3: Router-Szenario.

Nach dem Aufsetzen der Tabellen in den Routern übernimmt das Internet Protocol (IP) das Weiterleiten von Paketen zwischen Quell- und Zielsystemen. Pakete können jedoch zwischen Quelle und Ziel verloren gehen, z.B. durch Pufferüberläufe oder Übertragungsfehler. Zuverlässigkeitsmechanismen werden in den Endsystemen implementiert, um auf Paketverluste oder andere Fehler zu reagieren. Dazu etablieren zwei auf den kommunizierenden Computern laufende Anwendungen (z.B. ein Web-Browser und Web-Server-Prozess) eine logische TCP-Verbindung, welche den Datentransfer in beide Richtungen ermöglicht. Die Anwendungen (Web-Browser und Web-Server-Prozess) wählen dabei logische Adressen, so genannte Ports, auf ihrem Computer. Web-Server-Prozesse benutzen in der Regel den Port 80. Ein TCP-Sender versieht jedes gesendete Paket mit einer Folgenummer. Der TCP-Empfänger bestätigt den Empfang eines Pakets mit einer Quittung, womit der Sender prüft, ob der Empfänger alle Pakete korrekt erhalten hat. Falls notwendig werden nach einer gewissen Zeit nicht quittierte Übertragungen wiederholt. TCP sorgt auch dafür, dass der Empfänger und die Router im Netz nicht überlastet werden. Ein Paketverlust wird als Zeichen gewertet, mit etwas geringerer Rate zu senden. Das User Datagram Protocol (UDP) ist ein unzuverlässiges Protokoll und wird zum Beispiel bei der Sprachübertragung zusammen mit IP eingesetzt, da nicht jedes Paket unbedingt ankommen muss. TCP, UDP und IP sind in der Regel im Betriebssystem eines Computers implementiert.

Eine weitere wichtige Komponente ist das Domänennamenssystem (DNS), mit dessen Hilfe Rechnernamen auf IP-Adressen abgebildet werden. Im Beispiel will ein PC, der an ein Netz eines kommerziellen Netzanbieters angeschlossen ist, ein Paket an den Web-Server der Universität Bern (www.unibe.ch) schicken. Dazu sendet er zunächst eine Anfrage an seinen zugeordneten DNS-Server. Dieser fragt den Root-Server nach der Adresse des DNS-Servers für die Top-Level-Domäne «.ch». Der DNS-Server kontaktiert den DNS-Server für «.ch» und fragt nach dem DNS-Server für die Universität Bern, d.h. für die Domäne «unibe.ch». Der DNS-Server kontaktiert den DNS-Server der Universität Bern, erhält die gesuchte IP-Adresse (130.92.5.10) und übergibt diese an den PC. Erst dann können die beiden Endsysteme, d.h. PC und Web-Server, miteinander kommunizieren.

Anwendungen im Internet

Die heute wichtigste Anwendung im Internet ist das World Wide Web (WWW), welches dem Internet zu seinem weltweiten Durchbruch verhalf und welches von Tim Berners-Lee am CERN in Genf ab 1989 entwickelt wurde. Fast zeitgleich öffnete 1991 das NSFnet den Zugang zum Internet für private und kommerzielle Nutzer. Die stürmische Verbreitung des Internets begann. Berners-Lee passte das seit den 30er Jahren bekannte Hypertext-Konzept auf das Internet an. Seine Motivation bestand darin, verschiedene Dokumente, in denen Wissen zu Experimenten, Technologien oder organisatorischen Aspekten festgehalten ist, miteinander zu verknüpfen und ein Informationssystem aufzubauen, welches das Sammeln, Verwalten und das einfache Aktualisieren von Wissen unterstützt. Das System sollte die besonderen Gegebenheiten in einer Organisation mit hoher Fluktuation berücksichtigen.

Zum Erfolg des WWW hat auch die freie Verfügbarkeit der ersten Browser beigetragen. Hier ist insbesondere der an der Universität Illinois für verschiedene Plattformen entwickelte Mosaic-Browser zu erwähnen, welcher 1994 zur Gründung der Firma Netscape führte. Im selben Jahr wurde das World Wide Web Consortium (W3C) zur Koordination der Weiterentwicklung von WWW-Standards gegründet.

Standard-Anwendungen im Internet sind meist ähnlich einfach aufgebaut. Zum Abruf einer Web-Seite öffnet ein PC eine TCP-Verbindung mit dem Web-Server. Über diese Verbindung können in zuverlässiger Art und Weise Nachrichten ausgetauscht werden. Der Web-Browser auf dem PC schickt eine Anfrage nach einer Web-Seite an den Server, welcher die angeforderte Web-Seite liest oder dynamisch erzeugt und über eine oder mehrere Antwortnachrichten an den PC zurücksendet. Ähnlich ist der Ablauf beim Senden oder Abrufen von E-Mails, aber auch beim Anrufen von Benutzern über Internet-Telefonie.

Bei der Internet-Telefonie erfolgt der Anruf wie bei der klassischen Telefonie über den Austausch von Signalisierungsnachrichten, mit denen der Anrufer den Gesprächswunsch anzeigt. Diese Nachrichten werden über einen oder mehrere Server an den Angerufenen weitergeleitet, welcher dann den Anruf bestätigt. Beide Gesprächspartner tauschen dann direkt Sprachdaten aus. Dabei werden die Sprachsignale abgetastet und digitalisiert. Eine gewisse Anzahl von Abtastwerten wird für eine kurze Zeit gesammelt und in einem grösseren IP-Paket an den Empfänger geschickt. Dort werden die Abtastwerte extrahiert und über einen Lautsprecher ausgegeben.

Die Zahl der Benutzer, die das Internet zum Telefonieren (Voice over IP) nutzt, steigt stetig an und hat heute die 100 Millionen-Grenze überschritten. Es wird erwartet, dass in den nächsten fünf Jahren die Hälfte der Benutzer ihren klassischen Telefonanschluss aufgeben werden. Bereits 1992 wurden Audio/Video-Konferenzen über das Internet übertragen, welche es ermöglichen, die meist in den USA stattfindenden Meetings der IETF, auf denen die technischen Grundlagen diskutiert und standardisiert werden, in aller Welt zu verfolgen. Die damals entwickelten Protokolle dienen heute als Grundlage für Voice over IP. Das Übertragen von TV-Programmen über das Internet wird heute in mehreren kommerziellen Netzen eingeführt. SWITCH übertrug bereits 2002 die Fussball-Weltmeisterschaft live in Zusammenarbeit mit der ETH Zürich über das SWITCHlan unter Benutzung der IP-Multicast-Technologie.

In den letzten Jahren haben Peer-to-Peer(P2P)-Netze eine wichtige Bedeutung erlangt. P2P-Netze besitzen ein grosses Potenzial und basieren auf dem Ende-zu-Ende-Argument, welches in Saltzer (1984) formuliert wurde und

Entwurfsprinzipien zur Platzierung von Funktionen in Kommunikationssystemen definiert. Das Ziel bestand in der Realisierung effizienter und einfach strukturierter Netzknoten. Eine Funktion sollte nur dann in einem Teilsystem, z.B. einer Protokollschicht, implementiert werden, wenn sie vollständig darin implementiert werden kann, oder wenn bei teilweiser Implementierung im Teilsystem die Gesamtleistung eines Systems gesteigert werden kann. Des Weiteren sollten nur Funktionen, die von allen Anwendungen benötigt werden, im Netz realisiert werden. Auf einem ähnlichen Prinzip basieren auch RISC-Prozessoren.

P2P-Netze wurden zunächst zum Austausch von Musikdateien eingesetzt. Dabei etablieren Endsysteme (Peers) typischerweise mehrere TCP-Verbindungen zu anderen Peers im Internet. Es entsteht ein teilweise vermaschtes Netz, über welches beliebige Informationen ausgetauscht und weitergeleitet werden. Beispielsweise kann ein Benutzer des Endsystems A eine MP3-Datei einer bekannten Sängerin suchen. Dazu schickt A die Suchnachricht an Computer B, welcher aber keine solche Datei gespeichert hat. Er leitet die Anfrage an andere Computer, mit denen er verbunden ist, weiter, z. B. auch an Computer C. C hat dann vielleicht verschiedene in Frage kommende Dateien lokal gespeichert und kann eine Liste der Dateien an A zurücksenden, welcher dann das eine oder andere Lied direkt von C herunterladen kann. P2P-Techniken können auch für die Internet-Telefonie eingesetzt werden, z. B. um Gesprächspartner zu lokalisieren. In den letzten Jahren wurden in Forschungslaboratorien P2P-Systeme für das Live-Streaming von Filmen und Videos entwickelt. Erste Prototypen zur Echtzeitübertragung von TV-Sendungen oder zum Audio/Video-Streaming sind bereits verfügbar.

Sicherheit

Das Thema Sicherheit wird ebenfalls zusammen mit dem Internet immer wieder diskutiert. Problematisch ist, dass das Internet nicht für eine kommerzielle Nutzung entwickelt wurde und Sicherheitsfunktionen erst mit der Zeit integriert wurden. Die Kommunikation selbst kann heute mit Hilfe entsprechender Verschlüsselungs- und Authentifizierungssoftware auf verschiedenen Ebenen sehr sicher gestaltet werden. Problematischer erscheinen eher

Sicherheitsmängel von Betriebssystemen und Anwendungen, welche einen ans Internet angeschlossenen PC angreifbar machen. Auch gehen Firmen und Privatpersonen mit vertraulichen Daten oft sorglos um. Die Sicherheitssoftware ist zudem oft wenig benutzerfreundlich und wird dann häufig nicht eingesetzt. Es muss ebenfalls festgestellt werden, dass Sicherheitslösungen wie Firewalls Benutzer stark einschränken können und teilweise Anwendungen nicht mehr funktionieren. Schliesslich ist festzustellen, dass andere Kommunikationsformen im Alltag wie Telefon oder Post weit weniger sicher sind als das Internet.

Zusammenfassung und Ausblick

Das Internet hat sich in den letzten 40 Jahren zu einem universellen Kommunikationsmedium entwickelt und wird in Zukunft weiter an Bedeutung gewinnen (vgl. Braun, 2006a; Braun, 2006b). Heute kann die Anzahl von an das Internet angeschlossenen Computern nur noch grob geschätzt werden. Die Zahl von 1 Milliarde dürfte aber schon lange überschritten sein. Man geht davon aus, dass das Internet in absehbarer Zeit die grundlegende Infrastruktur für jegliche Art der Kommunikation darstellen wird. Die Entwicklung des Internets wurde und wird massgeblich durch die akademische Forschung beeinflusst. Allerdings sollte angemerkt werden, dass die technische Entwicklung bei weitem nicht so rasend fortschreitet, wie es oft in der Öffentlichkeit dargestellt wird. Viele Entwicklungen im Bereich der Kommunikation erreichen erst 5–10 Jahre oder sogar mehr nach ihrer Erfindung in wissenschaftlichen Einrichtungen eine weite Verbreitung.

Aktuell sind mehrere Initiativen im Gang um das Internet der nächsten Generation zu entwickeln. Im Rahmen des NSF-Projekts «Global Environment for Network Innovations» (GENI) wurde die Firma BBN mit der Projektkoordination beauftragt. In Europa plant die EU im Rahmen der Initiative «Future Internet Research and Experimentation» (FIRE) innovative Projekte zur Entwicklung des zukünftigen Internets zu fördern.

In der Zukunft ist vor allem eine verstärkte Einbindung von drahtlos kommunizierenden Endsystemen – vor allem Kleinstcomputern – zu erwarten. Diese Systeme können Pakete über Funk empfangen und an einen Nachbarn weiterleiten. Die Pakete werden gegebenenfalls über mehrere drahtlose Zwischenknoten transportiert. Typischerweise stellt eine Basisstation die Verbindung zwischen solchen drahtlosen Multi-Hop-Netzen und dem Festnetz-Internet her. Als Anwendungsszenarien lassen sich Wireless Mesh Netze zur Verlängerung der Reichweite von Funk-Basisstationen oder Sensornetze zum Aufnehmen und Transport von Messdaten im Freien, in Gebäuden oder an Menschen vorstellen.

Literatur

Baran, P. (1964). *On Distributed Communications: I. Introduction to Distributed Communications Networks.* Memorandum RM-3420-PR, RAND Corporation, August 1964.

Braun, T. (2006). Entstehung und Entwicklung des Internets. In SWITCH Journal, Juni 2006, S. 6–8.

Braun, T. (2006). Geschichte und Entwicklung des Internets. In *UniPress*, Heft 127, Januar 2006, S. 5–6.

Cerf, V. / Kahn, R. (1974). A Protocol for Packet Network Intercommunication. In *IEEE Transactions on Communications*, Vol. 22, Mai 1974, pp. 637–648.

Davies, D. / Bartlett, K. / Scantlebury, R. / Wilkinson, P. (1967). *A digital communications network for computers giving rapid response at remote terminals.* ACM Symposium on Operating Systems Problems, Gatlinburg, Oktober 1967.

Hafner, K. / Lon M. (2000). *Die Geschichte des Internet.* Heidelberg: dpunkt.verlag.

Metcalfe, R. (1973). *Packet Communication.* Ph.D. Thesis, Harvard University, Dezember 1973.

Naughton, J (2003). *A Brief History of the Future.* Phoenix.

Saltzer, J. / Reed, D. / Clark, D. (1984). End-To-End Arguments in System Design. In *ACM Transactions on Computer Systems*, Vol. 2, No. 4, November 1984, pp. 277–288.

SWITCH (2002). *Jubiläumsbeilage zu 15 Jahre SWITCH*, http://www.switch.ch/about/jubilaeum.pdf

Internet und Psychologie

Rudolf Groner, Esther Schollerer und Bartholomäus Wissmath

Die rasante technologische Entwicklung der letzten Jahre beeinflusst das Erleben und Verhalten der Menschen auf vielfältige Weise. So ist es kaum noch möglich, sich den Computer, das Internet oder das Mobiltelefon aus unserer Gesellschaft wegzudenken. Das Internet als Medium zieht beileibe nicht nur Chatter, online-Gamer, Ebayer, oder Hacker in seinen Bann, sondern auch Kommunikationswissenschaftler und Medienpsychologen. Umgekehrt ist es aber auch eine gemeinsame Aufgabe von Psychologie und Informatik, die Möglichkeiten des Mediums optimal zu gestalten.

1. Das Internet den Benutzern und Benutzerinnen anpassen

Viele Menschen lassen sich von den unbegrenzten Möglichkeiten der modernen Technik abschrecken (Norman, 1999). Sie fühlen sich überfordert, zweifeln an ihren eigenen Fähigkeiten und lassen lieber gleich die Finger davon («Das verstehe ich sowieso nicht»). Zuweilen sind solche Hemmungen sogar berechtigt, denn was von der Industrie als Erleichterung des Alltags mit hohem Nutzwert angepriesen wird, stellt sich nicht selten für den Benutzer und die Benutzerin als zusätzliche Belastung heraus: Die Bedienung eines neuen Gerätes setzt meist das Studium einer umfangreichen Bedienungsanleitung voraus, deren Lektüre selbst für Hochschulabsolventen nur schwer verständlich ist (Geyer, 2000). Ganz zu schweigen von den unzähligen Anwendern, welche trotz Geduld und gutem Willen tagtäglich über die Tücken der modernen Technik stolpern. So gehören Fehlbedienungen und Ratlosigkeit zum Alltag vieler Benutzer. Dabei können Bedienungsfehler zuweilen schwerwiegende Konsequenzen haben und zum Verlust sensibler Daten oder gar zu Unfällen führen (Casey, 1998). Das verärgert nicht nur die Kunden, sondern verursacht bei den Technologiekonzernen hohe Kosten für Schulung und Support. Ein möglicher Ausweg aus dieser unbefriedigenden Situation besteht darin, die Bedienung eines Produktes so einfach zu gestalten, dass jeder Benutzer intuitiv damit umgehen kann.

1.1 Usability: Definition und Abgrenzung

Usability lässt sich auf Englisch mit «The *ability* to *use* something» umschreiben: Die Fähigkeit, etwas zu benutzen. Darunter versteht man eine einfache, effiziente und befriedigende Handhabung eines Produktes. Ein Produkt kann ein Gerät, eine Anwendung oder eine Dienstleistung *(Service)* bezeichnen. Damit sind all jene Dinge gemeint, welche Menschen als reale oder virtuelle Werkzeuge benutzen können, von der einfachen Teekanne bis zum hochkomplexen Computerprogramm.

Usability Engineering (Good et al., 1986) beschäftigt sich als angewandte Wissenschaft vorwiegend mit der Gestaltung und Optimierung der Schnittstellen zwischen Produkten und deren Benutzern. Dabei geht es nicht darum, die Fähigkeiten der Benutzer zu trainieren, sondern vielmehr die Bedienung eines Produktes den menschlichen Fähigkeiten anzupassen.

Die Anpassung der Benutzerschnittstelle *(User Interface)* an die Bedürfnisse und Fähigkeiten der Benutzer wird meist als Benutzerfreundlichkeit (engl. *Usability*) bezeichnet. In neuster Zeit hat sich auch der Begriff *Interaction Design (IAD)* durchgesetzt (Preece/Rogers/Sharp, 2002). Er umfasst alle Facetten der Teilbereiche *User Centered Design, Human Factors, Software Ergonomy, Information Architecture, Functional Screendesign, Usability Engineering* und *Human Computer Interaction (HCI).*

Da sich die Teilbereiche in manchen Fällen stark überschneiden, werden die Begriffe fälschlicherweise in der Praxis oft synonym verwendet. Dies kann jedoch zu einiger Verwirrung führen, da sich die einzelnen Begriffe jeweils nur auf bestimmte Aspekte der Interaktionsgestaltung beziehen und keineswegs alle Faktoren der Benutzerfreundlichkeit abdecken.

Tab. 1. Teilbereiche der Gestaltung von Interaktionsprozessen zwischen Mensch und Maschine

Bezeichnung	*Beschreibung*	*Fokus*
User Centered Design	Bei der Produktgestaltung stehen die Bedürfnisse und Fähigkeiten der Benutzer im Zentrum.	Positives Nutzererlebnis und daraus folgende Zufriedenheit der Benutzer.
Human Factors	Analyse physischer und mentaler Möglichkeiten und Einschränkungen der Benutzer.	Vermeidung von menschlichem Versagen im Umgang mit technischen Systemen und Produkten.
Software Ergonomy	Erforschung und Entwicklung von Regeln und Richtlinien zur Gestaltung der Benutzeroberfläche.	Definition und Standardisierung von Bedienungselementen.
Information Architecture	Einfache Organisation und Strukturierung von komplexen Informationssystemen.	Übersichtliche und sinnvolle Kategorisierung.
Functional Screendesign	Gestaltung und Optimierung von Funktionen und Prozessen der Systemsteuerung.	Intuitive Bedienbarkeit von *Graphical User Interfaces (GUI).*
Usability Engineering	Konzepte und Techniken zur Planung, Umsetzung und Überprüfung der Benutzerfreundlichkeit von Produkten.	Nützlichkeit, Erlernbarkeit, Effizienz und Zufriedenheit der Bedienung von Produkten.
Human Computer Interaction (HCI)	Eine Forschungsrichtung als Fusion zwischen Informatik und den kognitiven Wissenschaften.	Menschliches Denken während der Interaktion mit dem Computer.

1.2 Datenbasierte Entwicklung interaktiver Benutzerschnittstellen

Obwohl für die Entwicklung und Bewertung von Benutzerschnittstellen eine schier unüberschaubare Fülle von Richtlinien zur Verfügung steht, ist deren Anwendung sehr eingeschränkt (s. Exkurs). Leider entbehren diese Richtlinien oft einer empirischen Grundlage, weshalb sie sich nicht selten widersprechen oder gar kontraproduktive Ergebnisse hervorrufen (Spool, 2002). Zudem haben unterschiedliche Produkte meist auch unterschiedliche Anforderungen an die Benutzerschnittstelle. Die wirksamste Vorgehensweise einer seriösen Gestaltung und Optimierung interaktiver Benutzerschnittstellen liegt in der Durchführung produktspezifischer Analysen und deren Auswertung. Anhand hypothetischer Szenarien, funktionaler Prototypen oder konzeptueller Modelle wird die Benutzerfreundlichkeit der Produkte während der Entwicklung laufend überprüft, verbessert und abschliessend validiert. Dieses iterative Verfahren wird als *datenbasierte Entwicklung interaktiver Benutzerschnittstellen* bezeichnet.

In den letzten Jahren wurde eine Vielzahl von Methoden entwickelt, um typische Fragestellungen im Bereich der Interaktionsgestaltung zu beantworten. Dabei gibt es jedoch nicht eine einzige richtige Methode, sondern nur die für eine bestimmte Fragestellung geeignete Methode (Karat, 1997). Diese Methoden sind jedoch weder genormt noch geeicht, und weder einheitlich noch allgemein gültig. Es handelt sich dabei nicht um exakt konstruierte psychodiagnostische Testverfahren, sondern lediglich um Strategien oder Anleitungen zur gründlichen und systematischen Informationsgewinnung. Dabei ist die Qualität der Durchführung meist abhängig von den Erfahrungen und Fähigkeiten des Testleiters und des Auswerters (Nielsen, 1994). Bei der Bewertung von Benutzerfreundlichkeits-Studien nach wissenschaftlichen Kriterien muss dieser Umstand also besonders kritisch betrachtet werden. Trotzdem lässt sich in der Praxis die Benutzerfreundlichkeit von Produkten durch eine datenbasierte Interaktionsgestaltung deutlich verbessern (Vredenburg/Mao/Smith/Carey, 2002).

Die Produktentwicklung verläuft dabei typischerweise in drei Hauptphasen: In der *Konzeptionsphase* werden die Anforderungen an das Produkt, sowie an die Fähigkeiten und Fertigkeiten der Benutzer formuliert. Das Verhalten der Benutzer wird beobachtet und deren Bedürfnisse werden analysiert. Aufgrund dieser Erkenntnisse können die Inhalte definiert und entsprechend strukturiert werden. Anschliessend wird das Konzept anhand entsprechender Richtlinien und Standards überprüft. Die *Realisationsphase* beginnt mit der funktionalen Gestaltung der Benutzerschnittstelle, welche meist anhand eines groben Prototyps empirisch getestet wird. Dieses Prüfverfahren wiederholt sich in einem iterativen Prozess solange, bis die Ziele einer benutzerfreundlichen Bedienung erreicht werden. Erst jetzt sollte die graphische Gestaltung und schliesslich die technische Umsetzung des Produktes erfolgen. In der *Evaluationsphase* wird das fertige Produkt noch einmal getestet. Weitere Erkenntnisse aus Evaluationen nach der Markteinführung des Produktes werden wiederum als Anforderungen an die nächste Version übernommen. Projekte, bei welchen alle Phasen systematisch durchgeführt werden, sind eher die Ausnahme. Oft beantworten Usability-Experten nur eine spezifische Fragestellung innerhalb des gesamten Entwicklungsprozesses. Wichtig ist jedoch, dass eine aktive Interaktionsgestaltung die Produktentwicklung von Anfang an begleitet (Perlman, 1988). Je später die Sicht der Benutzer in die Entwicklung einfliesst, desto schwieriger und teurer wird eine entsprechende Um- oder gar Neugestaltung *(Redesign)* (Bias/Mayhew, 1994).

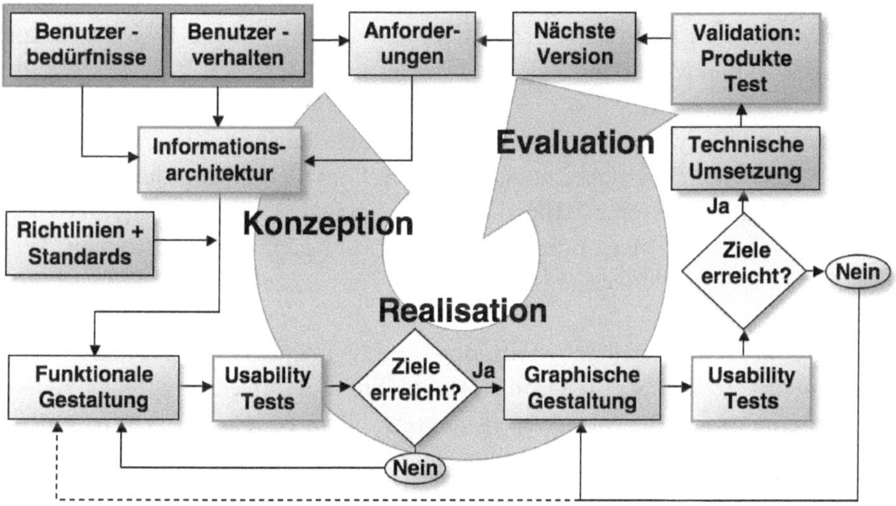

Abb. 1. Der Kreislauf der Interaktionsgestaltung (nach Groner/Raess/Sury, 2006).

1.3 Faktoren der Benutzerfreundlichkeit

Leider sind sich die Usability-Experten nicht immer einig darüber, welche Faktoren eine benutzerfreundliche Anwendung ausmachen. Vergleicht man die Definitionsvorschläge verschiedener Autoren, lassen sich jedoch Gemeinsamkeiten finden, welche von den meisten Experten anerkannt werden. Demzufolge müssen folgende vier Eigenschaften zutreffen, damit die Anwendung eines Produktes als benutzerfreundlich bezeichnet werden kann:

1. *Nützlichkeit:* Kann die Anwendung die Bedürfnisse der Benutzer befriedigen?
2. *Erlernbarkeit:* Ist es für den Benutzer einfach, die Anwendung zu erlernen?
3. *Effizienz:* Kann der Benutzer eine Aufgabe schnell und ohne Fehler erledigen?
4. *Zufriedenheit:* Entspricht die Anwendung den Erwartungen des Benutzers?

Je stärker diese Eigenschaften bei einem Produkt ausgeprägt sind, desto benutzerfreundlicher ist die Anwendung dieses Produktes. Die Durchführung und Auswertung einer entsprechenden Analyse dient also dazu, die Kennwerte dieser Faktoren zu bestimmen, welche zusammengefasst den Grad der Benutzerfreundlichkeit eines Produktes angeben. Eine einheitliche Quantifizierung der erforderlichen Kennwerte ermöglicht zudem eine gewisse Objektivierung der angewandten Methoden.

Als Testpersonen werden in erster Linie Benutzer aus der Zielgruppe rekrutiert, in manchen Fällen aber auch Experten. Die Auswertung der erhobenen Daten erfolgt mittels einer empirischen Inhaltsanalyse (Früh, 1981; Mayring, 2000). Quantitative Messungen können mit den gängigen statistischen Verfahren und Kennzahlen ausgewertet werden.

Die hier kurz dargestellten Methoden und Prinzipien der Usability-Optimierung (mehr darüber in Groner/Raess/Sury, 2006) erleben nicht zuletzt deshalb eine grosse Beachtung, weil sie selbst einen bedeutsamen Wirtschaftsfaktor darstellen und aus Fehlern, beziehungsweise irreführenden Bedienungselementen, beträchtliche Folgekosten resultieren können.

2. Kommunikation im Internet

Wenn man Kommunikation wie Burkhart (2000) grundsätzlich als Prozess wechselseitiger Bedeutungsvermittlung versteht, ist es sinnvoll, verschiedene Kommunikationsmittel und damit auch Kommunikationsanlässe und Kommunikationsformen zu differenzieren. Noch vor wenigen Jahrzehnten war dies auch gar nicht so schwer:

So unterscheidet Harry Pross (1977) *Primäre Medien*, welche Inhalte durch direkten Kontakt – sei es nun durch Sprache, Mimik oder Gestik – übermitteln. *Sekundäre Medien*, welche eine technische Einrichtung beim Kommunikator, wie etwa eine Druckerei bei einer Zeitung erfordern, und schliesslich *Tertiäre Medien*, wie Fernsehen oder Radio, welche technische Einrichtungen sowohl beim Sender als auch beim Empfänger voraussetzen.

Mit der rasenden Verbreitung des Computers gegen Ende des 20. Jahrhunderts macht aber die *Konvergenz* – also das Zusammenwachsen von Telekommunikation, Rundfunk, Fernsehen mit dem Computer – eine Unterscheidung der Medien anhand der für Sendung bzw. Empfang erforderlichen Geräte immer weniger Sinn. Stattdessen empfiehlt sich wohl eher eine Differenzierung anhand der Nutzungsformen und Motive.

Trotzdem hat sich, um den stetig wachsenden Bereich der *Neuen Medien* einzubeziehen, für diese der Oberbegriff *Quartäre Medien* eingebürgert. Die für diese Medien typische Aufweichung der traditionellen Sender-Empfänger Beziehung stellt einen Quantensprung in den menschlichen (Massen-)Kommunikationsmöglichkeiten dar: Während Bert Brecht (1968) im Rahmen seiner Radiotheorie um 1930 bezogen auf den Rundfunk erfolglos forderte, jeden Empfänger auch senden zu lassen, ist heute jeder Besitzer eines vernetzten Computers in die Lage versetzt, eben genau dieses zu tun. Erst die Kommunikation vermittels Computer ermöglicht der «Masse» eine Interaktivität, wie sie bislang nur bei einer – um mit Pross (1977) zu sprechen – «elementaren Begegnung» zu beobachten war. Die damit ermöglichte *horizontale Kommunikation* im Sinne eines nahezu herrschaftsfreien Kommunikationsraumes ist ein gesellschaftliches Novum. Neben der eben eingeführten Kategorisierung anhand der verwendeten Kommunikationsmedien werden Interaktionen auch anhand der sozialen Situation klassifiziert: Die elementarmenschliche Begegnung wird als *Face-to-face* Kontakt bezeichnet. Demgegenüber ist die computervermittelte Kommunikationshandlung abzugrenzen. Spannend sind in diesem Zusammenhang Befunde, wonach die technisch vermittelte, computerisierte Kommunikation unter Umständen persönlicher sein soll, als der *Face-to-face* Kontakt. Auf diesen intuitiv vielleicht überraschenden Befund wird später noch eingegangen.

Neben der relativen Herrschaftsfreiheit und der Vernetzheit gibt es weitere Parameter, welche das Internet zu einem einzigartigen medialen Raum machen: So ist die *Eigenaktivität der* Nutzer verglichen mit anderen Medien und Kommunikationsformen hoch ausgeprägt. Im Gegensatz zu Fernsehen oder Radio wird aktiv nach Informationen gesucht oder durch Menüs navigiert. Im Falle des Internets kann man sich auch verhältnismässig *anonym* äussern. Weiter ist durch Aufhebung räumlicher Grenzen eine globale Kommunikation möglich und vielfach bereits üblich. Mit der zunehmenden Verbreitung des Internets ist eine *Grenzaufhebung* zwischen Privatem und Öffentlichem zu beobachten: Lebensläufe, Urlaubsvideos oder politische Programme sind gleichermassen online zugänglich. Dies zunehmend auch *multimedial.*

Für Kommunikationswissenschaftler ist zudem elementar, ob der Informationsaustausch *synchron* oder *asynchron* abläuft. Die synchrone Interaktion etwa vermittels Chat oder Telefon ermöglicht die unverzügliche und wechselseitige Rückkopplung. Dagegen sind asynchrone Kommunikationsformen wie E-Mails oder die mittlerweile weniger bedeutsame Flaschenpost abzugrenzen, welche mitunter sehr lange auf die Reaktion des Gegenübers warten lassen.

Eine weitere zentrale Variable betrifft das Ausmass an Privatheit einer Aussage bzw. der Öffentlichkeit, welcher eine Kommunikationshandlung zugänglich ist. So verflüchtigt sich annährend jede noch so unüberlegte Äusserung im direkten Gespräch meist innert nützlicher Frist, während ein wenig ausgereifter Beitrag in einem *Message Board* mitunter über Jahre auffindbar bleibt und schmerzhaft mit dem eigenen Namen verbunden ist.

Eine andere klassische Unterscheidung ist jene zwischen Individual- und Massenkommunikation. Was bezogen auf Dyade und Radiosendung offenkundig ist, stellt sich im Falle des Internets bezogen auf Foren, Massenmails und verschlüsselten Botschaften wesentlich komplexer dar.

Weiter werden *Push- und Pull*-Medien unterschieden. Diese Begriffe stammen ursprünglich aus dem Marketing, wo die verschiedenen Verkaufs- und Werbestrategien als Push- bzw. Pull-Marketing bezeichnet werden. Den Push-Methoden, wie dem (in der Schweiz nicht verbotenen) Telefon-Marketing kann der Konsument nicht ohne weiteres ausweichen. Um den Pull-Methoden exponiert zu sein, muss man dagegen selbst aktiv werden, wie etwa bei der Prospekt-Zusendung auf Anfrage. Nach dem gleichen Prinzip werden

Push- oder Pullmedien unterschieden. Im Gegensatz zu den klassischen Push-Medien Radio und Fernsehen ist das Internet ein Pull-Medium. Allerdings nehmen im Internet die Push-Anteile rasch zu, wie man anhand von Bannerwerbung, Pop-ups und Spam-Mails mitunter leidvoll erfahren muss.

Eine letzte Kategorisierung betrifft *Kopräsenz*, wenn die Kommunikationspartner physisch aufeinandertreffen, während nach Steuer (1992) *Telepräsenz* ein virtuell vermitteltes Treffen darstellt. Die rasante Verbreitung der internetbasierten Kommunikation und der sich exponentiell ausdehnenden virtuellen Räume wird sehr verschieden beurteilt. Nicola Döring (2000) legt anhand von neun Thesen elementare psychologische Perspektiven zur computervermittelten Kommunikation dar.

Im Folgenden sollen die wichtigsten theoretischen Positionen kurz vorgestellt und diskutiert werden:

2.1 Kanalreduktion

In der «natürlichen» Kommunikation im Gegenüber von Antlitz zu Antlitz (face-to-face-Kommunikation) spielen expressive Parameter des Gesichtsausdrucks, der Haltung, Kleidung, Make-up, etc., wie auch paraverbale und nonverbale Faktoren des Sprachausdrucks eine zentrale Rolle. Die Kanalreduktionstheorie, welche ihre Blütezeit in der technologisch noch wenig luxurierenden prämultimedialen Aera der Computerkommunikation erlebte, betont nun die Defizienz, das Wegfallen dieser expressiven Kommunikationsparameter, und vertritt einen vorwiegend technikkritischen Standpunkt. Der Einzug der digitalen Kommunikationstechnologie ging nicht ohne kritische Stimmen und grundlegende Kritik vonstatten: Kubicek (1986), Mettler-Meibom (1994) oder auch Volpert (1985) befürchteten für die von Computern vermittelte Kommunikation *Ent-Sinnlichung, Ent-Emotionalisierung* und letzten Endes sogar eine *Ent-Menschlichung*, da die vom Computer vermittelten Informationen auf nur wenigen Kommunikationskanälen enkodiert würden.

Aufgrund der fehlenden Kopräsenz der Interaktionspartner prophezeite Theo Herrmann schon 1991 eine *Ent-Räumlichung* und eine *Ent-Zeitlichung,* ausgelöst durch die vielfach vorherrschende Asynchronität der Interaktionen. Diese

Entwicklungen sollen nach Raulet (1992) letzten Endes über *Ent-Kontextualisierung* bis hin zur *Ent-Wirklichung* führen.

Derlei Einschätzungen dürfen schon fast als technikfeindlich und zivilsationskritisch bezeichnet werden; die Kernaussage, wonach es durch den Ausschluss zahlreicher Sinnesebenen im Rahmen der Kanalreduktion zu einer Entleerung der Kommunikation kommt, lässt sich aber nicht ohne weiteres zurückweisen.

2.2 Herausfiltern sozialer Hinweisreize

Gemäss Filtertheorien sind die Einschränkungen, welche die textbasierte computervermittelte Kommunikation aufweist, keineswegs so allumfassend, wie dies von den Anhängern der Kanalreduktionstheorie postuliert wird. Vielmehr komme es zu einer Ausblendung des psychosozialen Hintergrundes wie Aussehen, Bildung oder Status. Diese systembedingte Anonymität soll deutliche Effekte haben: Etwa die Nivellierung von Statusunterschieden oder Geschlechtseffekten. Kiesler (1984) verspricht sich dadurch eine Egalisierung der Nutzerschaft, welche zu Offenheit, Ehrlichkeit, Freundlichkeit und Partizipation in der Netzcommunity führen soll. Ein Beispiel dafür sind Foren von Selbsthilfegruppen, wo die intimsten Probleme einer ebenso breiten wie verständnisvollen Öffentlichkeit vorgestellt werden.

Die Egalisierung im Gefolge textbasierter Internetkommunikation im Sinne der Filtertheorien wird aber auch stark in Zweifel gezogen: Spears und Lea postulieren 1994 das SIDE – Social Identity and Deindividuation – Modell, welches im Kern besagt, dass eben auch bei der online-Kommunikation meist Gruppenzugehörigkeiten und Status der Kommunikanten bekannt werden und dass deren Wirkung im Sinne einer De-Individuation durch das Fehlen des persönlichen Kontakts sogar noch stärker wirken als in der direkten Begegnung.

Gerade im Schutze der Anonymität gedeihen aber auch Blüten der Enthemmung, Feindlichkeit, Anomie und des normverletzenden bzw. antisozialen Verhaltens. Dem Programmieren von Computerwürmern oder dem Streamen von Hasspredigten frönen mitunter Personen, die im direkten Kontakt eher wenig Mut zu normverletzendem Verhalten finden dürften.

2.3 Rationale Medienwahl

Gemäss der Theorie der rationalen Medienwahl ist jede Entscheidung für oder gegen ein Medium mit Kosten verbunden. Die Kommunizierenden treffen demgemäss ihre Entscheidungen im Sinne einer entsprechenden Kosten-Nutzenabwägung: Massgeblich ist dabei das Verhältnis von *Sozialer Präsenz* nach (Short/Williams/Christie, 1976) und *Medialer Reichhaltigkeit* (Draft/Legel, 1986). Diese *Media Appropriateness* gilt nicht universell, sondern ist interindividuell und vor allem je nach Kommunikationsanlass verschieden: So wird Lob nicht ungern im direkten Gespräch ausgesprochen, während es langsam einzureissen scheint, eine Beziehung mittels SMS für beendet zu erklären. Selbstverständlich können sich die Einschätzungen der Kommunizierenden bezüglich der *Media Appropriateness* deutlich unterscheiden, wie man sich gerade für das Beispiel der unerwarteten Beziehungsbeendigung lebhaft vorstellen kann. Trotzdem ist nicht gesichert, dass Medien vor allem nach deren Lebendigkeit und persönlicher Nähe beurteilt werden.

2.4 Normative Medienwahl

Gemäss der Theorie der Normativen Medienwahl sollten demgemäss eben nicht individuelle Kosten-Nutzenabwägungen oder individuelle Präferenzen massgeblich sein, sondern vielmehr soziale Normen, Prestige und Bedienungskompetenz. Das *Social Influence Modell* (Fulk/Schmitz/Steinfield, 1990) betont gerade den Einfluss von Vorgesetzten und Vorbildern hinsichtlich Mediennutzung. Damit werden Kommunikationsstörungen plausibel, welche aufgrund von Vorurteilen entstehen können, indem die Mediennutzung z.B. durch Prestigegründe oder eben Vermeidung von Kommunikationsmitteln gesteuert ist.

2.5 Interpersonale Medienwahl

Die wechselseitige Beeinflussung der Kommunizierenden bei der Medienwahl stellt das *Modell der technisch vermittelten interpersonalen Medienwahl und Kommunikation* (Höflich, 1996) in den Vordergrund. Von zentraler Bedeutung sind hier nicht nur das eigene Medienwissen, die Medienverfügbarkeit und eigene mediale Präferenzen, sondern auch das Verhalten der (potentiellen) Gesprächspartner.

2.6 Soziale Informationsverarbeitung

Die Theorie der *Sozialen Informationsverarbeitung* (Walther, 1996) negiert die medienbedingte Kommunikationsverarmung und schreibt dem Menschen die Fertigkeit zu, durch rationale Medienwahl und Entwicklung neuer sozialer Fertigkeiten mediale Einschränkungen kompensieren zu können: Emoticons wie :-), Aktionswörter wie *staun*, SCHREIEN vermittels Grossbuchstaben und audiovisuelle Zusatzinformationen zeugen von Erfindungsreichtum und Anpassungsfähigkeit. Kritiker dagegen bemängeln, dass diese netzspezifischen Ausdrucksformen nicht ausreichend differenzieren. So wird kritisiert, dass nur einige wenige Standard-Emoticons regelmässig zum Einsatz kommen, womit eine Verarmung der Emotionsdarstellung gegenüber dem direkten Kontakt gegeben ist. Allerdings darf man nicht vergessen, dass die menschliche Emotionsdarstellung Ergebnis einer sehr langen evolutionären Entwicklung ist – ganz im Gegensatz zu der kurzen Entwicklungszeit in der online-Kommunikation.

2.7 Simulation

Ein grundlegend anderes Verständnis der Netzkommunikation und der damit verbundenen Code-Beschränkungen wird im Rahmen der *Simulationstheorie* entwickelt: So liege bei den Protagonisten die maximale Kontrolle über die Informationen, welche sie über sich offenbaren möchten. In der virtuellen Welt gehen die Freiheitsgrade in der Selbstdarstellung so weit, dass man sich ohne die sonst zwangsläufig erforderlichen Anpassungen erfolgreich als Angehöriger des gegenteiligen Geschlechts ausgeben kann. Demzufolge kann man durch strategische Manipulation seiner Selbstdarstellung online regelrecht *ID-Management* betreiben. Dies führt auf Seiten des Darstellenden zu einem extremen Kontrollgewinn. Allerdings «erkauft» man diesen mit einem gehörigen Kontrollverlust, indem man gleichermassen Manipulationen durch den Interaktionspartner ausgesetzt sein kann. So kann sich die Frau im Chat keineswegs sicher sein, dass sie in ihrer aktuellen virtuellen Rolle als verzweifelter Junggeselle nicht mit einem verzweifelten Junggesellen flirtet, welcher sich als Frau ausgibt. Wenn die Identitätsdarstellung auch noch extrem stereotypisiert wird, können *Hyperrealitäten* im Sinne Baudrillards (1988) entstehen.

2.8 Imagination

Gemäss der *Imaginationstheorie* sollen die Freiheitsgrade im Rahmen der netzvermittelten Kommunikation auf der Seite des Wahrnehmenden sein. Durch die Verminderung von Störeinflüssen wie etwa Mundgeruch im Sinne der Kanalreduktion wird eine idealisierte *Konstruktion* von Interaktionspartnern ermöglicht. Die durch Code-Restriktionen bedingten Informationslücken werden durch eigene Projektionen ergänzt. *Hyperpersonale Interaktionen* sind nach Walther (1996) im Rahmen von netzvermittelten Kontakten eine positive Folge der Imagination. Aufgrund der Kanalreduktion werden Projektionsprozesse angeregt und Phantasiebilder generiert. Diese können dazu führen, dass man offener und damit persönlicher agiert als in der direkten Begegnung.

2.9 Digitalisierung und Oraliteralität

Abschliessend ist auf das *Digitalisierungsmodell* einzugehen: Digitale Texte können computergestützt gespeichert, verbreitet, durchsucht, verlinkt oder transportiert werden. Die computervermittelte Kommunikation hat neue Mischformen der Mündlichkeit und Schriftlichkeit entstehen lassen: Die ehemals trennscharfe Kategorisierung verliert im Zeitalter von SMS, E-mail und Chatroom ihre Eindeutigkeit: *Oraliteralität* (Langham, 1994) ist die entsprechende Wortschöpfung für dieses Phänomen.

So wie bei allen rasanten Entwicklungen stolpert auch im Falle des Internets die Wissenschaft den sich überschlagenden Ereignissen und Phänomenen hinterher. Die dargestellten theoretischen Perspektiven sind jedoch so grundlegend, dass sie – zum Verständnis psychologischer Vorgänge bezogen auf die netzbasierte Kommunikation – mittelfristig fruchtbar bleiben sollten. Inwieweit sich Wissensorganisation, virtuelle Identitäten oder Kommunikationsformen durch die Möglichkeiten des Internets langfristig entwickeln werden, kann man heute wohl kaum erahnen.

3. Zur Pathologie des übermässigen Internetgebrauchs

Es konnte nicht ausbleiben, dass mit der zunehmenden Popularität des Mediums exzessive Formen des Gebrauchs einhergehen sollten. Dennoch beginnt die Ära mit einer scherzhaften Scheindiagnose: Der Psychiater Ivan Goldberg postulierte in einem Artikel der *New York Times* (1995) IAD (Internet Addiction Disorder), eine neue Sucht des «pathologischen Internetgebrauchs». Einen richtigen Boom erlebte das neuentdeckte Phänomen jedoch mit dem Bestseller von Kimberly S. Young (1998) *«Caught in the Net»*.

In Europa gehörten zu den ersten, die sich mit dem Phänomen auseinander setzten, die Österreicher Ärzte Zimmerl und Panosch (1998). Anhand einer Online-Umfrage im deutschsprachigen «Metropolis»-Chatsystem werteten die Autoren 473 Antworten aus. Davon wiesen 12.7% ihrer Ansicht nach ein suchtartiges Verhalten auf, 30% bejahten rauschähnliche Erlebnisse beim intensiven Chatten, was nach Ansicht der Autoren einen biologischen Hintergrund im Bereich Neurotransmitter bzw. Endorphine vermuten lasse. Objektive Belege fehlen aber für solche Spekulationen weitgehend. Jedoch sollten mindestens die «klassischen» Kriterien für ein Suchtverhalten auch in den Umfragen erfragt werden. Diese reichen von der Einengung des Verhaltens-Spielraumes über Kontrollverlust, Toleranzentwicklung, Entzugserscheinungen bis hin zu negativen sozialen Konsequenzen.

Bekannt wurde vor allem eine gross angelegte empirische Studie von Hahn und Jerusalem (2001), in welcher 8266 Personen über Internet befragt wurden. Aufgrund eines ausführlichen Fragebogens wurden 3.2% der Befragten als internetsüchtig qualifiziert. Diese verbringen durchschnittlich 34.6 Stunden pro Woche online im Internet.

Weitere 6.6% mit einer Internetnutzungsdauer von 28.6 Stunden wurden als Risikogruppe klassifiziert. Demgegenüber verbrachte die Gruppe der unauffälligen Internetnutzer wöchentlich im Durchschnitt 7.6 Stunden vor dem Computer. Es fand sich bei den unter 15-jährigen der grösste Anteil an «Süchtigen» (10.3%), was die Autoren zum Schluss führte, Internetsucht sei vor allem ein Problem der Jugend. Problematisch an dieser – wie auch anderen Internetumfragen – ist, dass die Teilnehmer der Studie nicht nach dem Zufallsprinzip ausgewählt wurden, sondern selbst entschieden, an der Studie teilzunehmen, was dazu führt, dass betroffene Personen überrepräsentiert sind und die gefundenen Werte gegenüber der Bevölkerung überhöht sind.

Diese Problematik gilt auch für die Studie von Eidenbenz (2001) über Internetsucht in der Schweiz. Aufgrund der erhaltenen Antworten auf seinen Fragebogen schätzt Eidenbenz einen Anteil von 2.3% der Schweizer Bevölkerung (also ca. 50'000 Menschen) an Internetsüchtigen, welche durchschnittlich 35 Stunden pro Woche auf dem Netz verbringen. Weitere 3.7%, welche rund 20 Stunden pro Woche im Internet verbringen, bezeichnet Eidenbenz als gefährdet. Rund zwei Drittel der Betroffenen sind unter 20 Jahre alt, männlich und ohne feste Beziehung. Freilich fehlen in diesem Bereich immer noch repräsentative Zahlen, und die Aussagen über das Geschlecht der Süchtigen müsste zumindest nach den diesbezüglichen effektiven Medien-Nutzungszahlen (s. d. Bundesamt für Statistik, 2005; Dähler, 2005) relativiert werden.

4. Schlussbemerkungen

Das Internet als neue Technologie stellt die Psychologie als Wissenschaft, die sich im Kern mit dem Verhalten und Erleben von Menschen auseinandersetzt, vor grosse Herausforderungen. Im Sinne der Usability gilt es zunächst, dem Faktor Mensch bei der Gestaltung neuer Anwendungen gerecht zu werden. Zusätzlich ist ein grundlegendes Verständnis psychologisch zu beobachtender Phänomene wie Wissensmanagement, Kommunikationsformen oder Gruppenbildungsprozesse im Internet zu entwickeln. Darüber hinaus sollte die Psychologie – zusammen mit anderen Disziplinen – Medienkompetenz fördern (Groner/Langenegger/Schollerer, 2001) und Mittel bereit stellen, pathologische Nutzungsformen erkennbar und gegebenenfalls auch behandelbar zu machen.

Literatur

Baudrillard, J. (1988). *The Ecstasy of Communication*. New York: Semiotext.

Bias, R. / Mayhew, D. (1994). *Cost-justifying usability*. New Jersey: Academic Press.

Brecht, B. (1968). Der Rundfunk als Kommunikationsapparat. In B. Brecht. *Gesammelte Werke, 18,* Frankfurt am Main: Suhrkamp.

Bundesamt für Statistik (2005). *Indikatoren Internetnutzung.* Abgerufen am 1. Dezember 2005 von: http://www.bfs.admin.ch/bfs/portal/de/index/themen/systemes_d_indicateurs/indicateurs_de_la/approche_globale.indicator.30106.html?open=4#4

Burkart, B. (2002). *Kommunikationswissenschaft.* Wien: Böhlau Verlag.

Casey, S. (1998). *Set phasers on stun and other true tales of design, technology, and human error.* Santa Barbara: Aegean Publishing Company.

Dähler, M. (2005). *Die Nutzung von TV, Radio und Internet.* Abgerufen am 1. Dezember, 2005, von: http://www.forschungsdienst.ch/d/download/2005/PK2005/Daehler Radio,TV,Internet.pdf

Döring, N. (2000). Kommunikation im Internet: Neun theoretische Ansätze. In Batinic, B. (Hg.), *Internet für Psychologen.* Göttingen: Hogrefe.

Draft, R. L. / Legel, R. H. (1986). Organizational Information Requirements, Media Richness and Structural Design. *Management Science, 32*, S. 554–571.

Eidenbenz, F. (2001). *Internetsucht in der Schweiz.* Abgerufen am 1. Dezember 2005 von: http://www.offenetuer-zh.ch/Studie%20Internet-Sucht.html

Früh, W. (1981). *Inhaltsanalyse.* Konstanz: UVK Medien.

Fulk, J. / Schmitz, J., / Steinfield, C. W. (1990). A Social Influence Model of Technology Use. In Fulk, J. / Steinfield, C. (Eds.), *Organizations and Communication Technology* (pp. 117–140). Newbury Park: Sage.

Geyer, R. (2000). Evaluation von Gebrauchsanleitungen. Testverfahren und ihre Anwendung. In Henning, J. / Tjarks-Sobhani, M. (Hg.), *Hochschulschriften*, 4. Lübeck: Schmidt-Römhild

Good, M. / Spine, T. M. / Whiteside, J. / George, P. (1986). User-derived impact analysis as a tool for usability engineering. In Mantei, M. / Oberton, P., *Proceedings of Human Factors in Computing Systems: CHI 86*, pp. 241–246. New York: ACM.

Groner, R. / Langenegger, C. / Schollerer, E. (2001). Internet in den Schulen – Visionen und Realitäten. In Groner, R. / Dubi, M. (Hg.), *Das Internet und die Schule. Bisherige Erfahrungen und Perspektiven für die Zukunft.* Bern: Verlag Hans Huber.

Groner, R. / Raess, S. / Sury, P. (2006). Usability: Gestaltung und Optimierung von virtuellen Schnittstellen. In Batinic, B. (Hg.), *Lehrbuch Medienpsychologie,* Kapitel 18. Berlin: Springer (im Druck).

Hahn, A. / Jerusalem, M. (2001). *Internetsucht: Jugendliche gefangen im Netz.* http://www.onlinesucht.de/internetsucht_preprint.pdf

Herrmann, T. (1991). *Thesen zur Entsinnlichung von Kommunikationsort und -zeit.* In *Wechselwirkung*, 48, S. 92–93.

Höflich, J. R. (1996). Technisch vermittelte interpersonale Kommunikation. Grundlagen, Organisatorische Medienverwendung, Konstitution «Elektronischer Gemeinschaften». Opladen: Westdeutscher Verlag.

Karat, J. (1997). User-centered software evaluation methodologies. In Helander, M. G. / Landauer T. K. / Prabhu, P. V. (Eds.), *Handbook of human-computer-interaction.* Amsterdam: Elsevier.

Kiesler, S. / Siegel, J. / McGuire, T. W. (1984). Social Psychological Aspects of Computer-Mediated Communication. In *American Psychologist, 39*, pp. 1123–1134.

Kubicek, H. / Rolf, A. (1986). *Mikropolis. Mit Computernetzen in die «Informationsgesellschaft». Pläne der Deutschen Bundespost, Wirtschaftliche Hintergründe, Soziale Beherrschbarkeit, Technische Details.* Hamburg: VSA-Verlag.

Langham, D. (1994). The common Place MOO: Orality and Literacy in Virtual Reality. In *Computer-Mediated Communication Magazin, 1,* pp. 3–7.

Mayring, P. (2000). *Qualitative Inhaltsanalyse. Grundlage und Techniken.* Weinheim: Deutscher Studien Verlag.

Mettler-Meibom, B. (1994). *Kommunikation in der Mediengesellschaft. Tendenzen – Gefährdungen – Orientierungen.* Berlin: Edition Sigma.

Nielsen, J. (1994). Heuristic evaluation. In Nielsen, J. / Mack, R. L. (Eds.), *Usability inspection methods.* New York: John Wiley & Sons, Inc.

Norman, D. A. (1999). *The invisible computer: Why good products can fail, the personal computer is so complex, and information appliances are the solution.* Cambridge: MIT Press.

Perlman, G. (1988). Teaching User Interface Development to Software Engineers. In *Proceedings of the Human Factors Society – 32nd Annual Meeting,* pp. 391–394.

Preece, J. / Rogers, Y. / Sharp, H. (2002). *Interaction Design: Beyond Human – Computer Interaction.* New York: John Wiley & Sons.

Pross, H. (1977). Kommunikationspolitik und neue Medien. In Reimann, H. / Reimann, H. (Hg.), *Information* (S. 21–36). München: Goldmann.

Raulet, G. (1992). Soziokulturelle Auswirkungen moderner Informations- und Kommunikationstechnologien in Frankreich. In Hörisch, J. / Raulet, G., *Soziokulturelle Auswirkungen moderner Informations- und Kommunikationstechnologien. Der Stand der Forschung in der Bundesrepublik Deutschland und in Frankreich* (S. 13–82). Frankfurt am Main: Campus.

Short, J. / Williams, E. / Christie, B. (1976). *The Social Psychology of Telecommunication.* London: Wiley.

Spears, R. / Lea, M. (1994). Panacea or Panopticum? The hidden Power in Computer-Mediated Communication. In *Communication Research, 21*, pp. 427–459.

Spool, J. (2002). *Evolution trumps usability guidelines. User Interface Engineering.* Abgerufen am 1. Dezember 2005 von: http://www.uie.com/articles/evolution_trumps_usability.

Steuer, J. (1992). Defining Virtual Reality: Dimensions Determining Telepresence. In *Journal of Communication, 42* (4), pp. 73–93.
Volpert, W. (1985). *Zauberlehrlinge. Die gefährliche Liebe zum Computer.* Weinheim: Beltz.
Vredenburg, K. / Mao, J.-Y. / Smith, P. W. / Carey, T. (2002). A survey of user-centered design practice. In *Conference on human factors in computing systems, 4*, p. 1.
Walther, J. B. (1996). Computer-Mediated Communication: Impersonal, interpersonal and hyperpersonal Interaction. In *Communication Research, 23*, pp. 3–43.
Young, K. S. (1998). *Caught in the Net: How to Recognize Internet addiction and A Winning Strategy for Recovery.* New York: Wiley.
Zimmerl, H. / Panosch, B. (1998). INTERNETSUCHT – Eine Neumodische Krankheit? In *Wiener Zeitschrift für Suchtforschung, 21, 4,* S. 19–34.

Linguistische Forschung zur Kommunikation im Internet
Ein Überblick

Elke Hentschel

Der Umfang, in dem das Internet zu verschiedenen kommunikativen Zwecken genutzt wird, hat sich in den letzten Jahren in beträchtlichem Maße erhöht. So ergab eine Studie im Auftrag der deutschen Fernsehanstalten ARD und ZDF im Jahre 2005, dass zu diesem Zeitpunkt bereits 58% aller Deutschen, die über 14 Jahre alt waren, das Internet regelmäßig nutzten; bis 2010 wird von einem Nutzungsgrad von 70–75% ausgegangen. In der Schweiz wurde in einer privaten Studie von EURO-JICs bereits 2003 ein Nutzungsgrad von 63% festgestellt (http://www.eurojic.org/page4.html), und auch in anderen Ländern lässt sich ein stetiger Zuwachs beobachten. Nicht ganz im selben Maße, in dem die Anzahl der Nutzenden wächst, aber doch unübersehbar ist auch die Anzahl der verschiedenen Funktionen gestiegen, die das Internet übernimmt. Es wird zum Radiohören und zum Ansehen von Filmen genutzt, zum Einkaufen, zum Plaudern oder Diskutieren, zu Korrespondenzzwecken, zum Telefonieren und für Videokonferenzen – und damit ist die Liste der Möglichkeiten noch lange nicht vollständig.

Zusammen mit dem Nutzungsgrad und dem Zuwachs an Nutzungsmöglichkeiten ist auch das Interesse der Forschung am Medium gestiegen. Nach den ersten Untersuchungen, die sich im englischsprachigen Raum zu Beginn, im deutschsprachigen etwa ab Mitte der 90er Jahre allmählich zu vermehren begannen (s. z. B. Spears/Lea/Lee, 1990; Herring, 1992; Döring, 1995; Hentschel, 1998), ist die Flut der vorliegenden Analysen mittlerweile kaum mehr zu überblicken. Der folgende Beitrag soll einen kleinen Überblick über den Teil der Forschung geben, der sich aus primär sprachwissenschaftlicher Perspektive mit den Kommunikationsmöglichkeiten im Internet befasst, und zugleich die wichtigsten Einteilungs- und Analysemöglichkeiten für das Medium aufzeigen.

1. Grundsätzliche Einteilungsmöglichkeiten

Grundsätzlich kann man bei computervermittelter Kommunikation zwischen synchronen und asynchronen Kommunikationsformen unterscheiden. Synchrone Kommunikation erfolgt taktgleich, also für die Nutzenden wahrnehmbar als zeitgleich, und wird daher manchmal auch mit dem hier nicht ganz zutreffenden Begriff «real time» («Echtzeit») erfasst. Sie verläuft, von technischen Störungen abgesehen, genau so, wie man etwa für eine im selben Raum anwesende Person einen Zettel mit einer Nachricht schreiben würde, den diese dann sofort sieht. Verzögerungen, die als Lags bezeichnet werden, können jedoch aus technischen Gründen entstehen, und im schlimmstmöglichen Fall können ganze Datenpakete verloren gehen oder auch der Kontakt ganz abbrechen (z.B. Netsplit). Bei asynchroner Kommunikation wird hingegen keine Gleichzeitigkeit angestrebt. Vergleichbar im Außer-Internet-Bereich wäre hier etwa ein Brief, der erst mit einiger zeitlicher Verzögerung beim Empfänger eintrifft.

Über diese Unterscheidung hinaus kann man auch noch danach einteilen, ob ein Kommunikationsmodus einseitig (monologisch, unidirektional, simplex) oder mehrseitig (dialogisch, bi-/multidirektional, duplex/multiplex) ist, oder anders ausgedrückt: ob nur eine Person sendet und die andere empfängt (z.B. Internetradio), oder ob zwei oder mehr Personen senden und empfangen (z.B. E-Mail, Chat). Diese beiden Möglichkeiten sollen im Folgenden in Ermangelung eines besseren Begriffs als «monologisch» und «dialogisch» bezeichnet werden. Wenn man die Unterscheidung in synchron/asynchron und «monologisch»/«dialogisch» zugrunde legt, ergibt sich der folgende Überblick (ohne Anspruch auf Vollständigkeit):

asynchron		*synchron*	
«monologisch»	*«dialogisch»*	*«monologisch»*	*«dialogisch»*
Homepage	Gästebuch	Internet-Radio	Instant Messaging
Newsletter	Newsgroup, Forum	Podcast	Chats
Spam	E-Mail	Video-Streaming	MUDs
	Blogs		Videokonferenz

2. Asynchrone Kommunikationsformen

2.1 Homepages

Dass Homepages eindeutig eine kommunikative Funktion aufweisen, zeigt beispielsweise eine Momentaufnahme der Suchmaschine Google vom 23. Januar 2006: Die Eingabe «*Willkommen + Homepage*» ergab 14'800'000 Treffer. Diese direkte Ansprache potentieller Besucher zeigt ganz eindeutig, dass eine Homepage von ihren Erstellern nicht nur als Mittel gesehen wird, im Internet Informationen zur Verfügung zu stellen, sondern auch als eine echte Möglichkeit empfunden wird, mit anderen Menschen in Kontakt zu treten, und damit eine ganz genuine Kommunikationsform darstellt. Bei der Untersuchung von Homepages unter linguistischen Gesichtspunkten ergeben sich verschiedene Möglichkeiten. So kann die Art der Verteilung von Text und Bildern, das Layout der Homepage, ein Untersuchungsgegenstand sein. Hier ist aber zu berücksichtigen, dass die Mehrheit der nicht-kommerziellen Homepages von Personen erstellt wird, die nur geringe Fachkenntnisse dafür mitbringen und daher in ihren Gestaltungsmöglichkeiten begrenzt oder sogar auf die Verwendung vorgefertigter Muster angewiesen sind, so dass hier nur mit großer Vorsicht Aussagen gemacht werden können. Ohne solche Bedenken kann man Homepage-Texte hingegen wie bei anderen Textsorten nach Kriterien wie Wortwahl, Satzstruktur, Gliederung, Stil und Register analysieren, um nur einige Beispiele zu nennen. Interessant ist aber auch die Wahl der benutzten Sprache: Wird etwa auf einer im deutschsprachigen Raum ins Internet gestellten Homepage Englisch verwendet und wenn ja, welche Gründe können dafür gefunden werden? Mindestens ebenso interessant ist im Zusammenhang mit der Sprachwahl aber auch die Frage, ob Standarddeutsch oder eine Mundart verwendet wird. Der Dialektgebrauch auf Homepages ist sehr viel häufiger, als man zunächst annehmen könnte, und dabei keineswegs auf Schweizer Adressen beschränkt. Naturgemäß ist Dialektgebrauch besonders häufig auf privaten Homepages zu beobachten; aber er ist keineswegs darauf beschränkt. So gibt es beispielsweise auch eine alemannische sowie eine niederdeutsche Version des Internet-Lexikons Wikipedia (s. Abb. 1 und 2).

Abb. 1: Alemannische Wikipedia

Abb. 2: Wikipedia auf Platt.

2.2 Newsletter

Newsletter[1] können als eine Sonderform von E-Mails betrachtet werden, deren Besonderheit darin besteht, dass man nicht oder jedenfalls nicht in derselben Weise wie auf andere E-Mails darauf antworten kann. Inhaltlich kann man unterscheiden nach Newsletter mit Nachrichten im wörtlichen Sinne, also politischen, kulturellen, wirtschaftlichen etc. Neuigkeiten. Diese werden von Fernsehsendern, aber auch von zahlreichen größeren Zeitungen sowie von politischen Magazinen, im deutschsprachigen Raum beispielsweise von *Spiegel*, *Focus* oder *Facts*, angeboten und informieren ihre Empfänger über neue Ereignisse. Ebenfalls als «Newsletter» bezeichnen sich aber auch Werbemails, die von Verlagen und Versandhäusern an ihre Kundschaft verschickt werden und auf mehr oder weniger neue Möglichkeiten hinweisen, Waren zu beziehen. Hier besteht bereits eine deutliche Nähe zum Spam (siehe im unmittelbar Folgenden), allerdings mit dem großen Unterschied, dass der Absender offen genannt wird und die Empfänger den entsprechenden Newsletter, so sie ihn nicht mehr beziehen wollen, normalerweise problemlos abbestellen können.

2.3 Spam

Mit «Spam», vermutlich benannt nach dem gleichnamigen Sketch der britischen Gruppe Monty Python's Flying Circus, bezeichnet man Massenmails mit Werbung aller Art. Typisch für Spam sind gefälschte Absender und ungültige Rücklaufadressen. In der EU wurde am 31.10.2003 eine Richtlinie erlassen, die Spam illegal macht und von den Mitgliedsländern seither in unterschiedlichem Maße umgesetzt worden ist. In der Schweiz kam die Eidgenössische Datenschutzkommission in ihrem Urteil vom 15. April 2005 (VPB 69.106, www.vpb.admin.ch/deutsch/doc/69/69.106.html) ebenfalls zu der Einschätzung, dass Spam illegal ist. Andere Länder haben jedoch andere Gesetze, so dass Spam dort völlig legal sein kann. Da der Aufwand bei der Suche nach dem Spammer relativ groß sein kann, kommt es in der Praxis aber auch in Ländern mit entsprechender Gesetzgebung eher selten vor, dass jemand wegen Spamming vor Gericht gestellt und verurteilt wird. Stattdessen werden Filterprogramme entwickelt, die Spam aus der eingehenden Mail herausfiltern und in einen gesonderten Ordner stellen (vgl. Abb. 3).

LenaMarie Schwamborn	**Re: Fwd: Dein =?UNKNOWN?Q?n=E4chster?= Fick wartet sccnon auf Dich =?UNKNOWN?Q**
Dan Huber	**pollen** - To Investor: nZon Corporation Trading As: IZON Last Trade: $0.45 7 Day Proj: $1.10-$1.
Harriet Peters	**Manage your stocks using expert recommendation** - Insider information that brings about trem
Harriot Hinton	**Down's syndrome utmost** - We've created an onl in e pha rmac y you can trust. http://qewirl.c5if0
Aisha Mosley	**Want a larger one?** - You've seen them on TV.... You've read about them in the papers... Our doc
La Boutique de Deo - Tou.	**Pour Toute la Famille** - La Boutique de Déo - Tounature 14 Mars 2006 Nouveau Site ! Venez déc
Beau	**Let spiking stocks make your profits skyrocket** - Eliminate stock risk with professional advice a
Carissa Corbin	**fw: After market news** - Big News Realesed Today! Nanoforce Inc. (NNFC). This really moved on
Anna Newell	**Re: Lerne heisse Singles aus Deiner Umgebung kennen (am Mittwoch)** - Hier bist Du genau
Lottery Manager	**Congratulation** - FROM: THE LOTTERY MANAGER: MR ROBERT SMYTH INTERNATIONAL PR
Audra Arellano	**Little Oi| St0cks Can Mean Dollars For You** - knwin719 Trading Ajert This WEEK FOR: St0ckma
Verna Young	**Stock Profiler Journal** - In the current oil market, select small energy deals are flying. With growin
Micheal Gebetner	**Maria hat sich hier die heissen Filme besorgt** - Super-schnell, super-legal, super-geil: Gruss Sa
Emil Johnson	**Is it big enough?** - You've seen them on TV.... You've read about them in the papers... Our docto
Ixbisqo .. pkefmgoe (4)	**Fw: elke.hentschel** - Original Message From: Muller Carlton To: ewzpoic@burlington.com Sent: S
Galina B.	**Re[4]:hey from Galya** - Hallo, I'ma very young and energetic lady! I have very positive attitude to I
Maya Luettringhausen	**Fwd: findest Du die Frauen, die genau das glleiche suchen wie Du =?UNKNOWN?Q?=28L=**
Chester S. Felton	**nice toy** - Good day Andrew I just found this product that seems to be great. Me and my gf tested
Stacey F. Mayes	**Enlargement for you** - You've seen them on TV.... You've read about them in the papers... Our dc
nosjigd	**Fw: jasam** - Original Message From: Kerr Otis To: jsifpkoh@123mail.cl Sent: Monday, March 6, 2(
Benjamin Chapman	**Fwd: findesst Duu die Frauen, die genau das gleichee suchen wie Du =?UNKNOWN?Q?=28**
Torben Muellensiefen	**Re: Fwd: Lerne heisse Singles aus Deiner Umgebung kennen (liegen politischen sah)** - Hie
Lenora Sadler	**Hot Shot Stock Report** - We'd like to give a high five to our research team. Our portfolio is up 70%
Dove Lucien	**Re: strife** - plethora inconsistency and recklessness of Traddles were not to be exceeded attest Y(
Pete Robinett	**Re: news mix er** - http://fax56.tishamil.com V C V A I I L A A I L G U I R M S A $ $ $ 3 1 3 , , , 7 2
Jennifer R. Britt	**Get a bigger one.** - You've seen them on TV.... You've read about them in the papers... Our doctc
supergold	**Das Sockenabo Gold zum Wahnsinnspreis! - auf Rechnung mit =?UNKNOWN?Q?R=FCckga**
Carmen Wilkes	**re: your investor special pr news release** - Travel Agencies Report Record sales On E-Pang Pal
Miss Jody Castaneda	**We never repent of having eaten too little** - FINALLY A NATURALL SUPPRESSANT THAT WOF
Curt Le	**Special Situations Overcome the Market** - We'd like to give a high five to our research team. Ou
Mrs Lester	**We never repent of having eaten too little** - After a few years of marriage, I began to let myself
Hoodia- CBS 60	**No Love sincerer than the love of food** - After a few years of marriage, I began to let myself slid
Irene Baker	**Dating Now** - Have you gotten laid recently? Checkout the website that has a bunch of sexaholics
Johnathon Gowin	**fub sy news** - V L C P V A X A e I r I m a L v A o A b n I i L z G i a U t I a R e x M r S c A n a http://
Lucija Pelc	**squeak er news** - X V L C V A P a I e I A m r n A v A L b o a G i L I i z x R t I U e a A r S M n c a ht

Abb. 3: Bildschirmseite mit vom Spam-Filter ausgefilterten Mails in der Mailbox der Autorin.

Sprachlich weisen Spam-Mails eine Reihe von typischen Merkmalen auf. Bei Schmückle/Chi (2004) wird beschrieben, dass sie typischerweise Betreffe mit kurzen Sätzen oder Satzäquivalenten aufweisen, wie sie in der Werbung üblich sind (Beispiel: «Drahtlose Farb-Kamera zum Spitzenpreis»; ebd., S. 16), oder aber ihre Empfänger durch die Vorgabe, eine persönliche Nachricht zu enthalten, zum Öffnen und Lesen zu verleiten suchen (Beispiel: «Habe mich wegen Pc crash nicht gemeldet», ebd., S. 20). Im Kampf gegen die Spam-Filter zeigen sich mittlerweile jedoch noch eine Reihe weiterer interessanter sprachlicher Phänomene. So werden verräterische Markennamen und Begriffe wie *Viagra* oder *buy* durch absichtliche Verdreher, das Einfügen von Leerschritten oder zusätzlichen Buchstaben verfälscht, damit die Filter sie nicht mehr erkennen. Beispiele aus realen Spam-Mails wären *pV I A Gp R A* für *Viagra* oder *b,uy* statt *buy*. Aber darüber hinaus ist noch ein weiteres Phänomen zu beobachten: Die Spam-Mail enthält einen Text, der nicht den geringsten Bezug zu ihrem eigentlichen Inhalt hat, und/oder völlig sinnlose Buchstabenfolgen (Beispiel: «l qip iq g thrfgflfkjs fmfs sdjksdfsdfsdlgkj sdflkjsdf lksdjfsdfsdf»); die eigentliche Werbebotschaft wird dann in einem Bild angefügt (vgl. Abb. 4).

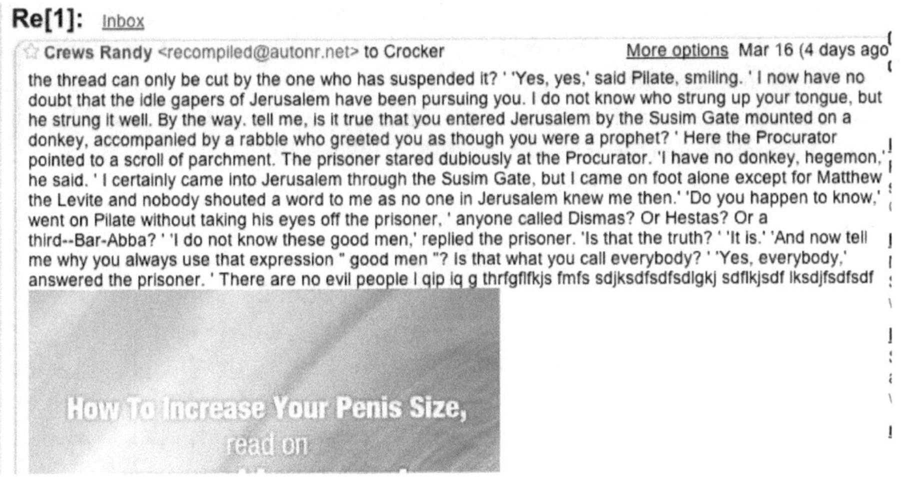

Abb. 4: Beispiel für Mailtext ohne Bezug zur in der Abbildung enthaltenen eigentlichen Botschaft.

Ein solches Vorgehen ist insbesondere für Spam-Mails typisch, die Werbung mit sexuellem Bezug wie Hinweise auf Pornographie-Seiten oder Angebote zur Penisvergrößerung enthalten; es ist aber keineswegs auf diese Inhalte beschränkt und kommt beispielsweise auch bei Angeboten für den Kauf von Wachstumshormonen, Potenzmitteln oder Psychopharmaka öfter vor. Hier wird Sprache zur reinen Camouflage, und die linguistische Analyse wird sinnlos.

2.4 Dialogische Formen der asynchronen Kommunikation im Internet: Gästebücher, Blogs, Newsgroups, Mailinglisten etc.

Den Dialog auf der Homepage eröffnet das sogenannte Gästebuch: Hier können Besucher Kommentare zur Homepage abgeben oder bereits vorhandene

Kommentare anderer kommentieren. Normalerweise haben Gästebucheinträge die Form von E-Mails, mit Absender, Datum und Betreffzeile. Ganz ähnlich sind auch die Kommentare in den Blogs gestaltet. Blogs – kurz für: Weblogs – sind, wenn man so will, eine Sonderform der Homepage: eine, die von vorneherein Diskussion und Kommentare zu einzelnen Einträgen vorsieht. Während viele Homepages kein Gästebuch haben (auch viele private Homepages verzichten bewusst darauf, da diese Einrichtung auch missbraucht werden kann und daher eine regelmäßige Durchsicht und gegebenenfalls Löschung unerwünschter Beiträge erforderlich macht), ist das Kommentieren bei Blogs Teil des Konzepts. Meist deutlich textlastiger als konventionelle Homepages, enthalten Blogs eine im Laufe der Zeit wachsende Zahl mehr oder weniger langer Beiträge des Bloggers, die dann von den Besuchern kommentiert werden. Von dieser Möglichkeit wird rege Gebrauch gemacht. Eine Momentaufnahme zur Nutzung dieser Kommunikationsform in der Schweiz (entnommen: http://blog.ch) verzeichnete am 13.01.2006 um 11:00 h 403 Einträge in Schweizer Blogs innerhalb der letzten 24 Stunden.

Durchaus ähnlich, wenngleich ohne eine feste Person, die Texte und damit Themen vorgibt, verlaufen Diskussionen in Bulletin Boards, Foren, Newsgroups oder auf Mailinglisten. In jedem Fall werden E-Mails oder E-Mails in Form und Inhalt sehr ähnliche Beiträge entweder im Internet publiziert oder an bestimmte Personen versandt (Mailing-Listen), wobei das eine das andere nicht ausschließen muss. Der einzige Unterschied zu privaten Mails ist letztendlich der Grad der Öffentlichkeit. Es wäre interessant zu untersuchen, ob und wenn ja inwiefern sich dieser Unterschied auf die sprachliche Ausgestaltung der E-Mails auswirkt. An dieser Stelle sollen jedoch nur die beiden Typen gemeinsamen typischen Merkmale skizziert werden.

Das typischste Merkmal für E-Mails, das sie auch im privaten Bereich von traditionellen Briefen unterscheidet, ist sicher die Möglichkeit des Zitierens aus dem Text, auf den man antwortet. Auf diese Weise können sich komplexe, immer nachvollziehbare Dialoge entwickeln, wie das folgende Beispiel (Ausschnitt eines Beitrags in einer Mailing-Liste) zeigen soll:

m>> U Beogradu postoji frizerski salon koji se zove «SFRJ», a «moto» mu
m>> je «za one koji drxe do svog stava» (ili newto sliyno, «za one sa
m>> yvrstim stavom», tako newto). (-:

>> Javi taynu adresu da ne bi yak i grewkom zabasao tamo:-)))))
> Pokuwaqu da je dobavim za tjebe. (-:
Hvala! :-)

Die hervorgehobenen Markierungen am linken Zeilenrand zeigen den Grad der Einbettungstiefe an: «m>>» war die ursprüngliche Nachricht, die zu einem Dialog mit bisher insgesamt vier Beiträgen geführt hat.

Normalerweise wird die Einbettungstiefe, anders als im obigen Beispiel, wo eine Zusatzmarkierung verwendet wurde, einfach nur durch die Anzahl der > am linken Zeilenrand gekennzeichnet. Durch kleine zustimmende Kommentare verschiedener Teilnehmender können in Mailing-Listen dadurch schier endlose Mails entstehen, die keinen über die erste hinausgehenden Inhalt haben, wie das folgende (erfundene) Beispiel zeigen soll:

>>>>>>>>>> Gustav Gans ist doof!
>>>>>>>> find ich auch!
>>>>>>> ich auch
>>>>>> ich auch
>>>>> me, too
>>>> me, too
>>> me too
>> me too
> me too
ich auch

Dieses Phänomen hatte die Entstehung einer neuen Verhaltensregel zur Folge: das «me, too»-Verbot, durch das die sinnlose Aufblähung von E-Mails geächtet wird und das sich inzwischen auf unzähligen Netiquette-Seiten findet.[2] Zugleich wird hier eine Möglichkeit nutzbar, die sonst nur in der Face-to-face-Kommunikation offen steht: das unmittelbare Eingehen auf einen zuvor geäußerten Beitrag des Gegenübers. Hier erhebt sich bereits die später noch ausführlicher zu erörternde Frage nach den Grenzen von Schriftlichkeit und Mündlichkeit (s. hierzu im Folgenden, 3.1.2).

Ebenfalls typisch für E-Mails ist die Verwendung von Emoticons und sogenannten Sternchen-Formen. Da diese Phänomene jedoch primär in die Sphäre der synchronen Kommunikationsformen Verwendung finden und keineswegs von allen E-Mail-Schreibenden benutzt werden, sollen sie an späterer Stelle zusammen mit diesen erörtert werden (s. hierzu im Folgenden).

3. Synchrone Formen der Kommunikation im Internet

3.1 Instant Messaging und Chats

Unter Instant Messaging werden je nach Definition unterschiedliche Dinge verstanden. Im Folgenden soll damit nur die synchrone, computervermittelte Kommunikation zwischen zwei Personen bezeichnet werden. Sobald mehr als zwei Personen involviert sind, wird die Bezeichnung «Chat» verwendet.[3]

Typische Instant-Messaging-Programme sind beispielsweise AOL Instant Messenger, Google Talk oder ICQ. Das ICQ-Protokoll (ICQ steht für «I seek you») wurde erstmals 1996 in Israel definiert und war damit der erste internetweit verfügbare Instant-Messager. Während ursprünglich nur Texttausch möglich war, wird inzwischen auch Audio- und Videoübermittlung unterstützt. ICQ ist wie andere Instant Messager nicht nur synchron, sondern auch asynchron nutzbar: Man kann dort eine Nachricht für jemanden hinterlassen, die die betreffende Person vorfinden wird, sobald sie sich wieder einloggt.

Beim Chat sind demgegenüber, wie bereits erwähnt, regelmäßig mehr als nur zwei Teilnehmende möglich. Typische Chatformen sind Webchats und IRC (Internet Relay Chat). IRC wurde 1988 von Jarkko Oikarinen begründet und war eine wirklich grundlegende Neuerung in der Internet-Kommunikation. Technische Voraussetzungen sind ein IRC-Client auf Seiten der Nutzer und ein IRC-Server, über den die Verbindung mit den anderen hergestellt wird (s. hierzu ausführlicher Hentschel/Milic, 1998, S. 206). Außer Text können auch Daten (per DCC[4]) ausgetauscht werden. Im IRC können sich beliebig viele Personen innerhalb (oder auch außerhalb) sogenannter Channels aufhalten und entweder offen oder verdeckt, d. h. für andere sichtbar oder unsichtbar, miteinander kommunizieren.

Die Kommunikation im IRC wurde daher neben der Analyse von Verhaltensweisen in E-Mails (z. B. in Mailinglisten, vgl. u. a. Herring, 1992; Wenz, 1998) rasch zum Untersuchungsgegenstand. Typische Fragestellungen in diesem Zusammenhang sind:

- Welche Verhaltensregeln (Höflichkeitsregeln) gibt es?
- Ist Chat-Kommunikation als mündlich oder als schriftlich aufzufassen?

- Wie wird Nonverbales kommuniziert?
- Gibt es objektivierbare geschlechts- und/oder kulturspezifische Unterschiede im kommunikativen Verhalten in Chats?

3.1.1 Chatiquette

Die in den Chats geltenden Höflichkeitsregeln werden häufig auch als *Chatiquette* bezeichnet. Unter dieser Bezeichnung findet man im Internet unzählige Regeln und Ratschläge. Meist werden dabei zunächst ganz allgemeine Höflichkeitsregeln formuliert, wie sie etwa die folgenden Beispielen vermittelt werden:

> – Zeigen Sie Respekt gegenüber anderen Chattern und vergessen Sie nie, dass am anderen Ende auch Menschen sitzen! Behandeln Sie andere genauso so, wie Sie behandelt werden möchten. («Chatikette»-Seite von Arcor-Chat, www.arcor.de / s77_-9-Etz7FU0xZu40eO AK / tp / chatuser / chatikette.php).
> – Begegne anderen Chattern mit Respekt und Höflichkeit. Dann werden auch sie Dich respektieren und höflich behandeln. – Mache nichts, was Du im realen Leben auch nicht tun würdest. (Chatseite der *OÖNachrichten*, www.nachrichten.at / multimedia / computer / tippsundtricks)

Ferner finden sich häufig Regeln zum Sprachgebrauch, etwa zur Wahl der Anredeform:

> – Chaten [sic!] ist eine ungezwungene Form der Konversation, daher wird man normalerweise mit dem du angesprochen. Wenn du damit Probleme hast, benutze das du oder Sie ganz so wie du es auch auf der Straße oder am Telefon tun würdest. (*Der Netiquette-Knigge*, http: / / nwn.de/hgm/ knigge/ntq-irc.htm)

Aber auch für die Sprachwahl gelten Regeln:

> – Stick to the language of the channel. If the channel is in English, then use English. If the conversation is in Portugese [sic!], use Portugese. Do not impose your language on the one which is commonly being used. (DAL-Net Netiquette-Seite, http: / / docsdal.net/docs/netiquette.htm)

Solche Regeln finden sich häufig auch im sog. Topic der Channels, wie das folgende Beispiel zeigt (Hervorhebung E.H.):

> topic: [+ntrSCf] AnimeIRCnet Official Website: http://www.animeirc.de I Network help channel I Only for network/service support I Only Opers may idle in this channel!!! I **please speak english or german** I No trading etc. I (irc.netsplit.de/channels/rss.php?net=AnimeIRC.de)

Sehr typisch sind ferner Regeln zum Zeichengebrauch, z.B. zum Gebrauch von Versalien. Da Versalien mittlerweile sprachübergreifend als Schreien interpretiert werden, gelten sie als unerwünscht und können zum Channelverweis führen. In den meisten Regelsammlungen wird diese Tatsache ebenfalls mehr oder minder deutlich erwähnt:

- Häufiges Schreien (auch GROSSBUCHSTABEN werden meist als SCHREIEN verstanden) […] sind meist nicht erwünscht, und werden mindestens als störend empfunden. (*Der Netiquette-Knigge*, http://nwn.de/hgm/knigge/ntq-irc.htm)

Das folgende Beispiel ist Hentschel (1998) entnommen und zeigt einen Fall, in dem, wie dem Inhalt deutlich zu entnehmen war, eindeutig Capslock, also versehentliches Einstellen von Großbuchstaben auf der Tastatur, vorlag, was aber dennoch als Schreien moniert wurde:

<Darko>	NIBRS: JEL TI O VO UZME PUNO VREMENA?
	(NIBRS: DOES I T TAKE A LOT OF YOUR TIME?)
<nibrs>	darko ne deri se.....
	(darko don't shout...)

Gleichzeitig mit dem oben zitierten entstand jedoch ein anderer Logfile, der zeigt, dass Versalien nicht von Vorneherein als Markierung für Schreien festgelegt waren, sondern auch für anderes, hier für Singen, verwendet werden konnten (Quelle: ebd.):

< Vitez >	CUDN A JE TAMA TEBI NI TRAGA SAMO PUS TIONJA
	(STR ANGE IS THE DARKNESS, NO TRACE OF YOU, ONLY WILDERNESS)
<jasam>	Vitez: ti proizvodis poeziju?
	(Vitez: are you producing poetry?)
< Vitez>	jasam: ne..ja je samo reproduciram....trenutno u svom walkman-u
	(jasam: no... I'm only reproducing it... momentarily on my walkman)

Hier wird sehr anschaulich sichtbar, wie die Bedeutung des Zeichengebrauchs zunächst schwankt, um sich dann in einem Konventionalisierungsprozess sprachunabhängig auf den Ausdruck eines bestimmten paralinguistischen Phänomens, nämlich das Erheben der Stimme, einzupendeln.

3.1.2 Ist Chat eine mündliche oder schriftliche Kommunikationsform?

Noch viel deutlicher als bei E-Mails stellt sich bei Chat die Frage, ob es sich um eine mündliche oder schriftliche Kommunikationsform handelt. In der Wahrnehmung durch die Teilnehmenden scheint «Sprechen» und «Schreiben» gleichzeitig eine Rolle zu spielen, wie die folgenden vollständig anonymisierten[5] Logfiles aus dem Channel #Germany zeigen (Hervorheb. E. H.):

Sprechen:

> <NICK1>: <NICK2>: du solltest nicht re **sagen**, wenn du gekickt wurdest
> <NICK2>: <NICK1>: was sonst?
> <NICK1>: <NICK2>: den grund suchen und in der ecke darüber nachdenken ;)

Schreiben:

> <NICK3>: <NICK4>: wieso **schreibst** du alle buchstaben gross .. kennst die kleinen noch nicht ?

Diese «doppelte» Wahrnehmung als Sprechen und Schreiben wird auch von der Forschung weitgehend geteilt, indem man auf der Grundlage von Koch/Österreicher (1994) von «konzeptioneller Mündlichkeit» in einem per se schriftlichen Medium ausgeht. Mündlichkeit und Schriftlichkeit werden dabei als Endpunkte eines Kontinuums aufgefasst, und einzelne Textsorten können sich jeweils mehr oder weniger am Rande oder in der Mitte befinden. Die verschiedenen Sichtweisen auf den Chat werden bei Burri (2003, S. 3) so zusammengefasst: «Chat als 'moderne Form geschriebener Mündlichkeit' bzw. 'geschriebene Umgangssprache' (Kilian 2001, S. 56/73 f.) oder 'gesprochene Sprache, die aus technischen Gründen in schriftlicher Form realisiert wird' (Naumann, 1998, S. 252), wird als neues schriftsprachliches Register (Weingarten, 1997, S. 8) bzw. neue Varietät, der die Funktion eines Registers zukommt (Kilian 2001, S. 73 ff. und Hess-Lüttich/Wilde, 2003, S. 167 f.), verstanden.»

Dass im Chat so etwas wie «mündliches Schreiben» vorliegt, zeigen neben verschiedenen stilistischen Elementen unter anderem auch die häufigen Synkopen und Kontraktionen, die für den mündlichen Sprachgebrauch typisch sind, in der Schriftsprache jedoch normalerweise nicht vorkommen (Hervorheb. jeweils E.H.):

<NICK1> **dasn** türke hier glaub ich
<NICK2> was muss ich den **fürne** ip angeben?
<NICK3> [...] stand gerade **aufer** autobahn und hatte **nen** platten
(Logfile aus dem Channel #Germany, vollständig anonymisiert)

<banshee> **wosn** jori hin ????
<boswell> weg!
<Snip> banshee: abgehauen
<banshee> mist was **mitter** cd ???
<boswell> ban: **wassnfuerne** cd?
(Hentschel 1998)

Aus linguistischer Sicht liegen hier hochinteressante Phänomene vor, die auf Grammatikalisierungs- und Reanalyseprozesse hinweisen. So wird etwa in Formen wie *mitter* (statt: *mit der*) und *aufer* (statt *auf der*) eine den bereits etablierten Kontraktionen wie *zum* (< *zu dem*) oder *am* (< *an dem*) völlig parallele, aber noch nicht konventionalisierte Form verschriftlicht, während *wassnfürne* (statt: *was denn für eine*; vgl. auch das *fürne* im obigen Beleg) als semantische Einheit repräsentiert wird, wie sie ja in der Tat auch vorliegt (vgl. *welche*). Durch diese quasi ungefilterte Verschriftlichung eines konzeptionell eindeutig mündlichen Stils sind Logfiles wertvolle Quellen für die Beobachtung des aktuellen Sprachwandels, und als solche werden sie mittlerweile auch schon genutzt (vgl. Burri, 2003).

Die gleichzeitige bewusste Wahrnehmung der Schriftlichkeit zeigt sich demgegenüber insbesondere im bewussten Einsatz des Mediums, etwa im Gebrauch von Versalien, nicht sprechbaren Geminationen, Bannern, Farben etc. Diese Mittel werden vor allem zum Ausdruck paralinguistischer Merkmale (Lautstärke, Stimmführung) eingesetzt.

3.1.3 Nonverbale und paralinguistische Kommunikation

Paralinguistische Elemente, die oft auch zu den nonverbalen Anteilen der Kommunikation im weiteren Sinne hinzugerechnet werden, können im IRC ebenso wie die klassischen nonverbalen Kommunikationskanäle Blickkontakt, Mimik, Gestik, Körperhaltung, Distanzverhalten und Berührungen nicht unmittelbar kommuniziert werden, sondern müssen mit den Mitteln der Sprache und des Mediums Schrift ausgedrückt werden. Dabei hat sich ein recht umfangreiches Repertoire an Ausdrucksmitteln entwickelt:

Der Einsatz von Versalien zum Ausdruck des Schreiens wurde bereits im Vorigen besprochen. Ein anderes Mittel zum Ausdruck von Rufen, von lautem oder emphatischem Sprechen ist der Einsatz von Geminationen von Konsonanten oder Vokalen. Besonders interessant ist dabei, dass es sich dabei keineswegs um Geminationen handeln muss, die real gesprochene Längen wiedergeben oder betonte Silben markieren. So würde etwa der reale Ruf nach einer Person namens Julia mit an Sicherheit grenzender Wahrscheinlichkeit durch ein Längung und Betonung der ersten Silbe markiert, was beim Versuch der schriftlichen Wiedergabe etwa als *Juuulia* erscheinen könnte. Hierzu steht der Gebrauch einer a-Gemination in folgendem Beispiel in deutlichem Widerspruch (Beispiel nach Hentschel, 1998):

<aidempet> juliaaaaaaaaaaaaaaaaaa wo bist du

Dass so etwas geäußert würde, ist zwar unwahrscheinlich, aber möglich. Die folgenden Beispiele zeigen demgegenüber Geminationen, die so im Deutschen überhaupt nicht auftreten können (Beispiele nach ebd.):

<Sam^> arggggggggggggggggggggggggggggggggggggggggggggggggggggggggg
<Snip> DREISSSSSIGGGG!!!!!!!!

Eine weitere, auf vielen Channels jedoch unerwünschte Möglichkeit zum Ausdruck von Emphase besteht im Gebrauch sogenannter Banner. Im folgenden Beispiel (ebd.) wird ein Banner mit dem Eigennamen *Elke* zur Begrüßung der gleichnamigen neu hinzugekommenen Person benutzt. Zugleich zeigt die Begrüßung drei Zeilen davor wiederum den typischen Gebrauch von Gemination in der Endsilbe, die so nicht gesprochen wird:

```
<jasam> zdravo!
<S AS A> ELKEEEEEEEEEE!!!!
<S AS A> zdravo :)))
<Majmuk> Zdravo Elke!
<S AS A>  #######  #        #    #  #######  ###
<S AS A>  #        #        #   #   #        ###
<S AS A>  #        #        # #     #        ###
<S AS A>  #####    #        ###     #####     #
<S AS A>  #        #        # #     #
<S AS A>  #        #        #   #   #        ###
<S AS A>  #######  #######  #    #  #######  ###
```

Nonverbale Kommunikationsmittel im engeren Sinne sind, wie bereits erwähnt, vor allem Blickkontakt, Mimik, Gestik, Körperhaltung, Distanzverhalten und Berührungen. Die zum Ausdruck verwendeten sogenannten Emoticons oder Smileys (und Frownies) sind mittlerweile weit über Chat- und E-Mail-Kommunikation hinaus bekannt. Es gibt lange Listen mit vielen verschiedenen Varianten, die oft recht spezifischer Natur sind.[6] Die grundlegenden Smileys jedoch sind in ihrer Bedeutung sprach- und kulturübergreifend verständlich. Es gibt jeweils eine Variante mit und ohne «Nase», das heißt mit und ohne das die Nase symbolisierende Minuszeichen:

:-)	Smiley	:)
:-(	Frowny	:(
;-)	«Winking smiley»	;)

Neben den ubiquitären Smileys spielen in vielen Chats aber auch die sogenannten Sternchen-Formen eine große Rolle. Es handelt sich dabei zunächst um einfache Verbwurzeln, wie sie auch in Comics gebräuchlich sind:

grins
kicher
lach

Gelegentlich werden sie durch abweichende Schreibweisen verfremdet:

soiphz

Neben diesen einfachen Verbwurzeln finden sich aber auch komplexe «Sternchen-Formen», die mehrere weitere Satzteile inkorporieren, wie die folgenden Beispiele (nach Pankow 2003, S. 92, 107) zeigen:

buchsuch
mitdenfüßennachderfernbedienungfisch
strichaufderstrichlistemach
immer-noch-frier
stöckchen werf

Hier öffnet sich natürlich ein sehr interessantes Arbeitsgebiet für die Linguistik. Pankow (ebd.) schreibt dazu: «Aus sprachwissenschaftlicher Sicht sind diese Ausdrücke (im Weiteren abgekürzt: *Phrasen) für das Deutsche besonders interessant, weil sich ihre Verwendung [...] auch häufig durch eine spezifische sprachliche Struktur auszeichnet. In den *Phrasen wird oft eine spezielle Infinitkonstruktion verwendet, die durch Endstellung des Verbstamms gekennzeichnet ist.» Dabei geht ihre Funktion mit wachsender Komplexität des Ausdrucks rasch über die einfache Wiedergabe nonverbaler Kommunikation hinaus, und sie übernehmen stattdessen die umfassende Beschreibung komplexer Situationen: «Je umfangreicher die *Phrasen werden, desto seltener, so scheint es, werden Basisfunktionen der Infinitkonstruktionen als Darstellung von paraverbalen und anderen nonverbalen Merkmalen verwendet.» (ebd.)

Das IRC-Programm bietet aber auch selbst eine Möglichkeit zur Äußerung von Nonverbalem an. Zum Ausdruck von Handlungen und Selbstkommentierungen in der dritten Person (Typ: «Nick sieht sich im Channel um», «Nick ist müde») steht der Befehl /me zur Verfügung.[7] Die folgenden Beispiele für den Einsatz dieses Mittels stammen aus dem Channel #bern (vollständig anonymisiert):

nick1 umarmt nick2 zur Begrüßung
nick3 gibt ein kaltes Bittburger an jeden in #bern
nick4 wird langsam sauer

3.1.4 Geschlechts- und kulturspezifische Unterschiede

Eine Pionierin der Untersuchung von geschlechtsspezifischen Unterschieden, die sich in der computervermittelten Kommunikation manifestieren, ist Susan Herring. Neben Sherry Turkle, die bereits in den 80er Jahren des 20. Jahrhunderts zu diesem Thema publizierte (s. Turkle, 1984 und 1986) ist es insbesondere sie, die seit Beginn der 90er Jahre eine umfangreiche Liste von Publikationen zu diesem Bereich vorgelegt hat (s. z. B. Herring, 1992;

1994; 1998; 2004; Herring/Martinson, 2004). In diesen frühen Arbeiten wird als quasi selbstverständlich vorausgesetzt, dass es innerhalb wie außerhalb des Internets einen spezifischen weiblichen Kommunikationsstil gibt, der sich etwa so charakterisieren lasse:

> The female-gendered style, in contrast, has two aspects which typically co-occur: supportiveness and attenuation. 'Supportiveness' is characterized by expressions of appreciation, thanking, and community-building activities that make other participants feel accepted and welcome. 'Attenuation' includes hedging and expressing doubt, apologizing, asking questions, and contributing ideas in the form of suggestions. (Herring, 1994).

Die Grundannahme eines solchen geschlechtsspezifischen Stils, die vor allem auf Lakoff (1975) und damit indirekt auch auf Jespersen (1925) basiert, ist heute allerdings keineswegs mehr unumstritten, und es wird vermutet, dass Faktoren wie gesellschaftliche Position, Fachkompetenz, Hierarchie innerhalb des Gesprächs etc. eine mindestens ebenso große Rolle spielen wie das Geschlecht der Teilnehmenden (s. z. B. Frank 1992).

In neueren Arbeiten wird nun beispielsweise untersucht, ob man das reale Geschlecht der Teilnehmenden an einer computervermittelten Gesprächssituation auch in einer Spielsituation ermitteln kann, in der sie freie Wahl hatten, sich als das eigene oder das andere Geschlecht auszugeben, und jeweils raten mussten, welches Geschlecht die anderen Teilnehmenden in der Realität haben (Herring/Martinson, 2004). Bei einem Sample von 38 «echt» weiblichen, 35 «echt» männlichen Teilnehmenden ergab sich bezüglich der Länge der Beiträge dabei beispielsweise folgendes Bild:

Means and Standard Deviations for Message Length in Words

All games	*M*	*SD*
Real males	14.8	5.6
Real females	13.0	5.5

(Herring / Martinson, 2004, S. 437)

Es gelang den Teilnehmenden nicht, das wirkliche Geschlecht ihres jeweiligen Gegenübers auf der Grundlage des Kommunikationsverhaltens zu erraten: «[...] the judges' assessments of gender authenticity were incorrect 53% of the time, which is to say that they could have guessed randomly with comparable success.» (Herring/Martinson 2004, S. 440). Die Autorinnen erklären dieses Phänomen, indem sie annehmen, dass: «Contestants will make use of stylistic features (hedges, boosters, apologies, profanity, etc.) appropriate to the gender they are performing.» (ebd., S. 431). Dabei wäre zu untersuchen, wie weitgehend wirklich alle diskursiven Merkmale (insbesondere der Gebrauch von Hedges etc.) bewusst gesteuert werden können. In jedem Fall liefert das Internet mit seinen großen Datenmengen hier viel Untersuchungsmaterial für die weitere Forschung.

Die Frage danach, ob es kulturspezifische Unterschiede in computervermittelter Kommunikation gibt, ist nicht leicht zu beantworten. Neben der Sichtweise vom alles vereinheitlichenden «Global Village» gibt es auch differenziertere Ansichten. Eine Sammlung von sieben Aufsätzen, die sich mit verschiedenen Aspekten und aus der Sicht unterschiedlicher Wissenschaftsbereiche mit dieser Frage befassen, findet sich unter der Überschrift «Special Theme: Culture and Computer-Mediated Communication» im *Journal of Computer-Mediated Communication* 11 (Ess/Sudweeks, 2005). Weitere Einzelpublikationen betreffen beispielsweise Fragen von Identität, Privatsphäre und Sicherheit (Beslay/Punie, 2002) oder auch die Frage nach dem Umgang mit der Zugehörigkeit zu unterschiedlichen Hautfarben (Bailey, 1996; McIlvenny, 1999). Daneben kann auf eine Reihe von Arbeiten verwiesen werden, die sich mit dem Einsatz des Mediums im Bereich Fremdspracherwerb befassen (vgl. z. B. Mynard, 2006).

Formen der sprachlichen Höflichkeit, Anredeverhalten, Themenkontrolle durch Fragen und Antworten, Rückmeldeverhalten und vieles andere mehr gehören zu den Merkmalen der Kommunikation, die geschlechts- oder kulturspezifisch geprägt sein können. Aber noch ein weiterer Gesichtspunkt gehört hierher, der oft außer Acht gelassen wird: Sprachliches Verhalten in computervermittelter Kommunikation hängt oft auch schlicht von der Sprache ab, die jeweils benutzt wird. So ergab ein Vergleich der Sternchenformen, die in deutschen und schwedischen Chats verwendet wurden, das folgende Bild:

Deutsch	‰	‰	Schwedisch
g	2.32	0.20	*ler*
lach	0.33	0.08	*kjamiz*
lol	0.25	0.08	*asg*
wink	0.22	0.07	*poff*
grins	0.21	0.07	*gäsp*
gg	0.15	0.07	*garv*
grummel	0.13	0.04	*suck*
knuddel	0.13	0.04	*puss*
eg	0.13	0.04	*lova*
seufz	0.12	0.04	*lagga*

(10 frequenteste Formen in beiden Sprachen nach Pankow 2003, S. 96, Vorkommen jeweils umgerechnet in ‰ Gesamtwortzahl)

Hier wird ein beachtlicher Unterschied nicht nur in der Frequenz einzelner Ausdrücke und deren Äquivalent in der jeweils anderen Sprache, sondern vor allem auch in der Gesamtfrequenz der Elemente sichtbar: Sie sind im Schwedischen signifikant weniger häufig als im Deutschen. Zu den Gründen für solche Unterschiede gehören auch schlicht systemimmanent sprachspezifische Faktoren. Sprachen sind auf Grund ihrer morphosyntaktischen Struktur mehr oder weniger gut dazu in der Lage, solche Formen zu bilden. Die Beantwortung einer Frage wie der, ob die Unterschiede beim Gebrauch der Sternchenformen kulturspezifisch sind – sich also in beiden Kulturräumen unterschiedliche Regeln und Bräuche gebildet haben – oder aber in erster Linie von der Sprache abhängen, die jeweils gebraucht wird, ist somit nur auf der Grundlage grammatischer Analysen der gebrauchten Sprachen möglich. Diese spielen möglicherweise bei der Herausbildung sprachspezifischer (aber nicht notwendig auch kulturspezifischer) Normen eine größere Rolle als bisher angenommen wurde (s. zu einem weiteren Beispiel auch Krautgartner, 2003).

3.1.5 Territorialverhalten im virtuellen Raum

Der virtuelle Raum wird von seinen Nutzern eindeutig als 'Raum' verstanden, so wörtlich, dass es dort auch zu Territorialkonflikten kommen kann. Ein Beispiel für solche Territorialkonflikte sind die sogenannten Channel-Takeover im IRC, bei denen es sich um feindliche Übernahmen eines Channels handelt, der von anderen genutzt wird. Dabei werden technische Mittel, auch speziell dafür geschaffene Programme, eingesetzt, um ein virtuelles Territorium zu erobern. Insbesondere zur Zeit des Jugoslawien-Krieges spiegelten solche territorialen Angriffe im IRC, die auch als «IRC wars» bezeichnet werden, immer wieder reale Konflikte (vgl. Hentschel, 1998).

Neben der feindlichen Übernahme ist ferner das sogenannte Flooding ein Mittel im Kampf um den virtuellen Raum. Was sich dahinter verbirgt, ist schlicht ein Überfluten mit Daten: «Floods are simply more data than you can handle.» (http://dooyoo-uk.tripod.com/mirc/floods.htm). Dabei können ihm Grunde beliebige Daten eingesetzt werden, wobei sie im IRC naturgemäß sprachlicher Art sind. Der folgende kurze (!) Ausschnitt aus einer realen Flooding-Situation auf dem Channel #serbia (Logfile von 1996) soll illustrieren, wie so etwas aussieht. Dabei verbergen sich hinter den Namen SLOVENEC, jaka, Tommy, BoxMAN, Warrior und LJUBEZEN sogenannte *clone bots*, von einem Programm geschaffene Klone des eigentlichen Nutzers, der sich auf diese Weise sozusagen vervielfältigen kann:

<SLO VENEC> Slovenija je premagala Srbijo!!!
<SLO VENEC> Slovenija je premagala Srbijo!!!
<SLO VENEC> Slovenija je premagala Srbijo!!!
<SLO VENEC> Slovenija je premagala Srbijo!!!
<SLO VENEC> Slovenija je premagala Srbijo!!!
<SLO VENEC> Slovenija je premagala Srbijo!!!
<SLO VENEC> Slovenija je premagala Srbijo!!!
<SLO VENEC> Slovenija je premagala Srbijo!!!
<SLO VENEC> Slovenija je premagala Srbijo!!!
<SLO VENEC> Slovenija je premagala Srbijo!!!
<jaka> serbia suxxxx
<SLO VENEC> Slovenija je premagala Srbijo!!!
<SLO VENEC> Slovenija je premagala Srbijo!!!
<jaka> serbia suxxxx
<jaka> serbia suxxxx
<jaka> serbia suxxxx
<jaka> serbia suxxxx
<jaka> serbia suxxxx
<jaka> serbia suxxxx
<SLO VENEC> Slovenija je premagala Srbijo!!!
<jaka> serbia suxxxx

<SLO VENEC>Slovenija je premagala Srbijo!!!
<jaka> serbia suxxxx
<SLO VENEC> Slovenija je premagala Srbijo!!!
<jaka> serbia suxxxx
<SLO VENEC> Slovenija je premagala Srbijo!!!
<jaka> serbia suxxxx
<SLO VENEC> Slovenija je premagala Srbijo!!!
<jaka> ser bia suxxxx
<SLO VENEC> Slovenija je premagala Srbijo!!!
<Cika_Mile> Pozdrav svima.:)
<jaka> serbia suxxxx
<SLO VENEC> Slovenija je premagala Srbijo!!!
<Banex> tuzno ;)
*** Mode change «+b *!*OSCEI V1 T@*.arnes.si» on channel #serbia by Olujnik ***
SLO VENEC has been kicked off channel #serbia by Olujnik (request: buye)
<jaka> serbia suxxxx
<jaka> serbia suxxxx
<jaka> serbia suxxxx
< Tommy> serbia suxxxx
<BoxM AN> Slovenia RULES !
<BoxM AN> Slovenia RULES !
<jaka> serbia suxxxx
<BoxM AN> Slovenia RULES !
< Tommy> serbia suxxxx
<BoxM AN> Slovenia RULES !
< Tommy> serbia suxxxx
<BoxM AN> Slovenia RULES !
<BoxM AN> Slovenia RULES !
< Tommy> serbia suxxxx
<BoxM AN> Slovenia RULES !
<jaka> serbia suxxxx
< Tommy> serbia suxxxx
*** Signoff: jaka (Excess Flood)
< Tommy> serbia suxxxx
<BoxM AN> Slovenia RULES !
< Tommy> serbia s uxxxx
< Tommy> serbia suxxxx
<BoxM AN> Slovenia RULES !
< Tommy> serbia suxxxx
<jasam> Banex: bas tako: tuzno!
<BoxM AN> Slovenia RULES !
< Tommy> serbia suxxxx
<BoxM AN> Slovenia RULES !

< Tommy> serbia suxxxx
<BoxM AN> Slovenia RULES !
< Tommy> serbia suxxx x
<BoxM AN> Slovenia RULES !
< Tommy> serbia suxxxx
<BoxM AN> Slovenia RULES !
< Tommy> serbia suxxxx
<BoxM AN> Slovenia RULES !
< Tommy> serbia suxxxx
<BoxM AN> Slovenia RULES !
< Tommy> serbia suxxxx
<BoxM AN> Slovenia RULES !
< Tommy> serbia suxxxx
<BoxM AN> Slovenia RULES !
< Tommy> serbia suxxxx
<BoxM AN> Slovenia RULES !
< Tommy> serbia suxxxx
<BoxM AN> Slovenia RULES !
< Tommy> serbia suxxxx
<BoxM AN> Slovenia RULES !
< Tommy> serbia suxxxx
<BoxM AN> Slovenia RULES !
< Tommy> serbia suxxxx
<BoxM AN> Slovenia RULES !
< Tommy> serbia suxxxx
<BoxM AN> Slovenia RULES !
< Tommy> serbia suxxxx
<BoxM AN> Slovenia RULES !
< Tommy> serbia suxxxx
<BoxM AN> Slovenia RULES !
< Tommy> serbia suxxxx
<BoxM AN> Slovenia RULES !
< Tommy> serbia suxxxx
*** Mode change «+b *!*none@*.arnes.si» on c hannel #serbia by Olujnik
<BoxM AN> Slovenia RULES !
< Tommy> serbia suxxxx
*** Tommy has been kicked off channel #serbia by Olujnik (requested)
<BoxM AN> Slove nia RULES !
<BoxM AN> Slovenia RULES !
*** BoxM AN has been kicked off channel #serbia by Cika_Mile (Cika_Mile)
*** Warior has been kicked off channel #serbia by Olujnik (You are banned.)
*** Warior (Guess.me@ppp4-ce2.arnes.si) has joined channel #serbia
*** Warior has been kicked off channel #serbia by Olujnik (You are banned.)
*** Warior (Guess.me@ppp4-ce2.arnes.si) has joined chan nel #serbia
*** Warior has been kicked off channel #serbia by Olujnik (You are banned.)
*** Warior (Guess.me@ppp4-ce2.arnes.si) has joined channel #serbia

*** Warior has been kicked off channel # serbia by Olujnik (You are banned.)
*** Warior (Guess.me@ppp4-ce2.arnes.si) has joined channel #serbia
*** Mode change «+b *!*@ppp4-ce2.arnes.si» on channel #serbia by M0R0N
*** Warior has been kicked off channel #serbia by M0R0N (banned: flood)
*** Mode change «-b *!*yooo@*.arnes.si» on channel #serbia by Olujnik
*** Mode change «-b *!*none@*.arnes.si» on channel #serbia by Olujnik
<Cika_Mile> I kako je bilo?
*** Mode change «-bbb *!*@*.nv.iinet.net.au *!*kralj@*. T VS.NE T *!*@140.158.*» on channel #serbia by Olujnik
*** Mode change «-bbb *!*@193.45.* *!*@*drexel.e du *!*@ppp4-ce2.arnes.si» on channel #serbia by Olujnik
*** LJUBEZEN (OSCEI V1S@stenar.arnes.si) has joined channel #serbia
*** BoxM AN (ff@zombie.slip.k2.net) has joined channel #serbia
*** LJUBEZEN has been kicked off channel #serbia by Olujnik (You are banned.)
*** Bojana (b@164.58.37.21) has joined channel #serbia
*** Warior (Guess.me@ppp4-ce2.arnes.si) has joined channel #serbia
*** Mode change «+b *!*@ppp4-ce2.arnes.si « on channel #serbia by M0R0N
*** Warior has been kicked off channel #serbia by M0R0N (banned: flood)<BoxM AN> SLO VEIJ A JE PREM AG AL A SRBIJO !!!
<BoxM AN> SLO VEIJ A JE PREM AG AL A SRBIJO !!!
<BoxM AN> SLO VEIJ A JE PREM AG AL A SRBIJO !!!
*** Tommy (none@ppp2-ng2.arnes.si) has joined channel #serbia
<BoxM AN> SLO VEIJ A JE PREM AG AL A SRBIJO !!!
<BoxM AN> SLO VEIJ A JE PREM AG AL A SRBIJO !!!
<BoxM AN> SLO VEIJ A JE PREM AG AL A SRBIJO !!!
<BoxM AN> SLO VEIJ A JE PREM AG AL A SRBIJO !!!
<BoxM AN> SLO VEIJ A JE PREM AG AL A SRBIJO !!!
<BoxM AN> SLO VEIJ A JE PREM AG AL A SRBIJO !!!
*** Tommy has been kicked off channel #serbia by Olujnik (You are banned.)
*** Mode change «+b *!*@zombie.slip.k2.net» on channel #serbia by Cika_Mile
*** BoxM AN has been kicked off channel #serbia by M0R0N (banned)
*** Mode change «-b *!*@zombie.slip.k2.net» on channel #serbia by Grom
*** Bojana has lef t channel #serbia
*** LJUBEZEN (OSCEI V1S@stenar.arnes.si) has joined channel #serbia
*** LJUBEZEN has been kicked off channel #serbia by Olujnik (You are banned.)
*** Signoff: KNB (Excess Flood)
*** LJUBEZEN (OSCEI V1S@stenar.arnes.si) has joined channel #serbia
*** LJUBEZEN has been kicked off channel #serbia by Olujnik (You are banned.)
*** LJUBEZEN (OSCEI V1S@stenar.arnes.si) has joined channel #serbia
*** LJUBEZEN has been kicked off channel #serbia by Olujnik (You are banned.)

*** LJUBEZEN (OSCEI V1S@stenar.arnes.si) has joined channel #serbia
*** LJUBEZEN has been kicked off channel #serbia by Olujnik (You are banned.)
*** LJUBEZEN (OSCEI V1S@stenar.arnes.si) has joined channel #serbia
*** LJUBEZEN has been kicked off channel #serbia by Olujnik (You are banned.)
*** LJUBEZEN (OSCEI V1S@stenar.arnes.si) has joined channel #serbia
*** Mode change «+b *!*@stenar.arnes.si» on channel #serbia by M0R0N
*** LJUBEZEN has been kicked off channel #serbia by M0R0N (banned: flood)
*** jaka (slovenia@ppp12-kr2.arnes.si) has joined channel #serbia
etc.
(Hentschel, 1998)

Der Logfile zeigt auch die vergeblichen Versuche der eigentlichen Nutzer des Channels, sich des Angriffs zu erwehren, indem sie den Urheber der Störung kicken, das heißt aus dem Channel werfen («SLOVENEC has been kicked off channel #serbia by Olujnik» etc.), und bannen, das heißt ihm Channelverbot erteilen («Mode change «+b *!*none@*.arnes.si» on channel #serbia by Olujnik» etc.), ebenso wie die zum Scheitern verursachten Versuche, die Kommunikation fortzusetzen (Cika_Miles Frage «I kako je bilo?» ['Und wie war's?'] geht in der Flut völlig unter). Auch nach dem Kicken und Bannen eines Clones macht das ständige Betreten des Channels mit automatisch nachfolgendem Kick der *clone bots* allein infolge der Fülle an Informationen, die so entstehen, jegliche Kommunikation auf dem Channel praktisch unmöglich.

Flooding von IRC-Channels zeigt den interessanten Fall, dass Sprache nicht als Kommunikationsmittel, sondern als Mittel zur Verhinderung von Kommunikation eingesetzt wird. Gleichzeitig wird das sprachliche Kommunikations-Verhinderungsmittel aber auch in seiner eigentlichen Funktion benutzt, um feindselige («Slovenija je premagala Srbijo» ['Slowenien hat Serbien besiegt']) oder beleidigende («serbia suxxxx») Inhalte zu transportieren.

3. ELIZA und ihre Nachkommen: Mensch-Maschine-Kommunikation

ELIZA ist sicher das bekannteste unter den Programmen, mit denen man sich in natürlicher Sprache unterhalten kann; zugleich ist sie vermutlich das älteste. Bei diesem 1966 von Joseph Weizenbaum in *Communications of the ACM* vorgestellten Programm (Weizenbaum, 1966) handelt es sich in seiner bekanntesten Version um die Simulation eines Rogerschen Psychotherapeuten, die das folgende Beispiel illustriert (Quelle: ebd.; Versalien geben ELIZAs Antworten wieder):

> Men are all alike.
> IN WHAT WAY?
> They're always bugging us about something or other.
> CAN YOU THINK OF A SPECIFIC EXAMPLE?
> Well, my boyfriend made me come here.
> YOUR BOYFRIEND MADE YOU COME HERE
> He says I'm depressed much of the time.
> I AM SORRY TO HEAR YOU ARE DEPRESSED
> It's true. I am unhappy
> DO YOU THINK COMING HERE WILL HELP YOU NOT TO BE UNHAPPY
> [...]

Das Programm funktioniert in Wirklichkeit auf sehr trivialen Grundlagen: Es kennt (und erkennt folglich) bestimmte Schlüsselbegriffe, versucht u.a. auf dieser Basis Satzstrukturen zu erkennen[8] und wählt dann für die Antwort nach dem Zufallsprinzip eine der an das Schlüsselwort gekoppelten Möglichkeiten aus. Das macht Weizenbaums vielfach dokumentiertes Entsetzen angesichts der Tatsache, dass Menschen sich ernsthaft mit dem Programm über ihre Probleme zu unterhalten begannen oder Psychotherapeuten seinen Einsatz in der Praxis empfahlen, umso verständlicher. Von einer echten künstlichen Intelligenz ist ELIZA, die heute noch in verschiedenen Versionen im Internet als Gesprächspartnerin zur Verfügung steht, weit entfernt. Dies gilt auch für ihre Nachkommen wie PARRY (1972 von Kenneth Colby geschrieben), der eine paranoide Persönlichkeit simuliert. Im Unterschied zu ELIZA verfügt PARRY über so etwas wie Weltwissen: Er «weiß», dass er von allen Seiten bedroht ist. Colbys Nachruf in der Zeitschrift *Yale Medicine* beschreibt den unerhörten Erfolg des Programms: «In test interviews, psychiatrists were unable to distinguish Parry's responses from those of real paranoiacs. Parry was the only program to pass the 'Turing test', meaning that it could successfully impersonate a person in a typed conversation.» Eine Vertreterin modernerer, sehr viel komplexerer Programme wäre demgegenüber z. B. A.L.I.C.E. (Artificial Linguistic Internet Computer Entity, 1995 von Richard S. Wallace geschrieben und seither ständig weiterentwickelt).

Programme wie ELIZA, PARRY oder A.L.I.C.E werden auch als «Chatbots» oder «Chatterbots» bezeichnet («Bot» steht als Kürzel für «Robot»). Im IRC eingesetzt, werden sie meist nur kurz «Bots» genannt. Sie werden in erster Linie benutzt, um Channel – die beim Weggang sämtlicher Personen, die sich dort aufhalten, automatisch verschwinden würden–ständig offen zu halten, bestimmten Personen beim Eintritt in den Channel Operator-Status[9] zu geben oder Missbrauch wie Flooding oder den Gebrauch vordefinierter unerwünschter Begriffe (etwa vulgärer Ausdrücke) durch Kicken zu ahnden. Darüber hinaus kann ein IRC-Bot aber auch Auskünfte geben oder auf beliebige Fragen antworten. Eine typische Auskunft besteht beispielsweise im Beantworten der Frage, wann eine bestimmte Person zuletzt im Channel war (sog. *seen mode*). Je nach Einstellung begrüßen Bots ferner neu Hinzugekommene oder steuern in unregelmäßigen Abständen selbst Äußerungen zur Kommunikation bei. Oft kann man mit ihnen ganz ähnliche Gespräche führen wie mit ELIZA und zunächst auch glauben, mit einem anderen Chatter zu kommunizieren. Den meisten Nutzern wird aber nach sehr kurzer Zeit deutlich, dass sie es eben nicht mit einem Menschen, sondern einem Programm zu tun haben (vgl. Storp, 2002, S. 29).

All diese Programme sind noch weit davon entfernt, eine echte Konversation führen zu können. Die Probleme, die auf dem Weg zu diesem Problem bewältigt werden müssen, sind aber zentrale Arbeitsbereiche der Computerlinguistik bzw. des Natural Language Processing.

4. Andere Formen von computervermittelter Kommunikation

Unter den Chat-verwandten Kommunikationsformen wären insbesondere noch die MUDs zu benennen. MUD ist ein Akronym für *Multi User Dungeon.* Es handelt sich dabei um textbasierte Phantasiewelten, in denen Rollenspiele durchgeführt werden. Interessant ist dabei, wie die komplexe Nutzung des virtuellen Raums und die Durchführung komplizierter Handlungszusammenhänge mit verschiedenen Strängen alleine durch sprachliche Mittel repräsentiert werden. Die MUD-Seite www.mud.de verzeichnet ohne Anspruch auf Vollständigkeit alleine 50 verschiedene deutschsprachige MUDS mit Namen wie AnderLand, Daemmerlicht, Grauzone, Gueldenland, Mittelerde, MorgenGrauen, NordLand, Regenbogen, Schattenwelt, Seifenblase, Wunderland oder Zeittunnel.

Den sozusagen entgegengesetzten Zugang wählen demgegenüber Videochats und Videokonferenzen. Hier geht es nicht um Texteingabe als einziges Medium, sondern im Gegenteil um die Übertragung möglichst vieler kommunikativer Mittel, wobei entweder nur die nonverbalen Elemente Mimik und Gestik (Videochats mit Webcam und Texteingabe) oder zusätzlich auch paralinguistische Merkmale (Videokonferenzen mit Stimmübertragung) übermittelt werden. Dennoch unterscheiden sich auch Videokonferenzen von face-to-face-Situationen. So können bei der Übertragung Verzögerungen (Lags) auftreten und den Ablauf beeinflussen, was naturgemäß in echten Gesprächssituationen nicht vorkommt. Ferner fehlt der Blickkontakt, der trotz der Bildübertragung nicht als Steuermittel eingesetzt werden kann. Beide Faktoren tragen dazu bei, dass der Sprecherwechsel (sog. *turn-taking*) bei Videokonferenzen schwieriger ist als bei face-to-face-Kommunikation (s. z. B. Döring, 2003, S. 98).

5. Schluss

Der im Vorigen gegebene Überblick sollte deutlich gemacht haben, dass es «die» computervermittelte Kommunikation nicht gibt. Faktoren wie Übertragungsmodus (z. B. Video vs. Tippen, synchron vs. asynchron), Anzahl und Rolle der Teilnehmenden etc. spielen eine zentrale Rolle dafür, wie sich die kommunikative Situation entwickelt und welche Möglichkeiten den daran Beteiligten zur Verfügung stehen. Die Unterschiede sind dabei außerordentlich groß, und entsprechend unterschiedlich sind auch die verschiedenen Ansätze und Fragestellungen, die sich für die Forschung daraus ergeben. Linguistische Forschung steht dabei neben psychologischer und soziologischer, wobei sich die drei Bereiche gegenseitig ergänzen und sich gelegentlich auch überschneiden können. Grundsätzliche Fragen, die sich zur Kommunikation mittels Computer ergeben, betreffen die Verbalisierung nonverbaler und paralinguistischer Kommunikationsmittel wie Stimmführung, Mimik oder Körperkontakt; die Organisation des Sprecherwechsels; die Nutzung des virtuellen Raums und das räumliche Verhalten; aber auch die Frage nach der möglichen Genese von Sondersprachen, die durch das Medium entstehen (vgl. Dürscheid, 2004). Darüber hinaus werden hier wie bei jeder anderen Form menschlicher Kommunikation Fragen nach Höflichkeitsregeln und nach kultur- und geschlechtsspezifischen Unterschieden gestellt. Computervermittelte Kommunikation ist dabei ebenso vielfältig und verschiedenartig wie andere Kommunikationsformen auch.

Anmerkungen

1 Interessant ist, dass sich der für die Endung *-er* im Deutschen typische endungslose Plural, wie er hier auch gebraucht wird, gegenüber dem englischen Plural (*Newsletters*) bereits weitgehend durchgesetzt hat. Daneben zeigt sich aber ein unterschiedlicher Genusgebrauch in verschiedenen Teilen des Sprachgebiets (*der / die Newsletter*, ersteres insbesondere in der Schweiz).

2 Entsprechende Regeln finden sich beispielsweise auf den Netiquette-Seiten des *Usenets in Österreich* (http://www.usenet.at/netiquette.html), in den Verhaltensempfehlungen der SkodaCommunity.de (http://www.skodacommunity.de/thread.php?threadid=1934), bei Providern wie *Interway* (http://www.interway.ch/site/int44903/net546932400.asp?osLang=1) und an unzähligen anderen Stellen im Netz.

3 Auch diese Einteilung ist natürlich nicht ganz befriedigend, da einige Programme die Erweiterung auf mehrere Personen zulassen und somit beiden Kategorien angehören.

4 DCC steht für «Direct Client-to-Client». Dies ist der Name eines Protokolls, das den direkten Datenaustausch zwischen zwei Clients ermöglicht.

5 An und für sich sind IRC-Logfiles bereits vollständig anonym, da keine Klarnamen, sondern sog. Nicks verwendet werden und die verwendeten Nicks darüber hinaus nicht personengebunden sind, so dass sich jederzeit eine andere Person mit demselben Nick einloggen kann. Hinzu kommt, dass das IRC mittlerweile in mehrere Netze zerfällt, so dass sich sogar gleichzeitig Personen mit demselben Nick im IRC (aber eben in verschiedenen Netzen) aufhalten können. Insofern können IRC-Logs höchstens von den Personen, die selbst zum geloggten Zeitpunkt im Channel anwesend waren und die Konversation ohnehin miterlebt haben, einem bestimmten Nick bzw. ihrem Wissen über die Person, die sich hinter dem Nick verbirgt, zugeordnet werden. Dennoch ist es in der Vergangenheit vorgekommen, dass Nutzer, die sich zufällig wiedererkannt haben, in ihren Persönlichkeitsrechten bedroht fühlten. Um dieser zwar objektiv nicht gerechtfertigten, subjektiv aber dennoch vorhandenen Sorge Rechnung zu tragen, wurden alle nicht bereits anderweitig publizierten Daten aus Logfiles im vorliegenden Aufsatz vollständig anonymisiert.

6 So etwa die «Celebrity Smileys», die neben dem Erkennen des Zeichens selbst kulturspezifische Kenntnisse voraussetzen wie etwa das Wissen darum, wer Frosty the Snowman oder Marge Simpson sind und welche Eigenschaften sie haben. Eine Auswahl von Celebrity Smileys findet sich beispielsweise auf www.anapsid.org/internet/smileys.html#celeb .

7 Im IRC werden alle Befehle durch den Schrägstrich (Slash) eingeleitet. So steht beispielweise /msg für den «Flüstermodus», also Nachrichten («msg» steht für «message»), die nur der direkte Empfänger sieht, mit /nick kann der sog. Nickname geändert werden, mit /join und dem Channelnamen betritt man einen Channel etc.

8 «An input sentence is scanned from left to right. Each word is looked up in a dictionary of keywords. If a word is identified as a keyword, then (apart from the issue of precedence of keywords) only decomposition rules containing that keyword need to be tried. The trial sequence can even be partially ordered. For example, the decomposition rule (0 YOU 0) associated with the keyword «YOU» (and decomposing the sentence into
1. all the words in front of «YOU»,
2. the word «YOU», and
3. all the words following «YOU»)
should be the last one tried since it is bound to succeed.» (Weizenbaum, 1966).

9 Der Operator-Status erlaubt es beispielsweise, andere aus dem Channel zu kicken und zu bannen oder das Motto des Channels zu bestimmten.

Literatur

Bader, Jennifer (2002). Schriftlichkeit und Mündlichkeit in der Chat-Kommunikation. http://www.mediensprache.net/networx/networx–29.pdf (21.022006).

Bailey, Cameron (1996). Virtual Skin Articulating Race in Cyberspace. In Moser, M./ MacLeod, D. (Eds.), *Immersed in Technology: Art and Virtual Environments* (pp. 29–49). Cambridge, MA: The MIT Press.

Beißwenger, Michael (2003). Sprachhandlungskoordination im Chat. In *Zeitschrift für germanistische Linguistik* 31 (2), S.198–231. http://www.michael-beisswenger.de/ biblio/zgl-preprint.pdf (21.04.2006).

Beslay, Laurent/Punie, Yves (2002). The Virtual Residence: Identity, Privacy and Security. In *IPTS-Report* 67 (September 2002), JRC Seville, S.17–23. Deutsch: Der virtuelle Wohnsitz: Identität, Privatsphäre und Sicherheit. www.jrc.es/pages/ipts-report/vol67/german/IPT3G676.html (21.04.2006).

Burri, Gabriela (2003). Spontanschreibung im Chat. In Hentschel, E. (Hg.), *Chatforschung/Chat analysis. Linguistik online* 15, 3/03, S. 3–32. www.linguistik-online.com/15_03 (21.04.2006).

Dieksmannshenke, Hajo (2004). «Gesprächsstrategien» in Politik-Chats. In Beißwenger, M./Hoffmann, L./Storrer, A. (Hg.), *Internetbasierte Kommunikation. OBST* 68, S. 123–140.

Döring, Nicola (1995). *Isolation und Einsamkeit bei Netznutzern? Oeffentliche Diskussion und empirische Daten.* http://sites.inka.de/bigred/misc/netz+einsamkeit.txt (21.04. 2006).

Döring, Nicola (2001). Sozialpsychologische Chat-Forschung: Methoden, Theorien, Befunde. In Beißwenger, M. (Hg.), *Chat-Kommunikation. Sprache, Interaktion, Sozialität & Identität in synchroner computervermittelter Kommunikation. Perspektiven auf ein interdisziplinäres Forschungsfeld* (S. 141–186). Stuttgart: Ibidem.

Döring, Nicola (2003). *Sozialpsychologie des Internet. Die Bedeutung des Internet für Kommunikationsprozesse, Identitäten, soziale Beziehungen und Gruppen.* 2., vollst. überarb. und erw. Aufl. Göttingen: Hogrefe.

Dürscheid, Christa (2004). Netzsprache – ein neuer Mythos. In Beißwenger, M./Hoffmann, L./Storrer, A. (Hg.), *Internetbasierte Kommunikation* (S. 141–158). *OBST* 68.

Eimeren, Birgit van/Frees, Beate (2005). *Nach dem Boom: Größter Zuwachs in internetfernen Gruppen. ARD/ZDF-Online-Studie 2005.* MP Ausgabe 8/2005. www.ard-werbung.de/_mp/fach/200508_01.phtml (21.04.2006).

Ess, Charles/Sudweeks, Fay (2005) (Eds.). *Culture and Computer-Mediated Communication. Journal of Computer-Mediated Communication* 11/1. http://jcmc.indiana.edu/ vol11/issue1 (21.04.2006).

Frank, Karsta: (1992). *Sprachgewalt: Die sprachliche Reproduktion der Geschlechterhierarchie. Elemente einer feministischen Linguistik im Kontext sozialwissenschaftlicher Frauenforschung.* Tübingen: Niemeyer.

Hentschel, Elke (1998). *Communication on IRC. Computer-vermittelte Kommunikation / Computer-mediated communication. Linguistik online* 1, 1/89. www.linguistik-online.com/irc.htm (21.04.2006).

Hentschel, Elke / Milic, Dragan (1998). Das Internet. Eine kurze Einführung. In Hentschel, E. / Borrmann, A. (Hg.), *Germanistik und Internet. Mitteilungen des Deutschen Germanistenverbandes* 3 / 1998, S. 199–212.

Herring, S. C. (1992). Men's language: A study of the discourse of the LINGUIST list. In Crochetière, A. / Boulanger, J.-C. / Ouellon, C. (Eds.), *Les langues menacées: actes du XVe congrès international des linguistes* (pp. 347–350). Vol. 3. Québec: Les Presses de l'Université Laval.

Herring, Susan (1994). Gender Differences in Computer-Mediated Communication: Bringing Familiar Baggage to the New Border. (Keynote talk at panel entitled Making the Net*Work*: Is there a Z39.50 in gender communication?. American Library Association annual convention, Miami, June 27, 1994.) http://www.eff.org/Net_culture/Gender_issues/cmc_and_gender.article (21.04.2006).

Herring, Susan (1998). Die rhetorische Dynamik geschlechtsbezogener Belästigungen in Online-Kommunikation. In *Mitteilungen des Deutschen Germanistenverbandes* 3/ 1998. S. 236–281.

Herring, Susan C. / Martinson, Anna (2004). Assessing gender authenticity in computer-mediated language use: Evidence from an identity game. In *Journal of Language and Social Psychology* 23 (4), pp. 424–446.

Herring, Susan C. et al. (2004). Women and Children Last: The Discursive Construction of Weblogs. Into The Blogosphere. Rhetoric, Community, and Culture of Weblogs. http://blog.lib.umn.edu/blogosphere/women_and_children.html (21.04. 2006).

Hess-Lüttich, Ernest W. B. / Wilde, Eva (2003). Der Chat als Textsorte und/oder als Dialogsorte?. In Hentschel, E. (Hg.), *particulae collectae. Festschrift für Harald Weydt zum 65. Geburtstag. Linguistik online* 13, 1/03, S. 161–180. www.linguistik-online.com/13_01 (21.04.2006).

Jespersen, Otto (1925). *Die Sprache, ihre Natur, Entwicklung und Entstehung*. Heidelberg: Carl Winters.

Kilian, Jörg (2001). T@stentöne. Geschriebene Umgangssprache in computervermittelter Kommunikation. Historisch-kritische Ergänzungen zu einem neuen Feld der linguistischen Forschung. In Beißwenger, M. (Hg.), *Chat-Kommunikation. Sprache, Interaktion, Sozialität und Identität in synchroner computervermittelter Kommunikation* (S. 55–78). Stuttgart: Ibidem.

Koch, Peter / Österreicher, Wulf (1994). Schriftlichkeit und Sprache. In Günther, H. / Ludwig, O. (Hg.), *Schrift und Schriftlichkeit. Ein interdisziplinäres Handbuch internationaler Forschung* (S. 587–604). Berlin: de Gruyter.

Köhler, Thomas (2003). *Das Selbst im Netz: die Konstruktion sozialer Identität in der computervermittelten Kommunikation*. Wiesbaden: Westdeutscher Verlag.

Krautgartner, Klara (2003). Techniques d'abréviation dans les webchats francophones. In Hentschel, E. (Hg.), *Chatforschung / Chat analysis. Linguistik online* 15, 3 / 03, S. 47–68. www.linguistik-online.com/15_03 (21.04.2006).

McIlvenny, Paul (1999). Avatars R Us? Discourses of Community and Embodiment in Intercultural Cyberspace. In *Intercultural Communication* 1/1999. www.immi.se/intercultural/nr1/mcilvenny.htm (21.04.2006).

Lakoff, Robin (1975). *Language and woman's place.* New York: Harper & Row.

Mynard, Jo (1006). Introducing EFL Students to Chat Rooms. In *The Internet TESL Journal* XII/4 2006. http://iteslj.org/Lessons/Mynard-Chat.html (21.04. 2006).

Orthmann, Claudia (2004). *Strukturen der Chat-Kommunikation. Konversationsanalytische Untersuchung eines Kinder- und Jugendchats.* Dissertation Freie Universität Berlin. http://www.diss.fu-berlin.de/2004/78. Abstract: http://www.diss.fu-berlin.de/2004/78 (21.04.2006).

Pankow, Christiane (2003). Zur Darstellung nonverbalen Verhaltens in deutschen und schwedischen IRC-Chats. Eine Korpusuntersuchung. In Hentschel, E. (Hg.), *Chatforschung / Chat analysis. Linguistik online* 15, 3/03, S. 89–124. www.linguistik-online.com/15_03 (21.04.2006).

Schestag, Alexander (2001). Macht und Machtmißbrauch im IRC aus ethnopsychologischer Sicht. In Beißwenger, Michael (Hg.), *Chat-Kommunikation. Sprache, Interaktion, Sozialität & Identität in synchroner computervermittelter Kommunikation. Perspektiven auf ein interdisziplinäres Forschungsfeld* (S. 187–200). Stuttgart: Ibidem.

Schmückle, Beat / Chi, Tobias (2004). Spam – Linguistische Untersuchung einer neuen Werbeform. *Networx* 39 / 2004. www.mediensprache.net / de / networx / docs / networx-39.asp (21.04.2006).

Schütte, Wilfried (2004). Diskursstrategien in fachlichen Mailinglisten: Zwischen Einwegkommunikation und Interaktion. In Beißwenger, M. / Hoffmann, L. / Storrer, A. (Hg.), *Internetbasierte Kommunikation. OBST* 68, S. 55–76.

Spears, R. / Lea, M. / Lee, S. (1990). De-individuation and Group Polarization in Computer-mediated Communication. In *British Journal of Social Psychology* 29, pp. 121–134.

Siebenhaar, Beat (2003). Sprachgeographische Aspekte der Morphologie und Verschriftung in schweizerdeutschen Chats. In Hentschel, E. (Hg.), *Chatforschung / Chat analysis. Linguistik online* 15, 3 / 03, S. 125–140. www.linguistik-online.com/15_03 (21.04.2006).

Siebenhaar, Beat (2005). *Varietätenwahl und Code Switching in Deutschschweizer Chatkanälen. Quantitative und Qualitative Analysen.* http://www.mediensprache.net/networx/networx-43.pdf (21.04.2006).

(s. n.) (2001). In memoriam. *Yale Medicine.* http://yalemedicine.yale.edu/ym_au01/obits.html (21.04.2006).

Storp, Michaela (2002). *Chatbots. Möglichkeiten und Grenzen der maschinellen Verarbeitung natürlicher Sprache.* (= *Networx* 25). www.mediensprache.net/networx/networx-25.pdf (21.04.2006).

Thaler, Verena (2003). *Chat-Kommunikation im Spannungsfeld zwischen Oralität und Literalität.* Berlin: VWF.

Turkle, Sherry (1984). *The Second Self: Computers and the Human Spirit.* New York: Simon and Schuster.

Turkle, Sherry (1986). Computational Reticence: Why Women Fear the Intimate Machine. In Kramerae, Ch. (Ed.), *Technology and Women's Voices* (pp. 41–61). New York: Pergamon Press.

Vogel, Petra M. (im Erscheinen). Ich hab da nen kleines Problem! – Zu «falschen» Kurzformen des indefiniten Artikels im Deutschen. *Zeitschrift für Dialektologie und Linguistik.*

Weizenbaum, Joseph (1966). ELIZA – A Computer Program For the Study of Natural Language Communication Between Man and Machine. In *Communications of the ACM* 9/1, pp. 36–45.

Wenz, Karin (1998). Formen der Schriftlichkeit und Mündlichkeit in digitalen Medien. Computer-vermittelte Kommunikation/Computer-mediated communication. Linguistik online 1, 1/89. www.linguistik-online.com/wenz.htm (21.04.2006).

Ziegler, Arne (2004). Teststrukturen internetbasierter Kommunikation. Brauchen wir eine Medientextlinguistik? In Beißwenger, M./Hoffmann, L./Storrer, A. (Hg.), *Internetbasierte Kommunikation. OBST* 68, S. 159–173.

Massenkommunikation und Internet. Skizzen zu ihrem Verhältnis aus Sicht der Kommunikationsgeschichte und -theorie

Philomen Schönhagen

Das Internet sowie die darin entstehenden neuen Möglichkeiten der Onlinekommunikation, wie jüngst die sogenannten Weblogs oder Blogs[1], rufen immer wieder Erwartungen und Prognosen hervor, die (öffentliche) gesellschaftliche Kommunikation werde sich grundlegend verändern. Von mehr Interaktivität und einer Demokratisierung war zunächst die Rede, von einer 'digitalen Revolution', die eine globale Agora bzw. eine «Art neue Stammesgemeinschaft auf Weltebene» (Berghaus, 1999, S. 34) ermöglichen werde. Gleichzeitig wurden Befürchtungen geäussert, die Onlinekommunikation führe zu sozialer Desintegration und Vereinsamung oder gar Kommunikationszerstörung.[2] Diese «Dialektik von Euphorie und Katzenjammer», wie sie der 2005 verstorbene Peter Glotz (1999, S. 98) mit treffender Ironie bezeichnet hat, prägt seit Jahrhunderten typischerweise jede Einführung eines neuen Mediums. Und obwohl sich mittlerweile in der Diskussion um die Auswirkungen des Internets auf die gesellschaftliche Kommunikation allgemein eine nüchternere Sicht durchgesetzt hat, wird neuerdings wiederum eine Revolution oder gar das Ende des professionellen Journalismus erwartet – eben durch die oben erwähnten Weblogs. Ich komme darauf weiter unten zurück (siehe 2.2). Wenn hier danach gefragt werden soll, wie das Internet die öffentliche gesellschaftliche Kommunikation verändert, so ist vor allem das Verhältnis zwischen Internet und Massenkommunikation – und damit auch dem Journalismus – zu thematisieren. Denn die öffentliche Kommunikation moderner Gesellschaften vollzieht sich in erster Linie in der 'Arena' der Massenmedien. In welchem Verhältnis steht dazu das Internet? Handelt es sich dabei ebenfalls um ein Massenmedium? Kann Onlinekommunikation die Massenkommunikation ersetzen oder ablösen? Im Rahmen dieses Beitrags können diese Fragen nicht abschliessend geklärt werden, es sollen dazu jedoch einige Gedanken und mögliche Antworten skizziert werden, die sich auf kommunikationstheoretische wie -historische Überlegungen stützen.

1. Zum Begriff Massenkommunikation

Zunächst erscheint es geboten, den Begriff der Massenkommunikation zu klären, bevor Bezüge zum Internet hergestellt werden können. Die nach wie vor gängigste Definition stammt von Gerhard Maletzke (1963, S. 32): «Unter Massenkommunikation verstehen wir jene Form der Kommunikation, bei der Aussagen öffentlich [...], durch technische Verbreitungsmittel (Medien), indirekt [...] und einseitig [...] an ein disperses Publikum [...] vermittelt werden.» Auf den ersten Blick scheint diese Definition treffend massenmediale Kommunikation zu beschreiben. Bei näherer Betrachtung ist jedoch festzustellen, dass sie sich ausschliesslich auf «äußerliche Verbreitungsmodalitäten» (Stock, 1985, S. 33) bezieht. Maletzkes Definition beschreibt den Vorgang der Vermittlung oder Verbreitung von Inhalten mittels Massenmedien. Ausgeblendet bleiben jedoch die gesellschaftlichen *Kommunikationsprozesse*, die nicht nur Gegenstand der massenmedialen bzw. journalistischen Vermittlung sind (indem über sie berichtet wird), sondern die durch die Vermittlungsleistungen der Massenmedien auch *konstituiert* werden. Massenmedien veröffentlichen Kommunikationsbeiträge gesellschaftlicher Akteure, dadurch werden weitere Beiträge anderer Akteure angestossen, die wiederum massenmedial vermittelt werden, usw. Somit erst entstehen öffentliche Diskussionen zu diversen Themen. Diese werden zwar nicht nur, aber zu einem wesentlichen Teil via Massenmedien geführt. Man kann dies wie folgt anhand einer einfachen Nachricht veranschaulichen.

Es wird bereits an einem einzigen Beispiel (siehe S. 83) ersichtlich, dass gesellschaftliche Akteure ständig wechselseitig kommunizieren – auch wenn sie dabei häufig aneinander vorbei- oder nur gegenseitig aufeinander einreden und keineswegs immer ein wirklicher Austausch zustande kommt. Letztlich wird das kommunikative Hin und Her in der Gesellschaft natürlich nicht in einer einzelnen Nachricht deutlich, sondern in der periodischen Folge medialer Beiträge. So betrachtet ist Massenkommunikation *kein* oder jedenfalls nicht nur ein *einseitiger Prozess*, sondern charakterisiert durch eine spezifische Verknüpfung zweier Prozesse (vgl. Schönhagen, 2004, S. 59 ff.)[3]: Zum einen hat man es zu tun mit *wechselseitigen Kommunikationsprozessen* zwischen gesellschaftlichen Akteuren bzw. Akteurskollektiven. Zum anderen werden diese Kommunikationsprozesse in einem *Vermittlungsprozess* öffentlich gemacht, der im Wesentlichen *einseitig* von den Massenmedien bzw. den Journalisten zu den Rezipienten verläuft (wie von Maletzke beschrieben). Die gesellschaftliche

Moskau weist Kritik wegen Demokratie-Defizits zurück

Reduktion des Europarat-Beitrages?

Moskau, 20. Jan. (afp/dpa/Reuters) Russland hat sich mit deutlichen Worten gegen die Kritik der USA und anderer westlicher Länder am Demokratie-Kurs des Landes gewehrt. Aussenminister Sergei Lawrow sagte zu Journalisten, warum ihn eigentlich keiner nach seiner Kritik an den USA frage. Die russischen Gesetze lägen im Einklang mit internationalen Regelungen, fügte Lawrow hinzu. Die USA hatten Russland Demokratie-Defizite vorgehalten und es vor Konsequenzen für dessen Rolle als derzeitiger Vorsitzender der Gruppe der acht führenden Industriestaaten (G-8) gewarnt. Präsident Putin wird von Kritikern aus westlichen Ländern vorgeworfen, mit seinem derzeitigen Kurs die demokratischen Rechte im Land einzuschränken. Am Freitag kritisierte auch die österreichische EU-Ratspräsidentschaft das russische NGO-Gesetz.

wechselseitig kommunizierende gesellschaftliche Akteure (Russland reagiert auf Vorwürfe der USA und Österreichs)

NZZ, 21./22.1.2006

Kommunikation wird dabei in konzentrierter Form vermittelt, also redaktionell bearbeitet, und nicht nur technisch verbreitet, wie es Maletzkes Definition nahe legt. Somit blendet diese Definition auch «das journalistische Metier» aus (Stock, 1985, S. 33).

Das oben erläuterte Verständnis von Massenkommunikation als journalistisch vermittelter gesellschaftlicher Kommunikation wird auch durch eine *historische Analyse* ihrer Entstehung und Funktion gestützt (vgl. Wagner, 1995, 2005). Massenkommunikation stellt demnach eine fortgeschrittene Lösung für das Problem dar, in grossen und komplexen Gesellschaften die öffentliche Kommunikation über räumliche Distanzen hinweg aufrecht zu erhalten. Bis zu einer gewissen Grösse kommunizieren Gesellschaften oder Gemeinschaften typischerweise vorwiegend im Modus der Versammlung. Mit dem Anwachsen und der zunehmenden Ausdifferenzierung von Gesellschaften stösst Versammlungskommunikation jedoch an ihre Grenzen, Kommunikation über

Distanz oder «Fernkommunikation» (Höflich, 1997, S. 204) wird zentral. Deren Entwicklungsstadien können hier nicht im Einzelnen dargelegt werden (vgl. Wagner, 1995, S. 15ff., 2005; Schönhagen, 2004, S. 133ff.). Es handelt sich um eine Reihe von Rationalisierungsprozessen, für die eine Trennung des Prozesses der Mitteilung von jenem der Vermittlung sowie eine zunehmende Konzentration, Professionalisierung und Autonomie der Kommunikationsvermittlung kennzeichnend sind.[4] Es entstehen schliesslich autonome, am Markt orientierte und dauerhaft etablierte Vermittlungssysteme – die sogenannten Massenmedien, erstmals mit Wochenzeitungen, die im späten 16. Jahrhundert zunächst handschriftlich, seit dem frühen 17. Jahrhundert dann gedruckt vervielfältigt wurden.[5] Mit diesen Vermittlungssystemen etablierte sich gewissermassen der (redaktionelle) Journalismus, seine Anfänge liegen jedoch weiter zurück und sind eine Voraussetzung dafür, dass Massenmedien überhaupt entstehen konnten (vgl. Schröder, 1995).

Anders als bei Maletzke ist Massenkommunikation vor diesem Hintergrund zu definieren als hoch konzentrierte und unabhängig von Einzelinteressen – und das heisst: journalistisch – vermittelte Kommunikation der Gesellschaft (vgl. Wagner, 1995, S. 42f.).[6]

2. Internet und Massenkommunikation

Zu klären ist nun, in welchem Verhältnis das Internet zur Massenkommunikation im oben dargelegten Sinne steht. Ist es selbst ein (neues) Massenmedium, und ist demnach gesellschaftliche Kommunikation, die via Internet zustande kommt oder vermittelt wird, Massenkommunikation? Oder entsteht hier etwas gänzlich Neues, das Massenkommunikation ersetzen könnte? Betrachtet man das Internet und die darin stattfindenden Formen und Prozesse von Kommunikation, so wird deutlich, dass es sich weder um *ein* Medium[7] noch um *eine* Art von (Online-)Kommunikation handeln kann. Tatsächlich wird das Internet heute in weiten Teilen der kommunikationswissenschaftlichen Literatur vielmehr als eine *technische Infrastruktur* betrachtet (vgl. u. a. Beck/Glotz/Vogelsang, 2000; Burkart, 1999, S. 63), mittels derer bzw. innerhalb derselben unterschiedliche Arten von (Online-)Medien und Kommunikation bestehen. Das Internet 'beherbergt' dabei unter anderem auch Massenmedien –

seien es Onlineangebote 'klassischer' Massenmedien oder reine Onlineangebote.[8] Insofern findet Massenkommunikation also *auch* via Internet statt.

Keineswegs aber ist jede Onlinekommunikation Massenkommunikation, im Gegenteil: Gerade die neuen Kommunikationsmöglichkeiten wie z. B. Chat und Newsgroups, aber auch Blogs bieten im Gegensatz zu Massenmedien und Journalismus *keinen* hochkonzentrierten und im Prinzip von Einzelinteressen und -perspektiven unabhängigen Überblick über gesamtgesellschaftliche Kommunikationsprozesse (bzw. die Kommunikation in sachlich oder geografisch, z. B. lokal begrenzten Gesellschaftsbereichen). Vielmehr handelt es sich, etwa bei Blogs, meist um hochgradig individualistische Beiträge oder aber um Sammlungen individueller Beiträge, wie beispielsweise bei Newsgroups. Die Frage ist letztlich, ob diese in ihrer Gesamtheit einen Überblick bieten könnten, der jenem der Massenmedien adäquat ist. An zwei Beispielen soll veranschaulicht werden, warum dies kaum zu erwarten ist.

2.1 Globale Agora durch Chat und Newsgroups?

Die eingangs zitierten Erwartungen, mit dem Internet könne eine Art globaler Agora entstehen, also gewissermassen eine Rückkehr zur 'ursprünglichen' Versammlungskommunikation in virtueller Form stattfinden, werden häufig an Chatforen und Newsgroups geknüpft. Betrachtet man den *Wandel der Strukturmerkmale* gesellschaftlicher Kommunikation über verschiedene Phasen ihrer Entwicklung hinweg (vgl. dazu Wagner, 2005), spräche tatsächlich manches für eine solche Vorstellung: Während die Versammlungskommunikation gekennzeichnet ist durch Anwesenheit der Kommunikationspartner, Gleichzeitigkeit von Mitteilung und Aufnahme (und ggf. direkter Antwort) sowie prinzipielle Mediengleichheit (natürliche Medien), werden diese Merkmale mit der Kommunikation über Distanz zunächst in ihr Gegenteil verkehrt. In einer ersten Phase der Fernkommunikation, die auf der Nutzung bestehender Verkehrsnetze beruht, tritt an die Stelle der Anwesenheit der Kommunikationspartner deren Abwesenheit; die Kommunikation erfolgt nicht mehr gleichzeitig, sondern zeitversetzt; und die allgemeine Verfügbarkeit der Medien bzw. Mediengleichheit geht durch die Medienkonzentration verloren.[9] Mit dem Entstehen eigenständiger Informations- und Kommunikationsnetze, das durch die Elektrizität möglich wurde und im Internet einen vorläufigen Höhepunkt erlebt, konnten zwei Merkmale der Versammlungskommunikation gewissermassen zurückgewonnen werden: die Gleichzeitigkeit (schon mit dem Liveprinzip des Rundfunks) sowie die allgemeine Medienverfügbarkeit.[10] Nur das Prinzip der Abwesenheit der Kommunikationspartner bleibt bestehen.

Trotzdem ist die Vorstellung einer virtuellen (globalen) Versammlungskommunikation als Ersatz für Massenkommunikation unrealistisch. Man denke etwa an riesige globale oder auch nur nationale Chatrooms, in denen sich die mitspracheberechtigten Gesellschaftsmitglieder wie im antiken Athen auf der Agora versammeln würden – von technischen Problemen ganz abgesehen, ein solcher Chat wäre nicht nur völlig unüberschaubar, sondern würde auch unlösbare zeitliche Probleme schaffen: «Wenn nur *eine* Lebensfrage der Gesellschaft dadurch geklärt werden sollte, dass von 60 Millionen Menschen jeder [...] zu allen anderen sprechen dürfte, nur eine Minute lang, und wenn dies Tag und Nacht andauerte, dann nimmt dies [...] 41 667 Tage gleich etwas über 114 Jahre in Anspruch» (Starkulla jr., zitiert nach Schönhagen, 2004, S. 202). Ebenso wenig überschaubar sind riesige Newsgroups bzw. das gesamte Universum der Newsgroups oder die sog. Blogsphäre. An solchen Beispielen wird die Bedeutung journalistischer Konzentrationsleistungen mehr als deutlich: Sie sind in unseren heutigen komplexen Gesellschaften für eine umfassende Orientierung jeder und jedes einzelnen in den jeweils relevanten Kommunikationsräumen schlichtweg unverzichtbar.

2.2 Weblogs und Journalismus

Die journalistischen Konzentrations- und Vermittlungsleistungen werden auch in der aktuellen Diskussion um Weblogs sowie die sogenannten Wikis[11] notorisch unterschätzt. So wird vermutet, Journalismus werde «zunehmend im Gegenverkehr funktionieren und sich fundamental wandeln» (Walther, 2005, S. 49). Jedermann könne einerseits selbst zum Berichterstatter werden, andererseits im Internet jede Information selbst suchen und finden – und dies bisweilen auch noch mit höherer Aktualität. Als Beispiel wird etwa der Tsunami Ende 2004 angeführt, als aktuelle Augenzeugenberichte und Videos bereits im Internet kursierten, während Reporter noch längst nicht vor Ort waren. Abgesehen von den bislang geringen Reichweiten der meisten Blogs, gilt hier ähnlich wie bei Chats und Newsgroups: Weblogs eröffnen den Zugang zu einer – letztlich unüberschaubaren – Fülle individueller Erfahrungen, Beobachtungen, Meinungen etc. Das ist spannend, aber etwas völlig anderes als der hoch konzentrierte Überblick über gesellschaftliche Positionen, Interessen, Meinungen etc., den die journalistische Vermittlung bieten kann (vgl. auch Schmidt/Schönberger/Stegbauer, 2005, S. 5; Steppacher, 2006). Somit ersetzen Weblogs, auch in ihrer Gesamtheit, nicht die professionellen Recherche-, Selektions- und Konzentrationsleistungen sowie die damit verbundene Orientierungsleistung massenmedialer Vermittlungssysteme. Auch andere Fachvertreter kommen zu dem Schluss, dass Weblogs und ähnliche Angebote «keine Konkurrenz, sondern eine Ergänzung zum professionellen Journalismus sein» werden (Neuberger, 2004, o. S.; vgl. auch Neuberger, 2005; Olar, 2005). Das wird auch daran deutlich, dass die Inhalte von Weblogs typischerweise erst dann eine breitere Öffentlichkeit erreichen, wenn sie von Massenmedien aufgegriffen werden (vgl. Mingels, 2005, S. 24f.). Die Stärke der Blogs liegt anderswo: Sie stellen eher eine «Art Kolumne [dar], die permanent auf Sendung ist», wie der ehemalige Spiegel-online-Redaktor Lorenz-Meyer bemerkte (in Hauswedell, 2004, o. S.), und haben möglicherweise das Potenzial, gesellschaftliche Kritik an den Massenmedien zu institutionalisieren (sog. Media Watchblogs). Man kann sie insofern auch als eine Art Korrektiv zu den Massenmedien auffassen (vgl. auch Zerfass/Boelter, 2005), zumal sie häufig Themen aufgreifen, die von diesen vernachlässigt werden.[12] Nicht nur mit Weblogs, sondern generell mittels der Internettechnologie ist es auch (wieder) möglich, Beiträge der Rezipienten bzw. Bürger direkt in massenmediale Inhalte einzubinden. Dafür gibt es mittlerweile eine Reihe von Beispielen, die unter dem Stichwort Bürgerjournalismus diskutiert werden.[13]

Insofern ist ein Ende des professionellen Journalismus mit den Weblogs nicht in Sicht; womit jedoch keinesfalls negiert werden soll, dass das Internet und Angebote wie u. a. Blogs zu Veränderungen, notwendigen Anpassungen und auch Bedrängnissen des Journalismus führen, etwa in Folge des veränderten Anzeigenmarkts.

3. Fazit

Man kann somit festhalten, dass Onlinemedien wie Chatrooms, Newsgroups und Blogs eine spannende Ergänzung und möglicherweise auch ein Korrektiv zu Massenmedien darstellen, diese jedoch nicht ersetzen (können). Das hängt zusammen mit der spezifischen Konzentrationsleistung unabhängiger Massenmedien bzw. des Journalismus, die für eine umfassende und überschaubare gesellschaftliche Kommunikation und Orientierung unverzichtbar ist. Die Entwicklung von Massenkommunikation bzw. Massenmedien und Journalismus ist eine einzigartige Kulturleistung, die in modernen, komplexen Gesellschaften gesamtgesellschaftliche Kommunikation ermöglicht. Das Internet stellt jedoch einen einflussreichen Schritt in der Entwicklung gesellschaftlicher Kommunikation über Distanz dar, mit dem die prinzipielle Mediengleichheit bzw. allgemeine Verfügbarkeit von Medien öffentlicher Kommunikation zurück gewonnen wird: Mit dem Internet ist es prinzipiell wieder möglich, dass jede(r) eigene Mitteilungen selbst vermittelt, mit einer potenziell unbegrenzten Verbreitung. De facto wird zwar, anders als mittels Massenmedien, auf diesem Wege selten eine breite Öffentlichkeit erreicht. Aber Online- und Mobilfunktechnologie ermöglichen so, neben einer orts- und zeitunabhängigeren Nutzung massenmedialer Inhalte sowie der gezielten Ansprache bestimmter Teilöffentlichkeiten[14], eine verbesserte Gruppenkommunikation sowie *Interessenorganisation* und damit wiederum indirekt eine stärkere Vertretung spezifischer Interessen in der (massenmedialen) Öffentlichkeit. Das wird auch am politischen Einfluss mancher Blogs deutlich (vgl. Schön, 2006; Ognibeni, 2004).

Anmerkungen

1 Weblog oder Blog: Wortschöpfung aus 'Web' und 'log (-book)' = Log-, Bord-, Fahrtenbuch bzw. (Reise-)Tagebuch; eine Art Internettagebuch meist einzelner Personen, in der Regel sehr persönlich gefärbt, sei es mit Einträgen zum Alltag (ähnlich einem Tagebuch) oder mit mehr oder weniger regelmässigen Einträgen zu bestimmten Themen, z. B. bei sog. Media Watchblogs mit medienkritischen Einträgen. Teilweise können Nutzer wiederum eigene Kommentare anbringen, so dass auch Diskussionen entstehen.

2 Vgl. zu dieser Diskussion im Detail den Überblick in Schönhagen, 2004, S. 5 ff.

3 Diese Auffassung von Massenkommunikation äussert sich u. a. im Münchner Theorieansatz sowie dem damit verbundenen Massenkommunikationsmodell von Wagner (vgl. Wagner, 1978; zum Überblick auch Schönhagen 2004, S. 19 ff.). Inzwischen wird eine ähnliche Auffassung auch im Kontext der Öffentlichkeitstheorie vertreten, etwa im sog. Arena-Modell von Neidhardt und Gerhards (vgl. die Beiträge beider Autoren in Neidhardt (Hg.), 1994).

4 Im Einzelnen kommt es dabei zu einer Konzentration der Medien (wenige Medien vermitteln schliesslich die Mitteilungen unterschiedlichster Kommunikationspartner, während diese anfangs mit je eigenen Medien bzw. menschlichen Vermittlern ihre Mitteilungen verbreiteten), zu einer Konzentration der vermittelten Kommunikationspartner (bevorzugte Vermittlung von Repräsentanten von Positionen/Kollektiven) sowie der Mitteilungen (Kürzung, mediengerechte Transformation); vgl. Wagner, 1995, S. 15 ff., 2005.

5 Erst die gedruckten Zeitungen konnten grössere Reichweiten erzielen; bezüglich ihrer Inhalte, der Form bzw. dem Aufbau sowie der kommunikativen Struktur unterschieden sie sich jedoch praktisch nicht von ihren handschriftlichen Vorläufern, aus denen sie teilweise unmittelbar hervorgingen. Das gilt auch für die erste bekannte gedruckte Wochenzeitung überhaupt, die Strassburger Relation, die wahrscheinlich seit 1605 erschien (vgl. Weber, 1992). Die frühen Wochenzeitungen zeichneten sich typischerweise durch ein Konzept der Unparteilichkeit aus und fungierten, trotz der teilweise hinderlichen Rahmenbedingungen durch den Absolutismus, als unabhängige Foren der öffentlichen Kommunikation (vgl. Schönhagen, 1998; Schröder, 1995).

6 So kann Journalismus auch abgegrenzt werden von Öffentlichkeitsarbeit, die Kommunikation in einem bestimmten Einzelinteresse vermittelt.

7 Diese Einschätzung hängt natürlich vom zugrunde liegenden Medienbegriff ab. Dieser wird in der kommunikations- und medienwissenschaftlichen Literatur keineswegs einheitlich verwendet und ist theoretisch kaum geklärt (vgl. Wagner, 1993; Schönhagen, 2004, S. 86).

8 Generell sollte man bei der Betrachtung neuer Onlinedienste wie z. B. Podcasting (Herunterladen von Audiodateien aus dem Internet, z. T. automatisch, d. h. quasi wie im Abonnement), RSS-Feeds (automatische Anzeige von Website-Aktualisierungen z. B. per E-Mail) etc. zwei Ebenen unterscheiden: die technische (Verbreitungskanäle) sowie die inhaltlich-strukturelle (individuelle, selbst aufgeschaltete Beiträge versus journalistisch/redaktionell vermittelte Inhalte); vgl. Schönhagen, 2006. Im Übrigen erfreuen sich nach wie vor gerade die Onlineangebote klassischer Massenmedien grosser Beliebtheit, und viele Studien zeigen, dass sich traditioneller und Onlinejournalismus nur geringfügig unterscheiden (vgl. etwa Altmeppen/Bucher/Löffelholz, 2000; Löffelholz et al., 2003; Matheson, 2004).

9 D. h., die Mitteilung und ihre Aufnahme sowie ggf. Antworten erfolgen nicht mehr gleichzeitig, sondern in zeitlicher Abfolge (wie z. B. schon beim Briefverkehr); Riepl (1913, S. 349) spricht dabei von «Sukzessivität». Und während auf die natürlichen Medien jeder direkten Zugriff hat, um eigene Mitteilungen zu vermitteln (= Mediengleichheit, allgemeine Verfügbarkeit), sind Vermittlungssysteme wie die Massenmedien dadurch gekennzeichnet, dass sie von Spezialisten verwaltet werden (Medienmacher, Journalisten), die über die Publikation oder Nichtpubli-

kation von Mitteilungen entscheiden (Verfügbarkeit bezieht sich hier also auf den aktiven Zugang, nicht die Nutzung.).

10 Diese gilt, wie die Mediengleichheit in der Versammlungskommunikation, im Prinzip, d. h., dass sie de facto nicht uneingeschränkt realisiert ist: Bei der Versammlungskommunikation gibt es Ausnahmen in Form von Personen, die nur eingeschränkt über natürliche Medien verfügen (z. B. Taubstumme), und auch das Internet ist natürlich de facto nicht jedermann zugänglich.

11 Als Wikis werden Websites wie die Online-Enzyklopädie Wikipedia (vgl. http://www.wikipedia.org) bezeichnet, deren Inhalte kollektiv von den Nutzern erstellt und laufend geändert und ergänzt werden. Vgl. auch http://www.wikinews.org.

12 Insofern könnte man Blogs auch als 'Alternativmedien' bezeichnen, die typischerweise aufgrund von Vermittlungsdefiziten der Massenmedien entstehen (vgl. Starkulla jr., 1988, S. 71 f.; Wagner, 1995, S. 53 ff.; Schönhagen, 2004, S. 257 f.).

13 Vgl. Schönhagen/Kopp 2007. Neu ist das übrigens nicht, bereits im 19. Jahrhundert wurden im deutschen Sprachraum Leserbeiträge, sog. Eingesandts, regelmässig in den redaktionellen Teil lokaler Zeitungen eingebunden, was zu einem äusserst spannenden Lokaljournalismus mit lebhaften gesellschaftlichen Diskussionen führte (vgl. Schönhagen, 1995).

14 Weiter ergeben sich natürlich auch neue Kommunikationsmöglichkeiten in Ländern mit staatlich kontrollierten Medien, die hier aus Zeitgründen nicht weiter thematisiert werden (vgl. am Rande Schön, 2006).

Literatur

Altmeppen, Klaus-Dieter/ Bucher, Hans-Jürgen/Löffelholz, Martin (Hg.) (2000). *Online-Journalismus. Perspektiven für Wissenschaft und Praxis.* Wiesbaden: Westdeutscher Verlag.

Beck, Klaus/Glotz, Peter/Vogelsang, Gregor (2000). *Die Zukunft des Internet: internationale Delphi-Befragung zur Entwicklung der Online-Kommunikation.* Konstanz: UVK Medien Verlagsgesellschaft.

Berghaus, Margot (1999). «Alte» Theorien über «neue» Medien. Was sich aus Medien-, Kommunikations- und Gesellschaftstheorien über Begleiterscheinungen des Internet ableiten läßt. In Dies. (Hg.), *Interaktive Medien – interdisziplinär vernetzt* (S. 31–61). Opladen/Wiesbaden: Westdeutscher Verlag.

Burkart, Roland (1999). Was ist eigentlich ein «Medium»? In Latzer, Michael et al. (Hg.), *Die Zukunft der Kommunikation: Phänomene und Trends in der Informationsgesellschaft* (S. 61–71). Innsbruck/Wien: Studien Verlag.

Glotz, Peter (1999). *Die beschleunigte Gesellschaft. Kulturkämpfe im digitalen Kapitalismus.* München: Kindler.

Hauswedell, Tessa (2004). Zehn Jahre Online-Journalismus: Ein Interview mit Lorenz Lorenz-Meyer. In *politik-digital. Plattform für Politik und Internet.* Online im Internet unter: http://www.politik-digital.de/edemocracy/netzkultur/interview_1_meyer_1004.shtml, Abruf 28.11.2005.

Höflich, Joachim R. (1997). Ansätze zu einer Theorie der technisch vermittelten Kommunikation. In *Zeitschrift für Semiotik*, 19. Jg., Heft 3, S. 203–228.

Löffelholz, Martin et al. (2003). Onlinejournalisten in Deutschland. Zentrale Befunde der ersten Repräsentativbefragung deutscher Onlinejournalisten. In *Media Perspektiven*, Nr. 10, S. 477–486.

Maletzke, Gerhard (1963). *Psychologie der Massenkommunikation.* Hamburg: Verlag Hans-Bredow-Institut.

Matheson, Donald (2004). Weblogs and the epistemology of news: Some trends in online journalism. In *New Media & Society*, 6. Jg., Heft 4, S. 443–468.

Mingels, Guido (2005). Die Revolution, die keine war. In *Das Magazin*, Nr. 41, S. 18–29.

Neidhardt, Friedhelm (Hg.) (1994). *Öffentlichkeit, öffentliche Meinung, soziale Bewegungen.* Opladen: VS Verlag für Sozialwissenschaften.

Neuberger, Christoph (2004). P2P – Konkurrenz oder Ergänzung zum professionellen Journalismus? In *onlinejournalismus.de. Das Magazin zum Thema.* Online im Internet unter: http://www.onlinejournalismus.de/webwatch/p2p.php, Abruf 25.11.2005.

Neuberger, Christoph (2005). Formate der aktuellen Internetöffentlichkeit. Über das Verhältnis von Weblogs, Peer-to-Peer-Angeboten und Portalen zum Journalismus – Ergebnisse einer explorativen Anbieterbefragung. In *Medien & Kommunikationswissenschaft*, 53. Jg. Heft 1, S. 73–92.

Ognibeni, Björn (2004). Weblogs – die neue fünfte Gewalt im Staate? In *politik-digital. Plattform für Politik und Internet.* Online im Internet unter: http://www.politik-digital.de/text/edemocracy/netzkultur/weblogs.shtml, Abruf am 28.11.2005.

Olar, Sandra (2005). Endlich Chefredaktor! Neue Möglichkeiten des Web-Journalismus. In *journalisten.ch*, Nr. 1, S. 6f.

Riepl, Wolfgang (1913). *Das Nachrichtenwesen des Altertums. Mit besonderer Rücksicht auf die Römer.* Leipzig/Berlin.

Schmidt, Jan / Schönberger, Klaus / Stegbauer, Christian (2005). Erkundungen von Weblog-Nutzungen. Anmerkungen zum Stand der Forschung. In *kommunikation@gesellschaft*, 6. Jg., Beitrag 4, S. 1–20. Online im Internet unter: http://www.soz.uni-frankfurt.de/K.G/B4_2005_Schmidt_Schoenberger_Stegbauer.pdf, Abruf 27.3.2006.

Schön, Gerti (2006). Amerika bloggt. Hat der Journalismus ausgedient? In *Medienheft*, 30. Januar, S. 1–5. Online im Internet unter: http://www.medienheft.ch/kritik/bibliothek/k25_SchoenGerti.html, Abruf 1.2.2006.

Schönhagen, Philomen (1995). *Die Mitarbeit der Leser. Ein erfolgreiches Zeitungskonzept des 19. Jahrhunderts.* München: Reinhard.

Schönhagen, Philomen (1998). *Unparteilichkeit im Journalismus. Tradition einer Qualitätsnorm.* Tübingen: Niemeyer.

Schönhagen, Philomen (2004). *Soziale Kommunikation im Internet. Zur Theorie und Systematik computervermittelter Kommunikation vor dem Hintergrund der Kommunikationsgeschichte.* Bern u. a.: Peter Lang.

Schönhagen, Philomen (2006). Neue Web-Dienste – neuer Journalismus? / Nouveaux services internet – nouveau journalisme? In *infosociety.ch-Newsletter des BAKOM* [Schweizer Bundesamt für Kommunikation], Nr. 62, Januar, S. 1–2. Online im Internet unter: http://www.isps.ch/site/attachdb/show.asp?id_attach=1017 (deutsch).

Schönhagen, Philomen / Kopp, Mirjam (2007). 'Bürgerjournalismus' – eine publizistische Revolution? In: *Zeitschrift für Politik*, 54. Jg., Heft 3, S. 296–323.

Schröder, Thomas (1995). *Die ersten Zeitungen. Textgestaltung und Nachrichtenauswahl.* Tübingen: Gunter Narr.

Starkulla jr., Heinz (1988). *Gemeinde im Gespräch. Aspekte lokaler Kommunikation.* München: Publicom.

Steppacher, Elvira (2006). Können «Blogs» den klassischen Journalismus ersetzen? Zum Strukturwandel durch den «Journalismus der Bürger». In: *Communicatio Socialis*, 39. Jg., Heft 2, S. 117–132.

Stock, Martin (1985). *Medienfreiheit als Funktionsgrundrecht. Die journalistische Freiheit des Rundfunks als Voraussetzung allgemeiner Kommunikationsfreiheit.* München: Beck.

Wagner, Hans (1978). *Kommunikation und Gesellschaft.* 2 Bde. München: Reinhard Fischer.

Wagner, Hans (1993). Das Fach-Stichwort: Medientheorie. In Starkulla, Heinz, *Marktplätze sozialer Kommunikation. Bausteine einer Medientheorie* (S. 165–188). München: Reinhard Fischer.

Wagner, Hans (1995). *Journalismus I: Auftrag. Gesammelte Beiträge zur Journalismustheorie.* Erlangen: Junge & Sohn.

Wagner, Hans (2005). *Evolution und Revolutionen der Sozialen Kommunikation. Rationalisierungsprozesse des Nachrichtenverkehrs.* Gastvortrag an der Universität Fribourg am 24.3.2005 (unveröffentl. Manuskript).

Walther, Christoph J. (2005). Innovationszug bereits wieder verpasst? Internettrends – sind Sie gewappnet? In *Media Trend Journal. Das Monatsmagazin für Medien und Marketingkommunikation*, Nr. 4, S. 42–55.

Weber, Johannes (1992). «Unterthenige Supplication Johann Caroli / Buchtruckers». Der Beginn gedruckter politischer Wochenzeitungen im Jahre 1605. In *Archiv für Geschichte des Buchwesens*, Bd. 38, S. 257–265.

Zerfass, Ansgar / Boelter, Dietrich (2005). *Die neuen Meinungsmacher. Weblogs als Herausforderung für Kampagnen, Marketing, PR und Medien.* Graz: Nausner & Nausner.

Das virtuelle Netz

Gerhard Johann Lischka

Codes

Einer der grössten Gegensätze, den wir erleben, ist derjenige zwischen Materie und dem Immateriellen. Und dennoch gehören die beiden wie Kopf und Zahl einer Münze zusammen. Es handelt sich dabei auch um das Begreifbare und den Begriff, Konkretes und Abstraktes, Schein und Erscheinung. Schliesslich handelt es sich hier um Realität und Reality, die Welt der Körper und Objekte und diejenige der Vorstellung durch Zeichen, Bilder, Texte und Töne. Fügen wir diesem Gegensatz die Dialektik von Akzeptanz und Verwerfung, von Genuss und Verdruss, Schönheit und Hässlichkeit u. v. m. bei, so befinden wir uns mitten in der Dynamik der Produktion und Destruktion als Prozess der Generierung des Lebendigen. Und der Moment der Entscheidung, wer denn was zu bestimmen hat, und über wen und was wie bestimmt wird, ist der immerwährende Funke der Abhängigkeiten, in denen wir alle irgendwie verstrickt sind; den Bindungen materieller und immaterieller Art. Wir bewegen uns im Netz der Beziehungen.

Blicken wir dabei auf die Zeichen-Produktion, so können wir den Widerstreit etablierter und das Establishment bekämpfender und karikierender Zeichensysteme leicht erkennen: denn beide dringen in einer Fülle in uns ein, dass uns beinahe «Hören und Sehen» vergeht. Zum einen müssen wir die Codes, in denen die Zeichensysteme erscheinen, erlernen und verstehen, zum andern müssen wir ihre Formen kritisieren oder verändern. Und schliesslich müssen wir konzedieren, dass der grösste Teil der In-Formation (durch Zeichen) an unserem Aufnahmevermögen scheitert. Somit gleicht die Zeichenproduktion einer gewaltigen Maschine, die uns schluckt, indem wir völlig zugedeckt unter ihrem Diktat verschwinden. Das Ende der Zeichen sind nicht die verschwundenen Zeichen, sondern wir, die sie nicht mehr wahrnehmen können.

Weil Zeichen nur durch Zeichen bekämpft und besiegt werden können, müssen wir uns selbst in den Zeichenprozess einbringen, wenn die Etablierung der eigenen Zeichengenerierung auch verhältnismässig hoffnungslos erscheint. Im Krampf der Zeichen, bei dem sie von ihrer eigenen Fülle drohen vernichtet zu werden, in ihrem Todeskampf, können nur neue, andere, frische Zeichen wiederum «ein Zeichen setzen». Was widersinnig zu sein scheint. Aber wer weiss schon, was Sinn ist? Denn Sinn wird in jeder Gesellschaft durch Zeichen als Körpersprache inkarniert und deklamiert. Auch hier wiederum durch Akzeptanz und/oder Diskrepanz. Wir befolgen oder missachten die Regeln, wohl wissend, wie was funktioniert, indem wir die Vorschriften als Bedienungsanleitung auch gerne unterlaufen. Auch wenn wir wissen, dass ein gewisses Mass an Konsens die Dinge funktionieren lässt, der Dissens lauert überall. Gunst und Ungunst regulieren wie von selbst, wie uns welche Zeichen zu Diensten sind, welche Codes wir verstehen und wo die Grenzen der Akzeptanz gewisser Zeichen gezogen sind.

Unser Verhalten, unsere Handlungen und Gewohnheiten, also die alltäglichen und tradierten Rituale, folgen Vorschriften, die nichts anderes sind als Codes: eingeübtes Verstehen und Befolgen von Zeichen. Auf die Wissenschaften bezogen können wir sie als Paradigmata bezeichnen, auf die Computerisierung als Algorithmen. Dabei bemerken wir natürlich, dass der Reiz, die Festlegungen der Codes zu brechen, in unserer Gesellschat sehr hoch ist, in traditionellen/konservativen Kulturen die Befolgung der etablierten Regeln eine hohe Akzeptanz hat, respektive Regelbrüche streng bestraft werden.

Freiheit und Zwang reichen sich jedoch die Hand, denn in gewissen diskursiven Grenzen, die sich graduell verschieben, findet sich eine ausgleichende Mitte, die mehr oder weniger akzeptiert wird. Das vor allem in lokaler Hinsicht. Mit Blick auf die Globalität sind die Strukturen der Macht über die Codes aber schwer durchschaubar, weil sie sich der lokalen Körperlichkeit entziehen und im Immateriellen der Kommunikationsnetze abspielen.

Lokal gesehen sind wir korporal präsent. In unserem Körper stecken all unsere Stärken und Schwächen, er ist die conditio sine qua non. Körper und Geist bauen sich gegenseitig auf und bedingen sich wechselseitig. Bereits im Bauch der Mutter nehmen wir wahr, reagieren auf unsere «Umwelt» und konstruieren die Basis unseres Weltbildes. Bei der Entwöhnung von der Mutter helfen uns Übergangsobjekte, sie sind erste Versuche der Selbstfindung. Funktionalität und Abstraktionsvermögen treffen aufeinander und bestätigen, was bereits die Plazenta gewährte: Wir sind immer medial gebunden, durch Knoten körperlich und/oder geistig vermittelt und vermittelnd.

Übergangsobjekte sind greifbare und verwendbare Utensilien, um uns Halt zu geben und Vermittlung zu verstehen. Sie sind Zeichen, die uns zu Willen sind, auch Abstraktionen von Bezügen. Bleiben später Bilder, Texte und Töne übrig, sind sie zunächst Signifikanten für Signifikate, dann auch Signifikanten für Signifikanten, Zeichen für Zeichen. In der heutigen globalen Mediatisierung sind Zeichen Übergangsobjekte für Zeichen, die wir so decodieren müssen, dass wir im Megamedium Globalisierung uns zurechtfinden. In der Lokalität sind Übergangsobjekte zunächst tatsächliche Objekte. In der Globalität sind sie virtuelle Boten, die wir in für uns aktuelle Botschaften übersetzen.

So können wir auch sagen, dass die Gene Meme mittransportieren, dass Körperliches Geistiges trägt und Geistiges den Körper bedeutet. Codes sind die Mittler und die in Form gebrachten Mittel, um als Informationen Inhalte auszudrücken, wie klausuriert sie auch sind. Je schwieriger aber Codes zu entschlüsseln sind, desto weniger Rezipienten werden sie verstehen und je banaler sie unserem Verständnis erscheinen, desto populärer sind sie. In extremen Momenten werden Zeichen kryptisch bleiben und sich unserem Verständnis entziehen.

Akzeptieren wir, dass wir uns in den Zeichen und durch Zeichen als virtuelle Welt bewegen und verständigen, und dass Zeichen vor uns waren und nach uns sein werden, so sind Zeichensetzungen mentale Objekte, die eine grosse Resistenz haben. Wollen wir uns in diesen «verobjektivierten» Bereich subjektiv einbringen, können wir uns nur dadurch bemerkbar machen, dass wir versuchen, eigene Zeichen zu setzen. Dies indem wir in der Rezeption der Zeichen ihre Vielfalt und Qualität beachten und in der Produktion von Zeichen auch Werte verlangen, nach denen Zeichen uns zum Verständnis des Zeichengebrauchs dienen und uns sinnvoll zu einem offenen Weltbild führen.

Gerhard Johann Lischka

Audio-Vision

Sehen müssen wir lernen, denn wir sehen nur, was wir wissen. Somit müssen wir in einer telematischen Gesellschaft erst recht darauf bedacht sein, unseren Blick als Boten des Gehirns zu trainieren. Weil das Starren als die Unbeweglichkeit des Blicks totes Sehen ist und das Blitzen ein dem Blicken adäquates dynamisches und lustvolles Umherschweifen im Horizont des Sehens. Das Starren ist ein auf Klischees programmiertes Wiedererkennen und das Blitzen ein neugieriges Auskundschaften des Sehfeldes, das auch Fragen stellt, um Nichtgesehenes sehen zu lernen; zu wissen, was man sehen kann.

In unterschiedlichen Kulturen lernen wir Unterschiedliches zu erkennen, also zu sehen, einzusehen. In der Vielzahl der Lebensräume sind die Notwendigkeiten des visuellen Erkennens und Denkens auch unterschiedlichsten Bedingungen entsprechend vielgestaltig. Bleiben sicherlich viele naturgegebene Spezifitäten erhalten, sind mit den globalen Neuen Medien doch technische Bilder in den Vordergrund getreten. Und wir sind gezwungen, ihre Art und Weise, wie sie uns beeinflussen und wie wir sinnvoll mit ihnen umgehen, zu erkunden. Mit dem fotografischen Abklatsch, der filmischen Montage, dem Magnetismus des Video und der digitalen Instantaneität befinden wir uns in einer grossen Arena der Bildrezeption und -beeinflussung, die neuen Gesetzen gehorcht.

Die Wahrnehmung der Natur war der primären Erfahrung parallelgeschaltet, diejenige der Neuen Medien ist aber nur auf einer sekundären Wissensstufe zu erschliessen, selbst wenn wir denken, sie sei «natürlich». Im Grunde genommen sind wir vor dem Universum der technischen Bilder Analphabeten, die genau so wie das Buchstabenalphabet das entsprechende Bildalphabet zu erlernen haben. Da wir jedoch von klein auf die technischen Bilder als quasinatürlich wahrnehmen, ohne sie zu verstehen, aber doch von ihnen fasziniert zu sein, okkupieren sie uns unbewusst. Selbstverständlich haben wir mit den Bildern Legenden, Kommentare, Text, Ton und Musik in audiovisueller Verschränkung mitgeliefert und nehmen eine Quasi-Totalität wahr. Doch auch dieses Zusammenspiel ist hochgradig komplex, sodass Erfahrung und Lernen zum Decodieren notwendig sind. Die Bilder werden durch dieses Eintauchen zumeist im selben Masse verstärkt wie verwischter: zu total, zu natürlich.

Um einen gewissen Durchblick zu erhalten, benötigen wir deshalb zum einen eine grosse Bilderfahrung, die jeweils hinterfragt und getestet wird. Wie sind welche Bilder komponiert? Was beabsichtigen sie? Warum gibt es sie und warum? Welche Farben werden verwendet? Zum anderen brauchen wir Bilder, die sich innerhalb der Geschichte der Bilder als Bild darstellen. Also Bilder, die das Phylogenetische und das Ontogenetische so zu gestalten vermochten, dass sie zum historischen Schatz der Menschheit gehören, ja ihn inkorporieren. Ob nun Bilder verehrt, ertragen oder überhaupt verboten werden: Sie sind die Spur, der wir gefolgt sind und der wir irgendwie folgen.

Somit ist es wichtig, den Blick am «Sehen» der Vergangenheit zu schulen, ihn jedoch auch im Hier und Jetzt so zu üben, dass man seine Soziographik versteht und daraus die Formen des Wandels als soziomorph begreift. Wobei sämtliche Bildformen gemeint sind, die wir sehen. Vom Gedankenbild, Traumbild und Weltbild bis zum von Künstlern erahnten und verrätselten Bild, das es wert ist, seine Komplexität immer wieder zu hinterfagen: um sich ein Bild vom Bild der Welt zu machen. Dieses ist eine Art Meta-Bild, das wir aus den vielen Bildern ständig komponieren und als Beobachter sowohl der Ding- und Zeichenwelt als auch der anderen beobachtenden Menschen gewinnen.

Wenn wir als Beobachter einen Beobachter beobachten, fragen wir uns, welche Absichten denn dieser hat, was er im Schilde führt. Wir versuchen unsere eigene Position den Anderen gegenüber zu bestimmen und unser Handeln entsprechend zu lenken. Sobald wir etwas tun, bewegen wir uns im Feld der Geschehnisse, aus denen wiederum unsere Erzählungen resultieren, unsere Geschichte. Argumentieren wir auf Grund dieser Geschichten mit anderen über Sinn und Zweck dieser Handlungen, «rahmen» wir diese aus der Distanz des Diskurses, der Metaebene. Wir konstruieren nach Gutdünken und Vernunft eine mentale Einheit aus den diversen, eine Rolle spielenden Faktoren, um aus dem Konkreten ein distanziertes Gebilde, eine Abstraktion zu gewinnen.

Die Abstraktion wird als «Bild» in Erinnerung bleiben, wird je nach Bedeutung für unsere Lebensumstände stärker oder schwächer abrufbar sein. Wir müssen es erneut rekonstruieren. So gehen die Ebenen des Geschehens mit denjenigen des Denkens und Redens Hand in Hand, sie sind eine erste und eine zweite Realität, das Materielle und das Immaterielle, die Szenen und der Akt, schliesslich deren Rahmung im Gedächtnis und in den Medien.

Bilder sind Arretierungen, werden aber bereits durch ihre Vielzahl zu einer bewegenden Folge von Bildern. Und in beschleunigten Zeiten werden auch die bewegten Bilder immer dominanter. Sie bewegen uns als Bewegte, sodass wir in Rhythmen der Bilder leben. Wir werden vom «Film» des Lebens geschluckt zu Regisseuren unseres eigenen Lebensfilms und wissen oft nicht mehr, in welchem «Film» wir sind. Das wird in den neuesten Technologien noch deutlicher, wenn wir «always on» sind. Die Apparate verbinden und erreichen uns rund um die Uhr, ihre Energie und Präsenz bilden ein Netz, das uns virtuell umgibt, und in Bilder taucht, welche ihre Form ständig verändern. Wir werden selber metamorph und sind zugleich wir selber als auch wir – als in Bildern andere – im Netz instantaner Telepräsenz.

Wir befinden uns in einem Zustand zwischen uns, der Welt und der Bilderwelt, dem Gefühl dort zu sein und doch hier, sodass wir ausser uns und bei uns sind. Das war ehemals wahrscheinlich nicht anders, wie uns Techniken der Ekstase, des Glaubens, der Meditation und des Rausches bezeugen. Doch nie standen wir – wie heute – als (telematisch) codiertes Zeichen instantan neben uns; was die Metaebene kreiert, die es zu begreifen gilt. Mit ihr und in ihr müssen wir uns positionieren. Weshalb wir unter anderem, wenn wir den Blick soziomorph verstehen, in dieser Lage auch sagen müssen, dass wir, wo wir uns auch befinden, in einer metatopischen Situation sind. Und wenn wir uns fragen, wie wir etwas unternehmen und Ideen realisieren, metadisziplinär argumentieren müssen.

So wie Begriff und Begreifen, gehören der Blick und das Geräusch, Bild und Ton, respektive Text zusammen. Heute in einer Verquickung, die als die Basis der Virtuellen Realität gelten kann. Werden oft auch das Bild und der Ton/Text getrennt voneinander rezipiert, so verweisen sie doch dermassen aufeinander, dass wir beim Lesen Gedankenbilder entwerfen, beim Betrachten von Bildern an Begriffe denken und beim Hören von Musik synästhetische Erfahrungen machen: die Gefühle genau so wichtig sind und geweckt werden wie der Verstand erregt.

Können wir vor Bildern die Augen verschliessen, vor Geräuschen können wir höchstens die Ohren zuhalten; doch das Hören abzuschalten, gelingt uns nicht. Wir sind immer gehorsam, was über das Persönliche hinaus bis zu den Objekten sich erweitert, die uns gehören. Verstellen uns heute die Massen von Bildern auch die Welt, so überfluten uns Töne, Klänge, Geräusche, Gesang und Musik in einem Masse, dass wir eigentlich nie zur Ruhe kommen. Unsere Nervigkeit und das Gestresstsein sind die Auswirkungen dieses Klang- / Geräuschteppichs, in den wir verwoben sind. Zu diesem gehört selbstverständlich auch das Gerede, durch das wir mitredend unsere Wirklichkeit primär entwickeln und verarbeiten. Durch das Sprechen haben wir einen Zugang zur Psyche, zur Gedankenwelt der Anderen und mit dem Sprechen realisieren wir unsere Ideen in Handlungen.

Somit ist Sprechen ein Rhythmus von Lauten, die wir produzieren und rezipieren, ein Lebensrhythmus wie der Herzschlag, in dem wir uns wie im Tanz nähern und entfernen, in dem wir – im Medium drinnen – uns veräussern. Wir werden sprachlich umarmt, abgestossen, in Käfige geschlossen und beflügelt. Wir sind mit der Sprache in den Tönen, Klängen und Geräuschen in einer aktuellen und doch auch virtuellen Sphäre. Indem wir unsere Sprechblasen in den Raum akustisch verstärken, bis zum Schweigen zurücknehmen, kommunizieren wir – auch unwillentlich –, indem wir einfach da sind, ein korporales Medium, ein Trajekt sind. Unsere Präsenz allein ist bereits eine ausreichende Botschaft, um entsprechend interpretiert, wahrgenommen zu werden. Geschweige denn, wenn wir durch die Medien hindurch unsere Stimme erheben, die Verstärker einschalten, um uns Gehör zu verschaffen. Dann genügt allein die Stimme, um durch ihr Wiedererkennen ihre Macht auszuüben.

Im Rahmen des Universums registrieren wir das ferne Echo des Urknalls, im Rahmen des Orbitalen hören wir die globalen «Stimmen» und horchen als Spione auf, wenn Reizwörter aus dem Rauschen Auffälliges herausfiltern. Im Netz der Satelliten und Empfangsstationen verfangen sich die Zeichen (codiert oder nicht) und werden als Bild, Text und Ton wahrgenommen, wenn sich unser Augenmerk auf sie richtet. Dieser Datenfluss umgibt den Globus wie Smog, der die Atmosphäre verändert. Eigentlich nicht sicht- und hörbar sind wir in Schleier der Information gehüllt, die wir als virtuelles Netz spüren und auch nicht; in der Verknotung von Körper und Geist.

Gerhard Johann Lischka

Das virtuelle Netz

Das virtuelle Netz, mit diesem Paradox müssen wir uns abfinden, ist da und nicht da. Und wie früher in der Kunst, im Theater und im Spiel ein Als-Ob gegeben war, ist dieses nun über unsere Realität, den ganzen Globus gebreitet. Sind in der Realität die auch noch nicht erkannten Potenzialitäten vorhanden, ist die Aktualität, als momentaner Zustand tatsächlich und doch auch nicht, Virtualität. Denn welche Möglichkeiten wir uns ausdenken, welches Wagnis der Übertretung der Konventionen wir uns vergegenwärtigen, das denken wir wirklich, wenn es auch dafür keine Wirklichkeit gibt. Das Reich der Fantasie, der kühnen Entwürfe, auch des Wahnsinns stecken im Virtuellen … und bereiten uns genau so Freude und Genuss wie Schmerz und Leid. Denn die Grenze der Realität ist wirklich der Tod, den wir höchstens hinauszögern können, nicht aber überwinden. Und unvorstellbar ist das Jenseits des Lebens, selbst wenn wir uns virtuell vertrösten, indem Modelle des Jenseits in unser aller Köpfen in vielen verschiedenen Vorstellungen existieren.

Virtualität ist das Jenseits im Diesseits als Idee, die sich verwirklichen lässt, aber auch als Gedanken, Text, Bild und Ton realisiert sein/werden kann. Sind heute viele mögliche Welten virtuell im Netz abrufbar, entspricht das unserer hypermodernen Kondition, dass immer mehr der Megamaschine Globalisierung unterworfen ist, die Multimedien an unserer statt zum Einsatz kommen; demnach das mentale, virtuelle Prinzip das Sagen hat. Unermessliche Möglichkeiten, die an keine Grenzen stossen, solange sie sich im System des Virtuellen ereignen. Sie finden jedoch schnell ihr Ende, wenn es um den Transfer in die Realität, ins Lokale des tatsächlichen Lebens, geht.

So fliehen viele – vor allem Jugendliche – in diesen Bereich der virtuellen Realität, respektive sie halten sich vornehmlich in diesem auf. Die geistige Wohnung wurde zum präferierten Ort des Aufenthalts. Und die gegebene Grenze zwischen einer tatsächlichen und einer gedachten Welt zerfranst dermassen, dass wir sogar das Medium als Medium nicht mehr wahrnehmen. Das Mediatisierte wird immediat, das Modell zur Realisation, die Überwindung zur Voraussetzung und eben das Jenseits zum Diesseits. Kein Wunder, dass symbolische Zuschreibungen als Status, Image u.ä., also Extrapolationen mehr bedeuten als Integration in die Umsetzung gesellschaftlichen Wirkens. Ein kruder Individualismus im Kontext virtueller Beziehungen trifft schroff auf die Mühen der Verwirklichung des Alltagslebens.

Der Schritt in die Virtualität ist derjenige über die Realität hinaus und in unser Bewusstsein hinein. Aber nicht nur in unser Bewusstsein allein, sondern auch in das Bewusstsein der Maschinen, das von ihnen selbst generiert wird. Wir haben es demnach mit unserem Denken und Fühlen zu tun, gleichzeitig aber auch mit Konstrukten, die nicht mehr notwendigerweise vom Menschen entworfen wurden. Das heisst, dass wir uns in Abhängigkeit von der Apparatewelt gebracht haben, so wie wir uns durch sie entlasten können. Es kommt darauf an, wer warum welche Apparate wie zu was gebraucht oder missbraucht. Historisch gesehen gehören Werkzeuge als die Vermittler zwischen Kopf und Hand seit der Menschwerdung zur Definition des Humanen.

Das Rückgrat für die globale Vermittlung von Informationen, die Schaltstelle der Medien und die Vernetzung aller mit allem, sind die Computer. Auf der Basis der Steuerung des Energie-Informationsflusses durch Algorithmen ist der Computer das Instrument zur Erweiterung des Gehirns zu einem globalen «Gehirn», das einen allgegenwärtigen Zustand der Atopie erzeugt. Die Atopie ist das Resultat des überwältigenden Erfolgs des mentalen Prinzips, des Kopfes über die Hand, der Software über die Hardware, die in immer miniaturisierterer Form schon am Punkt der Adaption, wenn nicht der Implantation in unserem Körper angekommen ist.

Sieht man auf die Internetgeographie, sind es die fortschrittlichen Länder, welche eine hohe Dichte der Vernetzung aufweisen und darin wiederum die Global Cities, die den primär ökonomischen Bewusstseins-Strom fliessen lassen. Riesige Länder sind praktisch nicht existent, wenn es um Internetanschlüsse geht. Insofern ist dieses Netz sehr seltsam geknüpft: Einige Informationsstränge verlaufen sehr dicht und neben ihnen stellt man wenige verlorene Fäden fest. Das Internet ist keinem regelmässig gewebten feinen Stoff vergleichbar, aus dem ein Kleid des Globus geschnitten wird. Es ist in der Grobstruktur mehr oder weniger uni- und bilateral, selten multilateral. Und ideologisch gesehen funktioniert es noch recht ähnlich der TV-Struktur und der Medien-Distribution im Allgemeinen: möglichst viele Rezipienten mit Klischees, Kaufbefehlen und Lapidarem als Information zu erreichen.

Durch die Vielzahl der Anschlüsse scheint das Internet ein offenes System zu sein. Doch was nützt uns eine Offenheit, die eigentlich verschlossen ist, d.h. wenn die Öffnung nichts anderes als eine Vielzahl von fertigen Angeboten ist, die keine Logik verbindet. Selbstverständlich verführt uns dieses reichhaltige Angebot. Doch wie können wir wissen, was für uns wirklich interessant ist, wenn wir nur suchen ohne etwas finden zu können, weil das Irgendwo (Atopie) uns haltlos macht? Mit der Suchmaschine werden wir schon irgendetwas finden, aber hat sich die Suche gelohnt?

Das Internet ist ein Irgendwo im Nirgendwo des Cyberspace, der faszinierend ist, der die Erfüllung der Informations-Utopie ist, bestimmt für dieses und jenes sehr geeignet: Speziell für das Auffinden ausgesuchter Dinge ist es die Bereitstellung von gewaltigen Informationsangeboten. Die Befehlsstruktur – auch die Befehle, die wir geben müssen – war von Beginn an der tiefere Sinn des Internets (Arpanet). Durch die Verteilung, respektive Streuung als Sicherheitsdispositiv sollte ein Befehl nicht verlorengehen. Das klingt wie die Erhaltung der Macht im «divide et impera». Doch jenseits dieser konventionellen Funktionen des Internet, ist es sicherlich auch eine Quelle des freestyle, des Polylogs und der Kommunikations-Freudigkeit der User. Die Offenheit des Chattens geht gar so weit, dass ein unerwünschtes Eindringen in den eigenen Computer auch noch mit enthalten ist; und das nicht nur freundlicherweise. Das Internet ist also tatsächlich auch eine Befreiung von den Programmen der Sender für Sender und Empfänger eines polylogischen Prinzips der Fragen und Antworten mit unzähligen Argumenten.

Das Netz, als eine der wichtigen Erfindungen der Menschheit, ist sowohl ein materielles als auch ein immaterielles. Je nach Dichte ist ein Netz mehr oder weniger durchlässig, es kommt auf die Menge der Knoten an, auf die Art der Verknotung und die Qualität des Materials, aus dem die Fasern, Schnüre, Stricke, respektive die Kabel hergestellt sind. Diese materialen Gegebenheiten können wir symbolisch auf die immateriellen Netze, Verbindungen, die Kommunikation übertragen und bemerken eine grosse Übereinstimmung, da es sowohl um den Zusammenhalt als auch um die Durchlässigkeit geht.

Im Knoten, also der Verbindung der Kommunikationsstränge, sind wir als Selbst mit uns und den Anderen verknüpft. Familiär, gruppenspezifisch und allgemein gesellschaftlich sind wir als vielfältige Knäuel mit variabler Lockerheit oder Festigkeit, nahe und fern immer in irgendeiner Art und Weise präsent. Je nachdem ob wir mental oder korporal verbunden sind, ist unser Beziehungsnetz mehr oder weniger interaktiv und überlagert sich mit anderen Netzwerken metamorph, metastatisch und metaphysisch.

Vielleicht ist der beste Vergleich für das virtuelle Netz das Gehirn, das in seiner unglaublichen Komplexität und Leistungsfähigkeit aus Zellen besteht, deren Vernetzungsstrukturen dermassen vielfältig sind, dass wiederum nur die unvorstellbare Reichhaltigkeit des Universums als Vergleich herangezogen werden kann, um ein befriedigendes Bild zu erhalten. Wollen wir eine der globalen Situation entsprechende phantasievolle und freizügige Kommunikationsstruktur, müssen wir demnach dem Gehirn entsprechende Strukturierungen etablieren und Begriffe wie Bifurkation, stochastische Prozesse, fuzzy logic u.m. beiziehen.

Die Interaktion auf neuraler Ebene ist immer zugleich Aktion, die zum Teil so interpretiert wird, dass das Gehirn – für uns unbewusst – schaltet und initiiert, bevor wir uns selber bewusst sind, was wir tun oder tun wollen. Dies ruft natürlich eine Diskussion um den freien Willen und die Macht des durch die Gene bestimmten Schicksals hervor. Ein Widerstreit, den beizulegen nicht gelingt. So wie wir die Knoten, die wir sind, nie von dem Netz, das sie erstellen, trennen können. Keine eindeutige Antwort auf die Frage werden wir erhalten, wo das Materielle wie vom Immateriellen separiert werden kann, respektive das Immaterielle ohne Materie existieren könnte.

Nicht umsonst wird auch von Strings gesprochen, unsichtbaren Fäden, die das Universum zusammenhalten sollen. Alles ist irgendwie mit allem verbunden, wenn wir auch kein einheitliches Bild zu sehen bekommen. Die Verknüpfung nennen wir auch Montage, Collage oder Patchwork. Und seit dem Zusammensetzen von elektronisch in Massen vorhandenen Informationen an Bild, Text und Ton Hypertext, Sampling und copy and paste. Geradezu dadaistisch prallen da Dinge und Personen aufeinander, werden Sinn und Unsinn gemischt, Masse und Individuum vereint, das Allgemeine mit dem Besonderen verbunden. Die Elektronik ist die Geburt des freestyle, der Ordnung und Chaos verschmelzen lässt und uns dazu zwingt, Pflicht und Kür so zu wählen, dass wir in der Unübersichtlichkeit sichtbar sind und zu Einsicht kommen.

Gerhard Johann Lischka

Performanz

Wenn überall immer etwas läuft und wir «always on» von den Apparaten bestürmt werden, die Welt in Bits zerhackt uns in die vielen Schleier des Scheins hüllt, bleibt uns nur, die Aufforderung zum Tanz anzunehmen. Aber nicht zum Tanz ums goldene Kalb, was das Übliche ist und ausschliesslich ein Pflichtprogramm darstellt. Die Variabilität der Bits und Pixels ruft nach Selbst-Darstellung, nach dem Traum einer verspielten Präsenz in der Doppelnatur unserer Realität, die auch eine Reality ist, ein Leben in und durch die Medien. Wir können die Augen vor den Apparaten, der Mediatisierung nicht verschliessen, denn sie sehen uns an, rund um die Uhr: Jede/r von uns ist ein Fluchtpunkt in der umgekehrten Perspektive der Medienwelt.

Um diese Macht-Perspektive zu überwinden, müssen wir wie in den Träumen zum Hauptdarsteller werden, um den sich oft ein skurriles und nicht erklärliches Geschehen dreht und ein Involvement in unglaubliche Bilder und Situationen eröffnet. Eine ästhetische Welt überraschender Zeichen wie die Mediatisierung, in der wir auch versinken, die aber primär so gemacht worden ist, dass wir keinen Part spielen, ausser vielleicht einen nebensächlichen als Handlanger des Systems.

Könnten wir den evidenten Partner der Mediatisierung, die Performanz, zu unseren Gunsten wenden, zu den Ideen einer/s jeden, hätten wir eine Perspektiven-Umkehr bewirkt, die zum einen in Ansätzen durch die Computerisierung und das Internet gegeben ist, andererseits in einer verspielten Kommunikationsform im Lokalen des Alltagslebens schon immer bekannt war. Verwenden wir doch die Medien als Übergangsobjekte der zweiten Stufe, indem wir sie uns aneignen, anstatt wie in der ersten Stufe uns mit den Medien (wie von der Mutter) zu entwöhnen. Dann ist uns durch die Metaebene der Medien ein Objekt gegeben, mit dem wir nicht aus der Realität in die Welt des schönen Scheins fliehen; in die Pseudo-Events, das Infotainment, schliesslich ins branding entertainment.

Als Performer in der eigenen Sendung, die aber ständig auf Empfang gerichtet ist, spielen wir den Part, den die gegebene Situation erlaubt, in tatsächlicher Auseinandersetzung, mit und für uns als Hauptdarsteller, die wir als Trajekte sind. Mit und ohne Medien sind wir immer mittendrin, ein Medium des

Geschehens. Nur, dass wir im Fall der Globalisierung zu Zaungästen verkümmern, statt im Polylog unser Weltbild der Fülle der Möglichkeiten zu öffnen.

Wie eh und je dreht sich die Kommunikation für jede/n um Anerkennung und Zuneigung. Weshalb sollte es sonst so viele Castings geben, in denen doch alles unter dem Diktat der Gefolgschaft steht? Um Histrionik, eine krankhafte Selbstdarstellung in einem zwanghaften Auftritt, geht es dabei. Hier setzen sich die Massen der reinen Medienmache aus. Big Brother ist nichts anderes als ein Netz als Gefängnis unter der Fuchtel der Gefängniswärter. Dasselbe geschieht, wenn man, um in den Medien Erfolg zu haben, zunächst street credibility vorzuweisen hat, eine lächerliche Entschuldigung für die reine Oberfläche üblicher Programmation.

Zynischer sind diejenigen Mediengefässe, in denen wir zuschauen müssen, wie cool die Schönen und Reichen sich gegenseitig beweisen wie schön und reich sie sind: Wie nichtssagend eine Sendung, die Botschaft der Medien sein kann! Aus diesem Styling müssen wir ausbrechen, aus diesem Diktat der Bevormundung und Betreuung, aus diesem Zwangskorsett für den gesunden Menschenverstand. Dieser darf nicht unterschätzt werden, denn er kommt aus dem Verstehen des Laufes der Dinge, aus Partizipation an Freud und Leid, aus den Tiefen und Höhen, durch die uns das Schicksal treibt. Die Medien müssen die Partner unserer Bedürfnisse und Wünsche werden, unser Begehren transportieren. Sie sollen nicht fade Unterhaltung sein, die unser Verständnis von Bild und Sprache, Musik, Vernunft und natürlicher Intelligenz Lügen straft. Bestimmt gibt es auch Beispiele eines exzellenten Mediengebrauchs. Nur wie selten können wir das sagen!

Der Angelpunkt der Mediatisierung ist doch die Partizipation, das Dabeisein, welches uns nicht zu teilnahmslosen Rezipienten macht. Denn Rezeption von Qualität, positives Lernen, ist Produktion von Sinn, ist Interaktion auf der Ebene der Medien. Partizipieren wir tatsächlich, sind wir Performer genau so, wie wenn wir selber das Geschehen lenken, einen Auftritt haben oder uns zur Musse zurückziehen, wenn wir Produzenten sind. Von der zweiten Beobachterstufe her gesehen sind wir immer Rezipienten und Produzenten, konzentrieren uns in der Dezentrierung: Aufnahme und Wiedergabe geben sich die Hand.

Wenn wir Teil der Vernetzung, das heisst Konstrukteure sind im virtuellen Netz, durch das wir im Austausch von Energie auch Inhalte mitteilen, dann ist der Vertrieb – anders als bei den herrschenden Multis der Medienkonzentration – so verzettelt wie möglich. Dann gibt es in den vielen globalen Kulturen die lokale Stärke, zu der ein sinnvoller Gebrauch der Medien führen muss. Werden diese dann aus Notwendigkeiten heraus zu einer globalen Schaltung gebündelt, ist das eine sinnvolle Vereinigung (bottom up). Was heute geschieht, ist die Verfügung von oben herab (top down), ein Diktat zur Unifizierung auf einem Niveau, das uns krass unterfordert, denn es gibt eine kollektive Intelligenz, die aus Individuen gebildet ist.

Um das virtuelle Netz als einen materiellen und immateriellen Ort der Partizipation zu erhalten, müssen wir begreifen, dass sich die Realität mit der Reality mischt, dass das Eigene und das Fremde sich treffen. Das bedeutet, sich selbst als ausser sich Seienden in einer Xeno-Position zu erleben; so, wie wir ein Foto von uns betrachten oder Film- und Videoaufnahmen. Wir sind aus uns heraus ins Medium getreten und haben momentan den Ballast des in sich gefesselt Seins vergessen. Diese Last des Selbst werden wir nicht los, wir können sie aber durch die mediale Entlastung, die engelhafte Leichtigkeit der Medien relativieren. Und im Wechselspiel zwischen der Verknotung und Durchlässigkeit des Netzes den freien Fluss unserer Energie geniessen. Denn Erleben ist der Genuss des Lebens mit sich durch die anderen.

Diagramm

1822 Heliographie Nicéphore Niépce
1841 Werbeagentur Volney Palmer
1858 Luftaufnahme Nadar
1860 Telephon Antonio Meucci
1873 QWERTY auf der Schreibmaschine
1877 Chronophotographie Eadweard Muybridge
1877 Phonograph Thomas Edison
1884 Fernsehen Paul Nipkow
1889 Filmkamera Thomas Edison
1895 Filmprojektor Louis & Auguste Lumière
1905 Musicbox John Dunton

1920 Rundfunk in Pittsburgh
1926 Fernsehempfänger Televisor, John Logie Baird
1927 Tonfilm The Jazz Singer
1928 Magnettonband Fritz Pfleumer
1930 Fernsehwerbung in England
1932 Stereoschallplatte Alan Dower Blumlein
1937 Z1 Computer Konrad Zuse
1939 elektron. Fernsehen RCA in den USA
1940 Hitparade Billboard
1943 Computer Alan Turing
1948 Bit (binary digit) J. W. Tukey
1951 Farbfernsehen CBS
1954 Video RCA
1958 LASER Charles H. Townes / Arthur L. Schawlow
1958 Chip Jack S. Kilby, Texas Instruments
1962 globales TV Telstar 1
1965 Musikkassetten Philips
1965 Silizium-Chip
1966 Mixed Media Show Andy Warhol
1968 Fernsehgalerie Gerry Schum
1968 Maus Xerox
1969 Mikroprozessor Ted Marcian Hoff
1970 Polaroid SX 70 Edwin Land
1971 Flüssigkristallanzeige Hoffmann-La Roche
1977 VHS JVC
1977 PC Apple
1979 CD Sony & Philips
1979 LCD Matsushita
1981 MTV
1985 CD Rom
1990 Internet Tim Berner-Lee, CERN
1994 E-mail
1995 DVD Sony
1995 Antimaterie CERN
1996 Digital Fotografie Casio
1997 Teleportation Anton Zeilinger
1997 DVD Player Panasonic

Literatur

Ars Electronica (Hg.) (1989). *Philosophien der neuen Technologie.* Berlin: Merve.

Ars Electronica (Hg.) (1990). *Im Netz der Systeme.* Berlin: Merve.

Baudrillard, Jean (1994). *Die Illusion und die Virtualität.* Bern: Benteli.

Belting, Hans / Gohr, Siegfried (Hg.) (1996). *Die Frage nach dem Kunstwerk unter den heutigen Bildern.* Stuttgart: Cantz.

Bollmann, Stefan (Hg.) (1995). *Kursbuch Neue Medien. Trends in Wirtschaft und Politik, Wissenschaft und Kultur.* Mannheim: Bollmann.

Bollmann, Stefan / Heibach, Christiane (Hg.) (1996). *Kursbuch Internet. Anschlüsse an Wirtschaft und Politik, Wissenschaft und Kultur.* Mannheim: Bollmann.

Bolz, Norbert / Kittler, Friedrich / Tholen, Georg Christoph (Hg.) (1999). *Computer als Medium.* München: Wilhelm Fink.

Braitenberg, Valentin / Hosp, Inga (Hg.) (1995). *Simulation. Computer zwischen Experiment und Theorie.* Reinbek: Rowohlt.

Brand, Stuart (1990). *Media Lab. Computer, Kommunikation und Neue Medien. Die Erfindung der Zukunft am MIT.* Reinbek: Rowohlt.

Bürdek, Bernhard E. (Hg.) (2000). *Der digitale Wahn.* Frankfurt: Suhrkamp.

Cadoz, Claude, (1998). *Die virtuelle Realität.* Bergisch Gladbach.

Castells, Manuel (2001). *Das Informationszeitalter 1. Die Netzwerkgesellschaft.* Opladen: Leske und Budrich.

Couchot, Edmond (1998). *La technologie dans l'art. De la photographie à la réalité virtuelle.* Nimes: Jacqueline Chambon.

Deleuze, Gilles (1997). *Differenz und Wiederholung* (1968). München: Wilhelm Fink.

Deleuze, Gilles (1991). *Das Zeit-Bild.* Kino 2, Frankfurt: Suhrkamp.

Encarnacao, José / Pöppel, Ernst / Schipanski, Dagmar et al. (Hg.) (1997). *Wirklichkeit versus Virtuelle Realität,* Baden-Baden.

Eurich, Claus (1998). *Mythos Multimedia. Über die Macht der neuen Technik.* München.

Fassler, Manfred (1999). *Cyber-Moderne. Medienevolution, globale Netzwerke und die Künste der Kommunikation.* Wien – New York: Springer.

Fassler, Manfred (Hg.) (1999). *Alle möglichen Welten. Virtuelle Realität – Wahrnehmung – Ethik der Kommunikation.* München: Wilhelm Fink.

Fassler, Manfred (Hg.) (2000). *Ohne Spiegel leben. Sichtbarkeiten und posthumane Menschenbilder.* München: Wilhelm Fink.

Fassler, Manfred / Halbach, Wulf R. (Hg.) (1994). *Cyberspace. Gemeinschaften, Virtuelle Kolonien, Öffentlichkeiten.* München: Wilhelm Fink.

Fassler, Manfred (2001). *Netzwerke. Einführung in die Netzstrukturen, Netzkultur und verteilte Gesellschaftlichkeit.* München: UTB W. Fink.

Felderer, Brigitte (1996). *Wunschmaschine Welterfindung. Eine Geschichte der Technikvisionen seit dem 18. Jahrhundert.* Wien – New York: Springer.

Flusser, Vilém (1996) *Kommunikologie.* Mannheim: Bollmann.
Flusser, Vilém (1985). *Ins Universum der technischen Bilder*, Göttingen: European Photography.
Franck, Georg (1998). *Ökonomie der Aufmerksamkeit. Ein Entwurf.* München – Wien: Carl Hanser.
Franck, Georg (2005). *Mentaler Kapitalismus. Eine politische Ökonomie des Geistes.* München – Wien: Carl Hanser.
Geiger, Manfred (1999). *Fake. Leben in künstlichen Welten. Mythos – Literatur – Wissenschaft*, Reinbek bei Hamburg: Rowohlt.
Giannetti, Claudia (2004). *Ästhetik des Digitalen. Ein intermediärer Beitrag zu Wissenschaft, Medien- und Kunstsystemen.* Wien – New York: Springer.
Gibson, William (1987). *Neuromancer.* München: Heyne.
Gleich, Michael (2002). *Web of Life. Die Kunst vernetzt zu leben.* Hamburg: Hoffmann und Campe.
Grassmück, Volker (2002). *Freie Software. Zwischen Privat- und Gemeineigentum.* Bonn: Schriftenreihe der Bundeszentrale für politische Bildung (bpb).
Gsöllpointner, Katharina / Hentschläger, Ursula (1999). *Paramour. Kunst im Kontext Neuer Technologien.* Wien: Triton.
Guattari, Félix (1992). *Chaosmose.* Paris: Editions Galilée.
Guggenberger, Bernd (1997). *Das digitale Nirwana.* Hamburg: Rotbuch-Verlag.
Han, Byung-Chul (2005). *Hyperkulturalität. Kultur und Globalisierung.* Berlin: Merve Verlag.
Hardt, Michael / Negri, Antonio (2002). *Empire. Die neue Weltordnung.* Frankfurt – New York: Campus Fachbuch.
Hattinger, Gottfried / Russel, Morgan / Schöpf, Christine / Weibel, Peter (Hg.) (1990). *Virtuelle Welten.* Ars Electronica. Linz: Landesverlag.
Helbig, Jörg (Hg.) (1998). *Intermedialität. Theorie und Praxis eines interdisziplinären Forschungsgebiets.* Berlin: Erich Schmidt Verlag.
Iglhaut, Stefan / Rötzer, Florian / Schweeger, Elisabeth (Hg.) (1995), *Illusion und Simulation – Begegnung mit der Realität.* Ostfildern: Hatje Cantz Verlag.
Jahrmann, Margarete / Schneebauer, Christa (Hg.) (2000). *Intertwinedness. Überlegungen zur Netzkultur.* Klagenfurt – Wien: Ritter Verlag.
Krämer, Sybille (Hg.) (1998). *Medien – Computer – Realität. Wirklichkeitsvorstellungen und Neue Medien.* Frankfurt: Suhrkamp.
Kroker, Arthur / Weinstein, Michael A. (1997). *Datenmüll. Die Theorie der virtuellen Klasse.* Wien: Passagen Verlag.
Krueger, Myron W. (1991) *Artificial Reality 2.* Reading Massachusetts: Addison-Wesley Professional.
Landa de, Manuel (1997). *Netzwerke, Hierarchien und die Schnittstellen-Problematik.* Bern: Benteli.
Lévy, Pierre (1995). *Qu'est-ce que le virtuel?* Paris: Edition la Découverte.

Lévy, Pierre (1997). *Die kollektive Intelligenz. Eine Anthropologie des Cyberspace.* Mannheim: Bollmann.
Lischka, Gerhard Johann / Weibel, Peter (Hg.) (September / Oktober 1989) *Im Netz der Systeme. Für eine interaktive Kunst, Kunstforum Bd. 103.*
Lischka, Gerhard Johann / Weibel, Peter (Hg.) (2004). *Die Medien der Kunst – Die Kunst der Medien.* Bern: Benteli.
Lischka, Gerhard Johann (2003). *Alles jetzt! Die Mediatisierung.* Bern: Benteli.
Maresch, Rudolf / Weber, Niels (Hg.) (1999). *Kommunikation – Medien – Macht.* Frankfurt: Suhrkamp.
Machines Virtuelles. Traverses 44–45, Paris Septembre 1988.
Mitchell, William J. (1996). *City of Bits. Leben in der Stadt des 21. Jahrhunderts.* Basel – Boston – Berlin: Birkhäuser.
Münker, Stefan / Roesler, Alexander (Hg.) (1997). *Mythos Internet.* Frankfurt: Suhrkamp.
Penny, Simon (Hg.) (1995). *Critical Issues in Electronic Media.* State University of New York Press.
Rheingold, Howard (1992). *Virtuelle Welten. Reisen im Cyberspace.* Reinbek: Rowohlt.
Rötzer, Florian (Hg.) (1991). *Digitaler Schein. Ästhetik der elektronischen Medien.* Frankfurt: Suhrkamp.
Rötzer, Florian / Weibel, Peter (Hg.) (1991). *Strategien des Scheins. Kunst – Computer – Medien.* München: Boer.
Rötzer, Florian / Weibel, Peter (Hg.) (1993). *Cyberspace. Zum medialen Gesamtkunstwerk.* München: Boer.
Russell, Peter (1995), *The Global Brain Awakens. Our Next Evolutionary Leap*, Palo Alto.
Schade, Sigrid / Tholen, Georg Christoph (Hg.) (1999). *Konfigurationen. Zwischen Kunst und Medien*, München: Wilhelm Fink Verlag.
Schneider, Irmela / Thomsen, Christian W. (Hg.) (1997). *Hybridkultur. Medien Netze Künste*, Köln: Wienand.
Schönberger, Angela (Hg.) (1988). *Simulation und Wirklichkeit*, Köln.
Miches Serres (2005). Atlas, Berlin: Merve.
Siegert, Bernhard (2003). *Passagen des Digitalen. Zeichenpraktiken der neuzeitlichen Wissenschaften 1500–1900*, Berlin: Brinkmann & Bose.
Spielmann, Yvonne / Winter, Gundolf (Hg.) (1999). *Bild – Medium – Kunst*, München: Wilhelm Fink.
Süssbrich, Ute (1997). *Virtuelle Realität. Eine Herausforderung an das Selbstverständnis des Menschen*, Frankfurt: Inst. für Kulturanthropologie und Europ. Ethnologie.
Turkle, Sherry (1999). *Leben im Netz. Identität in Zeiten des Internet*, Reinbek: Rowohlt.
Vattimo, Gianni / Welsch, Wolfgang (Hg.) (1990). *Medien-Welten Wirklichkeiten*, München: Wilhelm Fink Verlag.
Samsonow, Elisabeth von / Alliez, Eric (Hg.) (1999). *Telenoia. Kritik der virtuellen Bilder*, Wien: Verlag Toria und Kant.

Waffender, Manfred (Hg.) (1991). *Cyberspace. Ausflüge in virtuelle Wirklichkeiten*, Reinbek: Rowohlt.

Warnke, Martin / Coy, Wolfgang / Tholen Georg Christoph (Hg.) (1997). *HyperKult. Geschichte, Theorie und Kontext digitaler Medien*, Basel – Frankfurt: Stroemfeld.

Weizenbaum, Josef (1982). *Die Macht der Computer und die Ohnmacht der Vernunft*, Frankfurt: Suhrkamp.

Wiener, Oswald (1990). *Probleme der Künstlichen Intelligenz*, Berlin: Merve.

Willke, Helmut (2001). *Atopia. Studien zur atopischen Gesellschaft*, Frankfurt: Suhrkamp.

Willke, Helmut (2002). *Dystopia. Studien zur Krisis des Wissens in der modernen Gesellschaft*, Frankfurt: Suhrkamp.

Willke, Helmut (2003). *Heterotopia. Studien zur Krisis der Ordnung moderner Gesellschaften*, Frankfurt: Suhrkamp.

Wurzer, Jörg (1997). *Realität und virtuelle Welten. Philosophie für eine High-Tech-Gesellschaft*, Essen: Verlag Die Blaue Eule.

Das Internet als Marktraum

Thomas Myrach

1 Einleitung

Mit dem Internet steht eine allgemein zugängliche technische Infrastruktur für die Kommunikation über Rechnernetze zur Verfügung. Damit sind örtlich und zeitlich weitgehend unbegrenzte Interaktionen zwischen Menschen sowie Menschen und Maschinen (d. h. Rechneranwendungen) möglich. Diese Interaktionen können auch der Anbahnung und Abwicklung von Güteraustauschen dienen. Über populäre Internet-Dienste wie E-Mail und das World Wide Web lassen sich Güter kaufen oder verkaufen. International tätige Vorzeigeunternehmen wie Amazon, Dell oder eBay zeigen, dass dies mit Erfolg möglich ist.[1] Sehr viele kommerziell tätige Unternehmen in der Schweiz haben mittlerweile einen eigenen Web-Auftritt, der die Geschäftstätigkeit direkt oder indirekt unterstützen soll. Damit wird über das Internet ein prinzipiell globaler Marktraum geschaffen, in dem sich Anbieter und Nachfrager von Gütern begegnen können.

Angesichts der Möglichkeiten, die das Internet für die Anbahnung, Vereinbarung und teilweise auch Abwicklung von Geschäftstransaktionen bietet, stellt sich für Theoretiker wie Praktiker die Frage, inwieweit sich der durch das Internet definierte virtuelle Marktraum *(Market Space)* von traditionellen Märkten unterscheidet und welche Konsequenzen dies allenfalls für das Handeln der Marktakteure hat. Dabei resultiert aus den spezifischen Eigenschaften des Internets als Medium für Interaktionen im Rahmen von Markttransaktionen eine Fülle unterschiedlicher Fragestellungen, deren umfassende Behandlung den Rahmen dieses Textes sprengen würde. Deshalb muss hier notgedrungen eine Fokussierung auf einige ausgesuchte Problemkreise stattfinden.

Ausgangspunkt der Überlegungen ist eine Klärung des Marktbegriffs und eine Schilderung der ökonomischen Gesetzmässigkeiten des Handelns von Akteuren auf Märkten. Im nächsten Schritt wird das Konstrukt des Marktes im Kontext des Internets kritisch betrachtet und seine vermeintliche oder tatsächliche Besonderheit skizziert. Zentral für die hier vorgestellten Überlegungen ist dann die Behandlung von Geschäftstransaktionen im Internet. Dabei werden zwei Problemkreise eingehender dargestellt, deren gemeinsamer Nenner das Zustandekommen von Preisen bei Transaktionen über das Internet ist. Zum einen geht es darum, welchen Einfluss die spezifischen Suchmechanismen im Internet auf die Preisbildung haben. Zum anderen werden die besonderen Gesetzmässigkeiten betrachtet, die bei der Nutzung von dynamischen Preismechanismen, insbesondere Auktionen, im Internet auftreten.

2 Güteraustausch und Markt

In den Wirtschaftswissenschaften ist ein Markt definiert durch das Zusammentreffen von Anbietern und Nachfragern nach einem bestimmten Wirtschaftsgut. Bei diesem generischen Begriffsverständnis spielt es prinzipiell keine Rolle, ob das Zusammentreffen an einem oder mehreren Orten stattfindet, persönlicher oder unpersönlicher Natur ist, auf brieflichem, telefonischem, elektronischem oder massenmedialem Wege zustande kommt (Steffenhagen, 2000, S.15). Entscheidendes Merkmal eines Marktes ist, dass auf ihm Güteraustausche stattfinden. Dabei wird typischerweise ein reales Gut (ein physisches Produkt oder eine Dienstleistung) als Leistung gegen ein nominales Gut (Geld) als Gegenleistung ausgetauscht. Die Höhe der monetären Gegenleistung wird üblicherweise als der Preis des Gutes bezeichnet.

Die Überlegungen, die zu einem Marktaustausch führen, können als ein simultanes Entscheidungsproblem aufgefasst werden, das sich jeweils einem Anbieter und einem Nachfrager stellt (ebd., S. 19). Jede Seite ist mit der Tatsache konfrontiert, dass bei ihr durch den Austausch ein Güterabgang stattfindet, durch den Kosten anfallen bzw. Nutzen entgehen. Allerdings erfolgt auf jeder Seite durch den Austausch auch ein Güterzugang, durch den Nutzen entsteht. Die Marktakteure streben Güteraustausche an, um dadurch Vorteile zu erzielen. Dies ist aus der Sicht einer Partei dann der Fall, wenn der Wert des empfangenen Gutes grösser als der Wert des hergegebenen Gutes ist. Bei der Bewertung muss also sowohl beim Anbieter als auch beim Nachfrager ein positiver Netto-Nutzen resultieren, damit es zu einem Güteraustausch kommt. Dies wird landläufig auch als *Win-Win*-Situation bezeichnet.

Im Kern ist ein marktbezogener Güteraustausch ein kooperativer Akt. Nur dadurch, dass Anbieter und Nachfrager zusammenwirken, kommt es auf beiden Seiten überhaupt zu einem Nutzenzuwachs. Allerdings entsteht auch ein Zielkonflikt, der dadurch begründet ist, dass jede Partei typischerweise einen möglichst *hohen* Nutzenzuwachs anstrebt. Diese Haltung der Nutzenmaximierung wird in der Ökonomie dem wirtschaftlich handelnden Menschen *(homo economicus)* grundsätzlich unterstellt (vgl. etwa Schumann, 1980, S. 7). Wenn die qualitativen Merkmale des auszutauschenden Gutes fixiert sind und nur der als Gegenleistung zu zahlende Preis variiert werden kann, so strebt ein nutzenmaximierender Anbieter einen möglichst hohen Preis an, ein nutzenmaximierender Nachfrager wünscht sich dagegen einen möglichst niedrigen Preis. Der Preis, bei dem eine Partei den Austausch als gerade noch lohnend bewertet, wird auch als Reservationspreis bezeichnet (vgl. z. B. Vulkan, 2003, S. 34; Grover/Pradipkumar, 1999, S. 467; Eaton/Eaton, 1995, S. 10). Sofern der Reservationspreis des Nachfragers höher ist als der Reservationspreis des Anbieters, besteht ein Spielraum bezüglich der Preissetzung. Je nachdem wie dieser Spielraum genutzt wird, fällt der verhandelbare Nutzenzuwachs dem Anbieter (Produzentenrente) oder dem Nachfrager (Konsumentenrente) zu.[2] Das Ringen um die Aufteilung des verhandelbaren Nutzenzuwachses durch eine Geschäftstransaktion ist eine wesentliche Komponente des individuellen Verhaltens der einzelnen Akteure auf Märkten.

Bei typischen Marktsituationen ist nicht nur ein einziger bilateraler Güteraustausch zwischen einem bestimmten Anbieter und Nachfrager möglich, sondern beide Parteien haben Alternativen: Ein Nachfrager kann bei verschiedenen Anbietern kaufen, ein Anbieter kann an verschiedene Nachfrager verkaufen. Aus der Perspektive eines Anbieters ist die Zahlungsbereitschaft verschiedener Nachfrager zu berücksichtigen. Unter mehreren Nachfragern wird er im Prinzip immer denjenigen vorziehen, der den höchsten Preis zu zahlen bereit ist. Auf der anderen Seite wird ein Nachfrager bei seinen Nutzenabwägungen auch durch die Vorteilhaftigkeit alternativer Angebote beeinflusst. Bei als gleichwertig angesehenen Leistungen wird er, sofern er bezüglich des Anbieters keine sonstigen Präferenzen hat, das billigste Angebot vorziehen. Teurere Anbieter verlieren so Käufer und müssen sich überlegen, ob sie ihre Preise nicht anpassen wollen.

Bei der Entscheidung der (potentiellen) Geschäftspartner über den Güteraustausch ist die Bewertung der auszutauschenden Güter ein zentrales Element.

Diese Bewertung ist nicht immer einfach, zumal wenn eine Ungewissheit über die genaue Ausprägung der zu erwartenden Leistungen (Produkteigenschaften) und Gegenleistungen (Übertragungskonditionen, insbesondere Preise) besteht. Ungewissheit lässt sich durch Informationen mindern.[3] Je besser der Informationsstand ist, umso besser kann der zu erwartende Netto-Nutzen eines Austausches beurteilt werden und desto geringer ist das Risiko einer suboptimalen Entscheidung.

Mit Hinblick auf die Reduzierung des mit der Beurteilung einer Geschäftstransaktion verbundenen Risikos bzw. dem Bestreben, den Nutzen einer Geschäftstransaktion auf einem Markt zu maximieren, kann es für einen Marktakteur von Interesse sein, den eigenen Informationsstand zu erhöhen. Informationen über die auszutauschenden Güter und ihre Preise werden durch Kommunikation zwischen den Marktparteien und unter Umständen auch Dritten ausgetauscht. Dieser Kommunikation im Zusammenhang mit Geschäftstransaktionen kommt für das dabei erzielte Ergebnis eine erhebliche Bedeutung zu.

3 Güteraustausch im Online-Markt

Wenn Anbieter und Nachfrager nach einem Wirtschaftsgut über die Medien des Internets zusammentreffen, so lässt sich von einem elektronischen Markt sprechen. Dabei kann entweder das Internet insgesamt mit allen über eigene Online-Shops präsenten Anbietern so bezeichnet werden, oder eine einzelne Web-Plattform als virtueller Treffpunkt für Anbieter und Nachfrager.[4] Die allgemeine Definition eines Marktes deckt im Prinzip auch die Sonderform des elektronischen Marktes ab. Allerdings wird der elektronische Markt (Online-Markt) häufig von konventionellen Marktformen (Offline-Markt) abgegrenzt.

Bereits vor über zehn Jahren haben Rayport und Sviokla zwischen *Market Place* und *Market Space* unterschieden (Rayport/Sviokla, 1994). Dabei analysieren sie die Unterschiede zwischen den beiden Marktformen anhand der Dimensionen Inhalt, Kontext und Infrastruktur. Auf dem *Market Place* sind die gehandelten Güter physisch präsent; sie können vor dem Kauf angeschaut und allenfalls auch ausprobiert werden (Inhaltsdimension). Dazu findet ein physisches Treffen zwischen Anbietern und Nachfragern statt (Kontextdimension).

Dieses Zusammentreffen geschieht in physischen Verkaufsstätten (Infrastrukturdimension). Dagegen sind im *Market Space* nur Informationen über das gehandelte Gut verfügbar, nicht jedoch das Gut selber. Anbieter und Nachfrager treffen sich lediglich virtuell. Das Zusammentreffen erfolgt auf Online-Verkaufsplattformen im Internet.

Die bekannte Unterscheidung von Bricks- und Clicks-Unternehmen zielt ebenfalls auf die Unterscheidung von physischen und virtuellen Kontakten (vgl. z. B. Ha, 2004, S. 189). Unter Bricks-Unternehmen werden Unternehmen verstanden, die ihre Geschäfte ausschliesslich über physische Verkaufslokalitäten abwickeln. Im Gegensatz dazu treten Clicks-Unternehmen ausschliesslich über das Internet mit ihren Kunden in Kontakt. Nur wenige Unternehmen sind lediglich online tätig und immer mehr traditionelle Unternehmen unterstützen ihre Marketing- und Vertriebstätigkeit mehr oder weniger weitgehend mit Web-Auftritten. Deshalb ist die Mischform der Bricks&Clicks-Unternehmen von grosser Bedeutung, die sowohl den Offline- wie auch den Online-Kontaktkanal für Geschäftstransaktionen nutzen.

Die Abgrenzung von traditionellen gegenüber elektronischen Märkten über das Vorliegen von physischen Verkaufsstätten auf der einen Seite und virtuellen Verkaufsstätten (Online-Shops) auf der anderen Seite ist sehr eingängig und auf den ersten Blick einleuchtend. Die Gegenüberstellung wird auch durch bestimmte im Rahmen von Online-Shops gebrauchte Metaphern aufgegriffen; so wird das Vormerken von Produkten für eine Bestellung durch eine Funktion unterstützt, die als elektronischer Warenkorb bezeichnet wird (vgl. z. B. Meier/Stormer, 2005, S. 5; Chaffey et al., 2001, S. 377). Bei näherer Betrachtung erweist sich diese Gegenüberstellung jedoch als nicht vollkommen sachgerecht.

Auch bei traditionellen Markttransaktionen lassen sich ohne weiteres Geschäftsformen finden, bei denen es zu keinem direkten Kontakt zwischen Anbietern und Nachfragern kommt. Ein Beispiel dafür ist der traditionelle Versandhandel, bei dem Kundenkontakte über den postalischen Austausch von Papierdokumenten wie Katalogen, Bestellungen und Rechnungen erfolgen. Unternehmen wie Amazon übertragen das Modell des Versandhandels auf das Internet. Statt eines Papierkatalogs wird eine Web-Plattform geschaffen, auf der das Produktangebot abrufbar ist. Bestellungen sind direkt auf dieser Plattform möglich und die Bezahlung ist, je nach Zahlungsform, schon mit der Bestellung verknüpft oder erfolgt auf traditionellem Weg über eine Rechnung. Allein die Lieferung findet, wie auch beim traditionellen Versandhandel, über eine Postlieferung statt. Somit wäre es eigentlich nahe liegender, den Handel über Online-Shops als einen elektronisch vermittelten Versandhandel anzusehen, statt ihn als die virtuelle Form eines Verkaufs über physische Verkaufsstätten zu betrachten.

Wie anhand des Versandhandels ersichtlich, wird durch die Nutzung des Internets nicht unbedingt ein grundlegend neues Geschäftsmodell geschaffen. Allerdings werden insbesondere die Kommunikationsprozesse durch die Nutzung der neuen Medien mehr oder minder weitgehend modifiziert. Die geänderte Kommunikation bei der Durchführung von Markttransaktionen hat sowohl für Anbieter wie auch für Nachfrager verschiedene Konsequenzen.

4 Geschäftstransaktionen im Internet

Häufig wird pauschal unterstellt, dass Geschäftstransaktionen über das Internet einfacher, schneller und bequemer werden.[5] Dabei liegt es in der Natur der über das Internet einsetzbaren Medien, dass allfällige im Zuge der Abwicklung von Geschäftstransaktion entstehende Vorteile im Zusammenhang mit den Rahmenbedingungen von Kommunikationsvorgängen und deren Ausgestaltung liegen müssen. Sehr häufig wird diesbezüglich auf die Aufhebung von örtlichen und zeitlichen Beschränkungen verwiesen (Vgl. z.B. Schmid, 1993, S. 469; Kalakota/Whinston, 1997, S. 219): Ein Online-Shop kann 365 Tage im Jahr, 7 Tage die Woche und 24 Stunden am Tag zur Verfügung stehen und dies prinzipiell weltweit – sofern die Nachfrager über einen Internet-Zugang verfügen. Faktisch ist diese Freiheit allerdings nicht ganz so grenzenlos, insbesondere wenn es um den physischen Austausch von Gütern geht. Hier sind etwa Transportkosten und im Falle der Überschreitung von Staatsgrenzen auch Export bzw. Import-Regulierungen zu berücksichtigen.

Um die Besonderheiten der internetbasierten Unterstützung von Geschäftstransaktionen besser analysieren zu können, werden die in ihrem Rahmen stattfindenden Interaktionen oftmals in Phasen untergliedert. Allgemein üblich ist eine Unterteilung, die mindestens eine Anbahnungs-, Vereinbarungs- und Abwicklungsphase unterscheidet.[6] Die Anbahnungsphase umfasst alle Interaktionen, bei denen es um die gegenseitige Information der potentiellen Geschäftspartner über die jeweiligen Vorstellungen von Leistung und Gegenleistung geht; diese Interaktionen sind im Allgemeinen weitgehend unverbindlich und führen typischerweise zu keinen Verpflichtungen. In der Vereinbarungsphase finden die Interaktionen statt, mit denen die Austauschbedingungen fixiert werden; am Ende der Vereinbarungsphase steht die Entscheidung über den Leistungsaustausch und gegebenenfalls eine gegenseitige vertragliche Verpflichtung, den festgelegten Konditionen nachzukommen. In der Abwicklungsphase finden alle Interaktionen statt, welche den eigentlichen Leistungsaustausch zum Gegenstand haben; erst in dieser Phase kommt es zur wechselseitigen Güterübertragung.

Vorteile durch die Nutzung des Internets können in verschiedenen Phasen einer Geschäftstransaktion entstehen: Bei der Suche nach den besten Produkten und Preisen, bei der Vereinbarung eines Güteraustausches sowie bei der Abwicklung des Geschäftes. Nachfolgend sollen die ökonomischen Konsequenzen der Angebotssuche über das Internet in der Anbahnungsphase und der dynamischen Preisfindung über Online-Auktionen in der Vereinbarungsphase näher beleuchtet werden.

4.1 Produktsuche im Internet

In der Ökonomie wird sehr häufig vom theoretischen Idealbild des vollkommenen Marktes ausgegangen, um zentrale Marktmechanismen herauszuarbeiten. Dabei werden unter anderem die Annahmen der Präferenzlosigkeit und Markttransparenz getroffen (vgl. z.B. Schumann, 1980, S. 165f.; Schmalen, 1982, S. 26): Für die Marktteilnehmer ist es prinzipiell unerheblich, mit wem sie eine Geschäftstransaktion durchführen und sie verfügen über alle Informationen, die für ihre Entscheidungen wichtig sind. Präferenzlosigkeit bedingt auch Produkthomogenität. Unter diesen Annahmen ist die einzige Determinante, welche die Entscheidung über einen Güteraustausch bestimmt, der Preis für das auf dem Markt gehandelte Gut. So würde ein Nachfrager immer das billigste Angebot für das gewünschte Wirtschaftsgut kennen und, da er frei von anderen Präferenzen ist, dieses auch wählen.

Aufgrund der Marktmechanismen ergibt sich auf vollkommenen Märkten ein Preis, bei dem sich Angebot und Nachfrage ausgleichen. Für einen Anbieter ist es unsinnig, einen höheren Preis durchsetzen zu wollen, da er dann sofort jegliche Nachfrage verliert. Auch einen niedrigeren Preis zu verlangen macht wenig Sinn; zwar zieht der Anbieter dann sofort alle Nachfrage auf sich, kann diese aber aufgrund seiner letztlich beschränkten Kapazitäten nicht bedienen. Alle Anbieter werden also im sog. Marktgleichgewicht den gleichen Preis verlangen und allenfalls die dabei angebotene Menge anpassen.[7]

Entgegen diesen theoretischen Idealvorstellungen lassen sich auf realen Märkten sehr wohl uneinheitliche Preise für vergleichbare Produktangebote beobachten. Die Spannbreite von Preisen in einem Markt wird als Preisdispersion bezeichnet (vgl. Stigler, 1961, S. 213 f.; Salop, 1977, S. 393; Varian, 1980, S. 651; Vulkan, 2003, S. 35). Ökonomen interessiert, warum es zu einer Preisdispersion kommt. Ein besonderes Augenmerk gilt dabei dem Informationsstand der Marktteilnehmer.

In der Realität haben Marktteilnehmer nicht ohne weiteres einen vollständigen Überblick über alle relevanten Marktdaten. Ein Anbieter kann erfolgreich einen höheren Preis als seine Konkurrenten durchsetzen, wenn ein Nachfrager alternative Angebote mit einem niedrigeren Preis nicht kennt. Der Anbieter profitiert dann praktisch von der Unwissenheit der Nachfrager. In diesem Sinne bezeichnet Stigler Preisdispersion plakativ als ein Mass für Ignoranz (Stigler, 1961, S. 214). Zwar anerkennt er, dass Preisdispersion auch aufgrund von Produktheterogenitäten (und damit Präferenzen) entstehen kann, er hält es aber für «metaphysisch» und «fruchtlos», die gesamte Preisdispersion auf Produktheterogenität zurückführen zu wollen.

Die Ungewissheit der Marktteilnehmer auf unvollkommenen Märkten über die für ihre Entscheidungen relevanten Informationen lässt sich durch Suchaktivitäten mindern. Grundsätzlich sollte es im Interesse eines Nachfragers sein, eine möglichst vollständige Marktübersicht zu haben. Damit kann er sicherstellen, keinen überhöhten Preis zu zahlen und somit einen Kauf zu den für ihn bestmöglichen Konditionen zu tätigen. Diesem steht allerdings entgegen, dass dem Nachfrager durch Suchaktivitäten auch mehr oder minder hohe Kosten entstehen. Ein wesentliches Element dieser Kosten ist der zeitliche Einsatz, welcher für die Suche aufgewendet werden muss. Ein Nachfrager muss die entstehenden Suchkosten gegenüber dem erwarteten Gewinn durch einen niedrigeren Kaufpreis abwägen. Rational begründbar ist eine Informationssuche nur dann, wenn die dabei anfallenden Kosten geringer als der zu erwartende Vorteil ausfallen. Die Höhe der Suchkosten für Produkt- und Preisinformationen ist damit aus einer theoretischen Perspektive ein wesentlicher Bestimmungsgrund für das Ausmass der Marktübersicht auf unvollkommenen Märkten. Je geringer die Suchkosten sind, umso sinnvoller ist es, über Suchaktivitäten eine bessere Marktübersicht anzustreben. Die Eigenschaft der Markttransparenz auf vollkommenen Märkten lässt sich in dieser Perspektive auch so interpretieren, dass auf diesem keine Suchkosten anfallen und ein rational handelndes Individuum sich dementsprechend alle relevanten Informationen beschaffen wird.[8]

Die skizzierten Vorüberlegungen sind ein wesentlicher theoretischer Ansatzpunkt für die Begründung von Unterschieden auf Online-Märkten gegenüber Offline-Märkten.[9] Als ein wesentlicher Vorteil des Internets werden die einfachen Suchmechanismen gesehen. Darüber kann sich ein Nachfrager relativ schnell und mit vertretbarem Aufwand ein Bild über die angebotenen Produkte und ihre Konditionen machen – sofern diese Informationen überhaupt im Internet verfügbar sind. Dies führt gegenüber anderen Arten der Informationssuche tendenziell zu geringeren Suchkosten beziehungsweise zum Auffinden von verschiedenen Angeboten für ein gewünschtes Gut. Damit sollte es relativ einfach möglich sein, vor dem Kauf eines Produktes gezielte Preisvergleiche im Internet durchzuführen *(comparison shopping)*.

Bei einer Suche nach Anbietern kann sich ein Internet-Nutzer auf allgemeine Hilfsmittel im Internet abstützen, wie etwa Suchmaschinen oder Verzeichnisdienste. Suchmaschinen wie Google werten die im Web verfügbaren Ressourcen systematisch aus und legen Informationen über diese in Datenbanken ab, die von Benutzern mit Hilfe von Suchbegriffen abgefragt werden können (vgl. z.B. Hansen/Neumann, 2005, S. 644 ff.). Auf diese Weise lassen sich auch Web-Auftritte von Online-Anbietern oder sogar konkrete Produktangebote ermitteln. Anbieter können ihre Auffindbarkeit in Suchmaschinen aktiv beeinflussen. Im Rahmen eines Suchmaschinen-Marketings sind verschiedene Massnahmen möglich (vgl. etwa Chaffey et al., 2001, S. 287). Dazu gehören etwa das gezielte Anmelden bei einer Suchmaschine, das Integrieren von passenden Schlagworten in den Web-Auftritt oder sogar das Bezahlen für die

Berücksichtigung bei einer Benutzersuche, wie etwa mit der Option AdWords bei Google.[10]

Eine Schwierigkeit bei der Quellensuche mit Suchmaschinen ist, dass die angezeigten Ergebnisse für die Zwecke eines Benutzers vielfach nur eingeschränkt nützlich sind. Insbesondere dann, wenn als Ergebnis einer Suche sehr viele Quellen ausgewiesen werden, sind die für einen relevanten Seiten erst mühsam aus allen angezeigten Fundstellen herauszufiltern. Zwar nehmen Suchmaschinen üblicherweise eine Rangreihung der Suchergebnisse vor und präsentieren die von ihnen angezeigten Resultate nach ihrer Relevanz. Allerdings müssen die dabei angewandten generellen Relevanzkritierien nicht zwangsläufig die für einen Benutzer relevanten Seiten begünstigen. Somit kann sich die Informationssuche trotz Einsatz von Suchmaschinen immer noch etwas mühsam gestalten. Zudem besteht keine Garantie für die Vollständigkeit der Suchresultate.

Einen noch einfacheren Zugang im Sinne eines *comparison shopping* erlauben spezielle Preisvergleichsdienste, wie sie auch in der Schweiz tätig sind.[11] Preisvergleichsdienste sammeln im WorldWideWeb Preis- und Produktinformationen vor allem über homogene Produkte und ermöglichen somit einen direkten Preisvergleich der Angebote unterschiedlicher Online-Anbieter (Vgl. etwa Hansen/Neumann, 2005, S. 672 f.) Die gesammelten Informationen werden – typischerweise nach Preisen – geordnet und dem Nachfrager in einer leicht verständlichen Form präsentiert.

Bei einem rational handelnden Benutzer eines Preisvergleichsdienstes wäre anzunehmen, dass er bei einer Kaufentscheidung zwischen homogenen Produkten immer das jeweils günstigste Angebot vorziehen würde, wobei noch möglicherweise unterschiedliche Liefergebühren zu berücksichtigen sind. Interessanterweise konnte in empirischen Untersuchungen bezüglich der Nutzung von Preisvergleichsdiensten festgestellt werden, dass auch bei homogenen Produkten und unter Berücksichtigung unterschiedlicher Lieferkosten die Konsumenten nicht unbedingt das preisgünstigste Angebot wählen.[12] Es bestehen also auch bezüglich der Anbieter im Internet ganz offensichtlich Präferenzen, was im Idealtypus des vollkommenen Marktes ausgeschlossen wird.

Durch die vereinfachte Suche sollte im Internet prinzipiell eine erhöhte Markttransparenz entstehen. Entsprechend den oben stehenden Überlegungen lassen sich daran weitere theoriegeleitete Annahmen knüpfen: Die geringere Unwissenheit auf Seiten der Nachfrager macht es Anbietern schwerer, überhöhte Preise durchzusetzen. Die Folge davon wäre ein stärkerer Preiswettbewerb. Dies sollte im Vergleich zu Offline-Märkten zu niedrigeren Preisen führen. Weiterhin sollte sich auf Online-Märkten auch eine geringere Preisdispersion ergeben. Für preisbewusste Nachfrager ergibt sich damit ein starkes Motiv, um im Internet einzukaufen.

Im Verlaufe der vergangenen Jahre sind verschiedentlich empirische Untersuchungen durchgeführt worden, welche die Überprüfung dieser theoriegeleiteten Annahmen zum Gegenstand hatten. Dabei wurden unterschiedliche Produkte und Dienstleistungen untersucht. Eine besondere Aufmerksamkeit haben die für Internet-Verkäufe populären Produkte wie Bücher und Musik-CD's erfahren.[13] Die Ergebnisse der Untersuchungen sind widersprüchlich: Während in einigen Untersuchungen sehr wohl günstigere Preise im Internet festgestellt werden konnten, liess sich in anderen Studien kein signifikanter Unterschied erkennen oder die Preise waren sogar höher als im konventionellen Handel. Eine in der Schweiz durchgeführte Untersuchung für den Markt der Digitalkameras scheint die Theorie zu bestätigen: Für Internet-Anbieter werden im Durchschnitt signifikant günstigere Preise als für physisch präsente Händler festgestellt; bei der Preisdispersion im Online- und Offline-Markt ergaben sich dagegen keine signifikanten Unterschiede.[14]

Angesichts der widersprüchlichen Resultate der Empirie stellt sich die Frage, welche Erklärungskraft der hier skizzierte informationsökonomische Theorieansatz letztlich hat. Die Annahme, dass Angebote im Internet generell günstiger sein müssen, als solche in der Offline-Welt, ist jedenfalls zu verwerfen. Dennoch belegen etliche Fälle, dass man im Internet unter Umständen tatsächlich billiger einkaufen kann.

4.2 Verhandlungen im Internet

Bei vielen Geschäftstransaktionen wird der Preis für das gehandelte Produkt vom Anbieter im vornherein festgelegt. Den Nachfragern bleibt nur die Entscheidung, ob sie den geforderten Preis akzeptieren wollen oder nicht. Dies kann dazu führen, dass ein Austausch gar nicht oder nur zu suboptimalen

Konditionen zu Stande kommt. Wenn ein Anbieter einen zu hohen Preis fixiert, so führt dies dazu, dass sich nicht genügend Käufer finden lassen und er auf einem Teil der angebotenen Produktmenge sitzen bleibt. Wenn ein Anbieter einen zu niedrigen Preis setzt, so kann er zwar seine angebotenen Produkte vollständig absetzen, verschenkt aber einen Teil des möglichen Umsatzes. Die Gefahr für derartige Fehlentscheidungen besteht besonders dann, wenn über die Kosten-Nutzen-Einschätzungen der Marktteilnehmer keine oder nur unzureichende Informationen vorliegen.

Dynamische Preisbildungsmechanismen sind ein Vehikel, um die Anbieter- und Nachfragerpräferenzen besser auszuloten. Dabei ergibt sich der Preis erst durch Verhandlungsaktivitäten. Die wesentliche Idee ist, dass durch einen spezifischen Verhandlungsmechanismus die Marktteilnehmer gezwungen werden, ihre jeweiligen Nutzeneinschätzungen offen zu legen. Dadurch soll es dann möglich sein, einen – je nach Perspektive – besseren Preis zu erzielen. Wenn etwa Anbieter auf dynamische Preisbildungsmechanismen setzen, so streben sie typischerweise an, die Zahlungsbereitschaft potentieller Kunden vermehrt abzuschöpfen. Auf der anderen Seite hoffen Nachfrager vielfach darauf, ein sog. «Schnäppchen» machen zu können.

In der Wirtschaft sind etliche dynamische Preisbildungsmechanismen bekannt und werden in verschiedenen Situationen auch praktiziert. Die Spannbreite reicht dabei vom bilateralen Feilschen, welches stereotypisch mit orientalischen Bazaren assoziiert wird, bis hin zu multilateralen Börsen, in denen Preise jeweils aufgrund der aktuell vorliegenden Angebote und Nachfragen nach einem bestimmten Gut festgesetzt werden.[15] Ein ebenfalls sehr bekanntes Instrument ist das der Auktion, bei der verschiedene Nachfrager um ein Angebot bieten bzw. im Falle der umgekehrten Auktion verschiedene Anbieter um eine Nachfrage konkurrenzieren. Dieser Typus dürfte einem breiteren Publikum wohl besonders im Zusammenhang mit englischen Auktionshäusern bekannt sein, welche auf diese Art Kunstgegenstände handeln.

Auktionen werden auch in der Wirtschaftstheorie untersucht. Eine besondere Bedeutung kommt dabei der nach dem Nobelpreisträger Vickrey benannten Auktionsform zu.[16] Bei der Vickrey-Auktion geben alle Nachfrager ihr Höchstgebot verdeckt ab; der Nachfrager mit dem höchsten Gebot erhält den Zuschlag, muss aber nur den Preis des zweithöchsten Gebots zahlen. Die besondere Bedeutung erhält diese Auktionsform dadurch, dass für sie formal-analytisch nachweisbar ist, dass rational handelnde Bieter dabei jeweils ihren Reservationspreis als Gebot abgeben werden.[17] Dies sollte letztlich auch aus Anbietersicht zu einem guten Ergebnis des Verhandlungsprozesses führen.

Dynamische Preisbildungsmechanismen lassen sich in vielen Fällen weitgehend problemlos auf Internetmedien übertragen. Dabei werden die dafür notwendigen Interaktionen über elektronische Marktplätze abgewickelt, auf denen sich Anbieter und Nachfrager virtuell begegnen und die jeweiligen Verhandlungsmechanismen einsetzen. Am populärsten sind derzeit wohl Online-Auktionen, mit denen Unternehmen wie eBay oder Ricardo bekannt geworden sind.[18] Bei diesen Unternehmen handelt es sich technisch gesehen um Dienstleister, die mit ihren Online-Plattformen einen virtuellen Markt schaffen, auf dem private Anbieter und Nachfrager Güter nach bestimmten Spielregeln handeln können.

Die übliche Variante einer Online-Auktion folgt dem Grundgedanken einer englischen Auktion, bei der sich der Preis des auktionierten Gutes durch gegenseitiges Überbieten der Nachfrager in wiederholten Bietschritten ergibt (vgl. z. B. Hansen / Neumann, 2005, S. 743 f.; Vulkan, 2003, S. 150 f.). Allerdings wird dabei kein synchrones sondern ein asynchrones Interaktionsmodell gewählt, was den besonderen Anforderungen von räumlich und zeitlich getrennten Akteuren besser entgegenkommt. Ein Anbieter stellt ein bestimmtes Gut in die Plattform ein und setzt dafür eine Auktion auf; dabei wird neben dem Einstiegspreis auch eine Zeit festgelegt, bis zu der die Auktion laufen soll. Innerhalb dieses Zeitlimits können neue Gebote abgegeben werden, wobei ein neues Gebot immer höher als das aktuelle Höchstgebot sein muss. Ein Bieter kann manuell einzelne Gebote abgeben oder einen Automatismus nutzen, durch den bis zu einem festgelegten Höchstpreis mitgeboten wird. Die über den Automatismus abgegebenen Gebote bleiben vorderhand verdeckt; es wird immer nur der Preis angezeigt, der notwendig ist, um das aktuelle Höchstgebot zu stellen. Das höchste Gebot bei Erreichen der Zeitlimite erhält den Zuschlag.

Die Besonderheiten von Online-Auktionen sind in der Theorie genau analysiert worden (vgl. Vulkan, 2003, S. 149). Besonderes Augenmerk liegt dabei auf den unterschiedlichen Bietstrategien. Deren Vorteilhaftigkeit wird – oftmals auf der Basis von spieltheoretischen Überlegungen – untersucht. Dabei wird im einfachsten Fall von zwei Bietern ausgegangen, die mit unterschiedlichen Strategien versuchen, ein für sie jeweils vorteilhaftes Ergebnis zu erzielen.

Nutzen alle (beiden) Spieler in einer Auktion den Bietautomatismus, um ihr jeweiliges Höchstgebot einzugeben, so entspricht dies weitgehend dem theoretischen Idealbild einer Vickrey-Auktion. Gemäss den theoretischen Überlegungen sollte es dann für alle Bieter das Beste sein, ihren jeweiligen Reservationspreis einzugeben. Durch den Bietautomatismus wird das aktuelle Höchstgebot sofort auf den Reservationspreis des zweithöchsten Gebots zuzüglich eines festgelegten Erhöhungsschritts gesetzt, der bei Auktionsplattformen in der Schweiz mindestens einen Franken beträgt. Offen gelegt wird also nur der Betrag, den der Höchstbietende zahlen muss, nicht jedoch, was dieser als Höchstgebot eingegeben hat.

Eine andere Situation ergibt sich, wenn nur einer der Spieler den Bietautomatismus nutzt, der andere jedoch seine Gebote manuell schrittweise erhöht, um der jeweils aktuelle Höchstbietende zu sein. Ein Spieler mit dieser Bietstrategie wird auch als «Kriecher» *(crawler)* bezeichnet. Prinzipiell sollte sich bei diesem Vorgehen dasselbe Ergebnis einstellen, wie bei der vorhergehenden Spielvariante: Der «Kriecher» gewinnt die Auktion dann, wenn er einen höheren Reservationspreis hat als sein Gegenspieler – sofern er aus Frustration darüber, dass er bei jedem Gebot praktisch sofort von seinem Kontrahenten mit dem Bietautomatismus überboten wird, nicht vorzeitig aus dem Bietprozess aussteigt.

Ein «Kriecher» kann gegenüber einer Vickrey-Strategie nichts gewinnen und hat zudem den Nachteil eines aufwändigeren Bietprozesses. Auf der anderen Seite könnte allerdings der Vickrey-Spieler gegen einen «Kriecher» eine für ihn bessere Strategie verfolgen. Unter Ausnutzung der starren Zeitregel, wie sie etwa bei eBay angewendet wird, kann er sich nämlich als sog. «Heckenschütze» *(sniper)* betätigen und erst unmittelbar vor Auktionsende sein Gebot abgeben. Der Vorteil dieser Bietstrategie ist unmittelbar einleuchtend: Da ein «Kriecher» immer danach trachtet, durch manuelles Bieten das aktuelle Höchstgebot zu stellen, wird er durch das «Heckenschiessen» gar nicht erst zu einer Gebotserhöhung veranlasst. Erst im letzten möglichen Moment erfolgt das Überbieten, auf das der «Kriecher» idealerweise nicht mehr reagieren kann.

Der «Heckenschütze» kann also hoffen, die Auktion mit einem sehr niedrigen Zweithöchstgebot seitens des «Kriechers» für sich zu entscheiden und damit nur vergleichsweise wenig bezahlen zu müssen. Diese Strategie ist zudem selbst dann gewinnträchtig, wenn der «Kriecher» eigentlich einen höheren Reservationspreis gehabt hätte als der «Heckenschütze».

Aus der theoretischen Analyse wird deutlich, dass das sogenannte «Kriechen» bei Online-Auktionen eine sehr zweifelhafte Bietstrategie ist und bei starren Zeitregeln in jedem Fall von der Strategie eines «Heckenschützen» dominiert wird. In Online-Auktionen kann man beobachten, dass immer wieder «Kriecher» auftreten und dass das «Heckenschiessen» in der Tat eine gerne angewandte Strategie ist, um ein «Schnäppchen» zu machen. Dabei ist nachvollziehbar, dass derartige Auktionsverläufe nicht unbedingt im Interesse der Anbieter sind, deren Angebote dann unter Umständen einen relativ schlechten Preis erreichen. Um den Einfluss des «Heckenschiessens» zu mindern, kann die starre Zeitgrenze modifiziert werden. Wird dann ein neues Höchstgebot unmittelbar vor Auktionsende abgegeben, so verlängert sich die Zeitdauer der Auktion automatisch um einen bestimmten Betrag. Dadurch sollen auch «Kriecher» noch rechtzeitig reagieren können und damit weniger für Anbieter unbefriedigende Ergebnisse resultieren.[19]

Der Erfolg von Internet-Auktionshäusern zeigt, dass sich der Verhandlungsmechanismus der Auktion prinzipiell ohne Probleme auf das neue Medium übertragen lässt und von einem breiten Publikum auch akzeptiert und genutzt wird. Dabei bieten die elektronischen Medien im Internet ein hohes Mass an Bequemlichkeit und Flexibilität, welches die Attraktivität dynamischer Preismechanismen steigert. Dies kann dazu führen, dass derartige Mechanismen zunehmend in Geschäftstransaktionen eingesetzt werden. Neben Güteraustauschen zwischen Privatpersonen, wie sie hier vor allem unterstellt worden sind, betrifft dies auch das Verhandeln von Beschaffungsaufträgen zwischen Unternehmen und (potenziellen) Lieferanten. In diesem Fall wird allerdings das Verfahren der Rückwärtsauktion (reverse auction) eingesetzt, bei der sich Lieferanten gegenseitig unterbieten müssen, um einen Auftrag zu erhalten (vgl. z. B. Hansen / Neumann, 2005, S. 746).

5 Zusammenfassung und Ausblick

Durch das Internet werden neue Medien der Kommunikation ermöglicht, mittels derer sich Informationen verbreiten bzw. austauschen lassen. Kommunikation ist ein wesentliches Element einer Geschäftstransaktion, durch die Leistungen zwischen Marktakteuren ausgetauscht werden. Geschäftstransaktionen bzw. die durch sie bedingten Interaktionen lassen sich prinzipiell über das Internet abwickeln. Dadurch kann das Internet als ein virtueller Markt bezeichnet werden, in dem Anbieter und Nachfrager nach Gütern zusammentreffen. Die spezifischen Möglichkeiten der Informations- und Kommunikationstechnologien im Allgemeinen und des Internets im Besonderen schaffen diesbezüglich allerdings geänderte Rahmenbedingungen.

Die Auswirkungen des Internets auf Marktstrukturen und die Art und Weise, wie Geschäftstransaktionen abgewickelt werden, sind ein Untersuchungsgegenstand der Wirtschaftswissenschaften. So wird ausgehend von ökonomischen Theorien unterstellt, dass im virtuellen Marktraum wegen geringerer Suchkosten eine höhere Markttransparenz herrsche und deshalb die Preise und die Preisdispersion niedriger seien als in herkömmlichen Märkten. Ein weiteres Thema ist die Besonderheit von Internet-Auktionen und welche Verhaltensweisen unterschiedliche Ausgestaltungsregeln nach sich ziehen. Diese Überlegungen sind im vorliegenden Beitrag skizziert worden.

Aus einer übergeordneten Perspektive interessiert, welche Bedeutung die Nutzung von Internet-Diensten für die Abwicklung von Geschäftstransaktionen bekommen wird. Skeptiker können mit Hinblick auf die vergleichsweise geringe Bedeutung des klassischen Versandhandels darauf verweisen, dass Internet-Unternehmen vielfach nur dieses Geschäftsmodell übertragen und damit bestenfalls eine vergleichbare Verbreitung erfahren werden. Dagegen lässt sich halten, dass Geschäftstransaktionen durch das Internet tendenziell einfacher, flexibler und billiger werden. Dies führt prinzipiell zu geringeren Transaktionskosten und damit zu einer erhöhten Attraktivität des Internet-Handels gegenüber traditionellen Formen des Güteraustausches. Gemäss dieser Argumentationslinie sollte die Bedeutung des Kaufens und Verkaufens von Gütern im Internet tendenziell steigen und dies auch zu Lasten des Verkaufs über physische Läden.

Aufgrund der grossen Komplexität der relevanten Zusammenhänge und der sich teilweise widersprechenden modelltheoretischen Überlegungen ist es derzeit kaum möglich, generelle Prognosen in die eine oder andere Richtung abzugeben. Damit bleibt ungewiss, welchen Anteil der Handel über das Internet letztlich gewinnen wird. Eine Abschätzung ist auch deshalb schwer, weil immer mehr Unternehmen im Rahmen einer Mehrkanal-Strategie sowohl auf konventionellen Wegen als auch über das Internet an ihre Kunden herantreten. Dabei ist es nicht leicht, den Anteil der jeweiligen Kontaktkanäle an einem Verkauf zu bestimmen. Oftmals wird unterstellt, dass sich Käufer vielfach im Internet informieren und auf dieser Basis ihre Meinung bilden, den eigentlichen Kaufakt aber auf herkömmlichem Wege vollziehen. Ein solches Verhalten würde zu einer systematischen Unterschätzung der Bedeutung des Internets bei Geschäftstransaktionen führen.

Anmerkungen

1 Bei Amazon *(www.amazon.ch)* handelt es sich um ein Online-Handelsunternehmen, welches Bücher, Musik-CD's und andere Gebrauchsgüter vertreibt. Dell *(www.dell.ch)* ist ein Hersteller von PC's, die Online nach eigenen Wünschen konfiguriert werden können. EBay (www.ebay.ch) ist eine elektronische Handelsplattform, auf der Anbieter und Nachfrager vor allem über den Auktionsmechanismus verschiedenartige Güter handeln können.

2 Zu den Begriffen der Konsumenten- bzw. Produzentenrente vgl. z. B. Schumann, 1980, S. 244.

3 Vgl. Mag, 1977, S. 17 ff.; dort wird Ungewissheit auch als ein Supplement zur Information angesehen: je geringer der Informationsstand, desto grösser ist die Unsicherheit und umgekehrt.

4 Häufig wird in der einschlägigen Literatur das engere Begriffsverständnis verwendet, wobei ein elektronischer Markt über eine technische Austauschplattform definiert ist. Vgl. z. B. Hansen / Neumann, 2005, S. 736.

5 Vgl. z. B. Vulkan (2003), S. 23 für Kundenseite, S. 25 für Unternehmensseite.

6 Vgl. z. B. Schmid, 1993, S. 467; Langenohl, 1994, S. 19 f. Häufig wird die Anbahnungsphase auch als Informationsphase bezeichnet; vgl. z. B. Hansen / Neumann, 2005, S. 686 ff.

7 Dies wird oftmals auch als *law of indifference* bezeichnet: vgl. z. B. Schumann, 1980, S. 166; Schmalen, 1982, S. 26.

8 Dies ist natürlich genauso unplausibel, wie die Annahme, dass alle Individuen im

vornherein über alle relevanten Informationen verfügen. Das Wort «beschaffen» impliziert ja eine Aktivität, die *per se* mit einem bestimmten (mindestens zeitlichen) Aufwand verbunden ist, sei dieser auch noch so klein.

9 Vgl. hierzu insbesondere Bakos, 1987.

10 Nähere Informationen zu diesem Angebot sind etwa unter *www.google.ch/intl/de/ads/* verfügbar.

11 In der Schweiz ist der Preisvergleichsdienst Comparis *(www.comparis.ch)* sehr bekannt, der allerdings eher komplexe Güter wie Krankenversicherungen oder Mobiltelefontarife umfasst. Darüber hinaus existieren auch Suchmaschinen mit typischen Produktsortimenten, wie etwa die Preissuchmaschine (*www.preissuchmaschine.ch*), Toppreise *(www.toppreise.ch)* oder Günstiger *(www.guenstiger.ch)*.

12 Vgl. dazu die Untersuchungen von Smith/Brynjolfsson, 2001; Brynjolfsson/Dick/Smith, 2004.

13 Für Bücher und/oder Musik-CD's vgl. etwa die Studien für den US-Markt von Bailey, 1998; Brynjolfsson/Smith, 2000; Lee/Gosain, 2000; Clay/Krishnan/Wolff, 2001; für den französischen Markt Larribeau/Penard, 2000 und Frey/Larribeau/Penard, 2003; für den italienischen Markt Ancarani/Shankar, 2002.

14 Vgl. die Lizentiatsarbeit von Hunn, 2005. Untersucht wurden 13 Produkte im Segment der Digital-Kompaktkameras und der Digital-Spiegelreflexkameras. Für die ausgesuchten Geräte wurden Preise ermittelt bei willkürlich ausgewählten Fachhändlern (11) und Discountern (10), die physisch im Innenstadtbereich der drei Städte Aarau, Bern und Zürich präsent sind, sowie bei in der Schweiz tätigen reinen Online-Händlern (16).

15 Für eine eher theoretische Einführung sei auf Vulkan, 2003, S. 93 ff verwiesen.

16 Vgl. Vickrey, 1961. Diese Auktionsform wird in allen Büchern über Auktionstheorie beschrieben, z.B. Vulkan, 2003, S. 152.

17 In der Spieltheorie, auf der diese Überlegungen basieren, werden optimale Handlungsoptionen als dominante Strategien bezeichnet.

18 Beide Unternehmen sind in der Schweiz tätig. Die Handelsplattform von Ricardo kann unter *www.ricardo.ch* aufgerufen werden, eBay ist unter *www.ebay.ch* erreichbar.

19 Vgl. die Untersuchung von Roth/Ockenfels, 2002 über Online-Auktionen auf eBay und Amazon.

Literatur

Ancarani, F./ Shankar, V. (2002). *Price levels and Price Dispersion on the Internet: A Comparison of Pure Play Internet, Bricks-and-Mortar, and Bricks-and-Clicks Retailers.* E-Business Research Center Working Paper, University Park PA.

Bakos, Y. (1997). Reducing Buyer Search Costs: Implications for Electronic Marketplaces. In *Management Science*, Volume 43, Number 12 (1997), S. 1676–1692.

Brynjolfsson, E. / Smith, M. (2000). Frictionless Commerce? A Comparison of Internet and Conventional Retailers. In *Management Science*, Volume 46, Number 4 (2000), S. 563–585.

Brynjolfsson, E. / Dick, A. / Smith, M. (2004). *Search and Product Differentiation at an Internet Shopbot*. Paper 194, MIT Sloan School of Management (2004), S. 8 f.

Chaffey, D. / Mayer, R. / Johnston, K. / Ellis-Chadwick, F. (2001). *Internet-Marketing*. Deutsche Ausgabe. München: Pearson Studium.

Clay, K. / Krishnan, R. / Wolff, E. (2001). *Prices and Price Dispersion: Evidence from the Online Book Industry*. NBER Working Paper No. 8271, Mai 2001.

Eaton, B. C. / Eaton, D. F. (1995). *Micro Economics*. Third Edition, New Jersey: Prentice Hall.

Frey, P. / Larribeau, S. / Penard, T. (2003). Prix et dispersion des Prix sur Internet: une application aux stratégies tarifaires des cyberdisquaires en France. In *La nouvelle économie en perspective*, sous la direction de B. Bellon, A. Ben Youssef et A. Rallet, Economica, 2003, S. 1–25.

Grover, V. / Ramanlal, P. (1999). Six Myths of Information and Markets: Information Technology Networks, Electronic Commerce, and the Battle for Consumer Surplus. In *MIS Quarterly*, Volume 23, Number 4 (1999), S. 465–495.

Ha, H-Y. (2004). Factors Affecting Online Relationships and Impacts. In *The Marketing Review*, Volume 4 (2004), S. 189–209.

Hansen, H. R. / Neumann, G. (2005). *Wirtschaftsinformatik 1 – Grundlagen und Anwendungen*. 9. Auflage. Stuttgart: Lucius & Lucius.

Hunn, T. (2005). Preisunterschiede und Preisdispersion am Beispiel des Online- und Offlinekaufs von Digitalkameras. Lizentiatsarbeit an der Wirtschafts- und Sozialwissenschaftlichen Fakultät der Universität Bern. Bern: O. V.

Kalakota, R. / Whinston, A. B. (1997). *Electronic Commerce*. Reading et al.: Addison Wesley Longman.

Langenohl, T. (1994). *Systemarchitekturen elektronischer Märkte*. Dissertation: Universität St. Gallen.

Larribeau, S. / Penard, T. (2002). *Le commerce électronique en France: un essai de mesure sur le marché des CD*. CREREG Université de Rennens 1, France, Juillet 2002.

Lee, Z. / Gosain, S. (2000). Price Comparison for Music CDs in Electronic and Brick-and-mortar Markets: Implications for Emergent Electronic Commerce. In *Proceedings of the 33rd Hawaii International Conference on System Sciences* 2000.

Mag, W. (1977). *Entscheidung und Information*. München: Vahlen.

Meier, A. / Stormer, H. (2005). *eBusiness & eCommerce*. Berlin et al.: Springer.

Rayport, J. F. / Sviokla, J. J. (1994). Managing in the Marketspace. In *Harvard Business Review*, Volume 72, Number 6 (1994), S. 141–150.

Roth, A.E. / Ockenfels A. (2002). Last-Minute Bidding and the Rules for Ending Second-Price Auctions: Evidence from eBay and Amazon Auctions on the Internet. In *The American Economic Review*, Volume 92, Number 4 (2002), pp. 1093–1103.

Salop, S. (1977). The Noisy Monopolist: Imperfect Information, Price Dispersion and Price Discrimination. In *The Review of Economic Studies*, Volume 44, Number 3 (1977), S. 393–406.

Schmalen, H. (1982). *Preispolitik*. Stuttgart / New York: Gustav Fischer.

Schmid, B. (1993). Elektronische Märkte. In *Wirtschaftsinformatik*, Band 35, Nummer 5 (1993), S. 465–480.

Schumann, J. (1980). *Grundzüge der mikroökonomischen Theorie*. Dritte, neubearbeitete und erweiterte Auflage. Berlin et al.: Springer.

Smith, M. / Brynjolfsson, E. (2001). Consumer Decision-Making at an Internet Shopbot: Brand still matters. In *The Journal of Industrial Economics*, Volume XLIX, Number 4 (2001), S. 542.

Steffenhagen, H. (2000). *Marketing – Eine Einführung*. 4. Auflage, Stuttgart et al.: Kohlhammer.

Stigler, G.J. (1961). The Economics of Information. In *The Journal of Political Economy* 69 (1961), No. 3, S. 213–225.

Varian, H. R. (1980). A Model of Sales. In *American Economic Review*, Volume 70, Number 4 (1980), S. 651–659.

Vickrey, W. (1961). Counterspeculation, Auctions, and Competitive Sealed Tenders. In *Journal of Finance*, Volume 16, Number 1 (1961), S. 8–37. Nachgedruckt in: Levine, D. K. / Lippman, S. A. (Eds.), The Economics of Information (pp. 8–44). Vol. 1. Aldershot, Hants, England: Elgar.

Vulkan, N. (2003). *The Economics of E-Commerce. A Strategic Guide to Understanding and Designing the Online Marketplace.* Oxford / Princeton: Princeton University Press.

Informierte Patienten und Cyberhypochonder*

Simon Hölzer

Ein Viertel aller Internetuser informiert sich vor einem Arztbesuch über das entsprechende Thema. Das Internet ermöglicht es, zu jeder Zeit und an jedem Ort an alle möglichen Informationen über Krankheiten und ihre Behandlung zu kommen. Das hat Vor- und Nachteile, je nach Perspektive.

Das Internet hat heute einen nicht unerheblichen und messbaren Einfluss auf den Umgang mit den Gütern «Gesundheit» und «Gesundheitsinformationen». Da sich das Gesundheitswesen als Dienstleistung am Menschen begreift, welche sich von Natur aus schlecht elektronisch transportieren lässt, charakterisieren Unworte wie E-Health als elektronische Gesundheit nur unzureichend den Mehrwert der zugrundeliegenden Anwendungen; dies im Gegensatz zu Dienstleistungen wie E-Banking oder E-Shopping mit dem entsprechenden, direkten Nutzen für den Endanwender.

Der Daten- und Informationsaustausch über das Internet ermöglicht wie kein anderes Medium, zeit- und ortsunabhängig Informationen über Erkrankungen, Diagnostik und Therapie zu publizieren und zu konsumieren. Dabei werden selbst medizinische Fachinformationen für Laien erreichbar und einsehbar. Dies eröffnet Chancen wie auch Risiken. Zu den grössten Chancen zählt dabei, dass Patienten immer mehr zu informierten und auch kritisch hinterfragenden Kunden werden. Aber auch das medizinische Fachpersonal kann anhand möglichst valider Informationen umsetzbares Wissen zum Nutzen der Patienten (Kunden) generieren.

* Erstmals erschienen in *Unipress* 127 / Dezember 2005, S. 21 f.

Diagnose per Mausklick

Patienten informieren sich heute per Mausklick über Diagnosen, Therapien eigener Erkrankungen oder Krankheiten von Angehörigen, holen sich Informationen zur Gesundheitsförderung im Alter, Selbsthilfe- und Interessengruppen, Hilfsmitteln, Gesundheitsförderung oder Dienstleistungsangeboten. Diese Art der Informationssuche bietet entscheidende Vorteile gegenüber anderen Medien, da sie eine hohe Aktualität, ständige Erreichbarkeit, Standortunabhängigkeit, Internationalität und die notwendige thematische Breite bietet. Mit den für den Laien zugänglichen Instrumenten könnten gezielt Fragen zu seltenen Erkrankungen beantwortet werden. Neben den allgemeinen Suchdiensten und Nachschlagewerken im Internet stehen so jeder Person auch wissenschaftliche Fachbeiträge oder Datenbanken zur Verfügung. Deren Interpretation kann jedoch zum Problem werden, dies im Hinblick auf Zuverlässigkeit und Qualität der entsprechenden Informations- beziehungsweise Nachrichtenquelle wie auch dem tatsächlichen medizinischen Bezug zum eigenen Krankheitsbild und Gesundheitszustand. Denn bei unkritischem Umgang mit dieser Flut von Informationen drohen dem Nutzer unterschiedliche Gefahren.

Qualität unsicher

Durch eine praktisch nicht vorhandene Qualitätskontrolle im Internet, die bis auf wenige Ausnahmen auch nur medizinischem Fachpersonal vorbehalten ist, kann es zu Falschinformationen kommen, die eventuell dazu führen, dass ärztliche Hilfe zu spät in Anspruch genommen wird. Oder im Gegenteil. Im Umkehrschluss zum Sprichwort «Was ich nicht weiss, macht mich nicht heiss», werden Patienten durch gezieltes Marketing von einzelnen Herstellern und Dienstleistern zu hypochondrischen Verhaltensweisen aufgefordert (Cyberhypochondrie). Die Forderungen nach ärztlicher Hilfe und medizinischen Massnahmen werden hierdurch – vielfach unbegründet – verstärkt. Auf der anderen Seite können Medizinalprodukte unter den entsprechenden rechtlichen Bestimmungen über das Internet auch länderübergreifend bezogen werden. Preisvergleiche können hier zwar im Einzelfall für Privathaushalte Kosteneinsparungen bedeuten, beziehen sich aber häufig auf nicht-verschreibungspflichtige Arzneimittel mit fragwürdiger Indikation.

Arztsuche via Internet

Grosser Beliebtheit erfreuen sich so genannte elektronische Arztnachschlagewerke, die den Zugriff auf Adressinformationen von Fachpersonen enthalten. So findet der Patient einen internistisch tätigen Hausarzt in seiner näheren Umgebung, der spezielle Qualifikationen aufweist. Neben Sprechzeiten und Facharzttiteln sind auch Spezialisierungen, Sprachkenntnisse oder Behindertengerechtigkeit der Praxis weitere Kriterien, die in derartigen Datenbanken enthalten sind. Aktuell informieren sich etwa ein Viertel der Internetnutzer online vor einem Arztbesuch zu einem bestimmten Thema. Zwei Drittel davon waren schon einmal auf einer Suche nach alternativen Heilmethoden parallel zu einer ärztlichen Behandlung. Das Internet stellt die beliebteste Informationsquelle für Käufer (rezeptfreier) Gesundheitspräparate dar. Bezüglich Gesundheitsinformationen rangiert das Internet bereits heute als Informationsquelle vor dem Fernsehen und den Zeitschriften. Hier können Interessierte gezielt nach alternativen Heilmethoden suchen oder sich in Newsgroups, Foren oder Chats mit anderen Betroffenen oder Experten austauschen.

Optimierte Behandlung

Von der verbesserten Form der Informationsbereitstellung und neuen Möglichkeiten der Wissensvermittlung durch das Internet profitieren auch die Gesundheitsberufe. Die informationstechnische Vernetzung bietet hier Möglichkeiten der Zusammenarbeit und unterstützt damit die sektorenübergreifende, so genannte integrierte Versorgung. Hierdurch verspricht man sich eine Qualitätssteigerung bei der Versorgung des individuellen Patienten, der unabhängig von der versorgenden Einrichtung wie Spital, Hausarzt oder Rehaklinik spezifisch behandelt werden kann. Durch die Verteilung von patientenbezogenen Informationen – etwa Diagnosen, Krankengeschichte, Laborwerte, Röntgenbilder und anderes – und Zugriff auf eine elektronische Krankenakte kann der gesamte Behandlungsprozess optimiert werden. Die Vernetzung basiert hierbei auf multimedialen Dokumenten, die zum Beispiel via E-Mail ausgetauscht werden können. Dabei sind selbstverständlich entsprechende datenschutzrechtliche Bestimmungen und die Datensicherheit mit einer entsprechenden Infrastruktur zu gewährleisten.

Intelligente Assistenz

Ein wichtiger Einsatzbereich ist in Zukunft die Bereitstellung von problembezogenen Informationen am Arbeitsplatz des Leistungserbringers. Diese Informationsbereitstellung wird sich sowohl in Bezug auf die Vollständigkeit, Relevanz als auch Qualität der Informationsressourcen noch deutlich verbessern. Die Vernetzung von unterschiedlichen Informationsquellen und die redaktionelle Aufarbeitung für eine gezielte Suche und individuelle Präsentation sind eine der Schlüsselaufgaben im Hinblick auf das sogenannte «Semantische Web». In diesem werden themenbezogene Zusammenhänge unterschiedlicher multimedialer Inhalte maschinenlesbar verfügbar sein und somit die Navigation und Wissensrepräsentation deutlich vereinfachen.

Verbesserte Kommunikation

Die Arzt-/Patientenkommunikation kann zum Beispiel über E-Mails nachhaltig verbessert werden, indem man Termine abstimmen, Patienten an regelmässige Voruntersuchungen erinnern oder saisonal bedingte Krankheiten präventiv managen kann. Grosse Fortschritte wurden auch im Bereich der elektronischen Publikation von Fachliteratur nicht zuletzt aufgrund verbesserter und transparenter Publikations-Prozesse erreicht. Damit hat der Arzt an seinem Arbeitsplatz Zugriff auf einen Grossteil der Weltliteratur, über die er sich patientenbezogen oder im Rahmen von Forschungsprojekten weiter orientieren kann. Daneben spielen auch epidemiologische Datenbanken und Register eine immer grössere Rolle, die eine standortunabhängige Forschung und Entwicklung zum Beispiel im Pharmabereich erlauben.

Die elektronische Kommunikation und das Wissensmanagement haben dazu beigetragen, dass Gesundheitsinformationen einem breiteren Kreis geöffnet werden. Sie tragen zu einem verbesserten Gesundheitsmanagement, dessen Organisation und Koordination sowohl in Selbstbestimmung als auch durch die entsprechenden Professionen bei. Da diskontinuierliche Prozesse, Doppelspurigkeiten und mangelnde Koordination medizinischer Prozesse heute einen Kostenrisikofaktor darstellen, bildet die Internettechnologie hier Lösungsansätze. Sie trägt nicht nur zur Prozessoptimierung bei, sondern auch zu einer Stärkung des Individuums *(Patient Empowerment)*. Schätzungen zur Senkung von Gesundheitskosten sind auf heutiger Datenbasis jedoch nur sehr vage möglich.

Von staatlicher Seite her hat man die Macht des Internets erkannt. So gibt es geförderte Informationsportale und Gesundheitsplattformen, die der qualitätsgesicherten Bereitstellung von Informationen Rechnung tragen. Diese Informationsangebote werden als komplementär zu den fachärztlichen Beratungen angesehen. Sie könnten unter den entsprechenden Rahmenbedingungen in Zukunft den Konsumenten dazu bewegen, den individuellen Nutzen bestimmter Massnahmen selbst abzuschätzen. Ein erster Schritt zu Preis- und Qualitätsvergleichen von Produkten und Dienstleistungen in einem auf den Patienten ausgerichteten Gesundheitsmarkt ist erkennbar.

Interaktive Impulse. Über Hypermedia und virtuelle Museen

Harald Kraemer

Herausforderung

Gegenwärtig finden mit dem zunehmenden Einsatz der Hypermedia-Technologie nicht nur in der Herstellung, sondern in der musealen Vermittlung, Dokumentation und Archivierung von Kunstwerken, insbesondere zeitgenössischer Kunst, wie sie beispielsweise in Werken der 'Closed Circuit' oder 'NetArt' zu finden sind, substantielle Umbrüche statt. Inwieweit diese Umbrüche Auswirkungen auf die kunst-, medien- und filmwissenschaftlichen Fächer haben werden, kann zum gegebenen Zeitpunkt kaum abgeschätzt werden. Insofern ist es umso wichtiger, Position zu beziehen und strategische Überlegungen für die Zukunft zu wagen, denn die interaktiven Anwendungen hypermedialer Technologien werden unweigerlich Resonanzen auf Lehre, Unterricht, Forschung und die Ausweitung des traditionellen Gegenstandsbereiches haben (Veltman, 2001).

Noch handelt es sich bei allen in der Kunstwissenschaft und im Museum angewendeten Datenbank Management Systemen um die Fortsetzung herkömmlicher Methoden mit den Mitteln und Möglichkeiten der elektronischen Datenverarbeitung. Doch durch die hypermedialen 'Cyberdepots' wird die gegenwärtig vorherrschende Zweiteilung der Forschung – in objektbezogene am Museum und problembezogene an der Universität – früher oder später aufbrechen. Archive, Bibliotheken, Museen und universitäre Institute wachsen im virtuellen Raum zusammen. Gefordert ist der Aufbau digitaler Sammlungen, also eines Systems vernetzter Informationen, welches durch eine optimale Strukturierung von Beziehungsgeflechten und somit der Nutzung von Informationen unterschiedlichster Herkunft und Art die größtmögliche synergetische Ausnutzung zulässt (Kraemer, 2001a, Kap. 3, S. 162–169). Informationen jeglicher Art, ob Filme, Texte, Ton, Bilder oder Animationen, werden je nach Bedarf als elektronische Wissensspeicher, virtuelle Ausstellungsobjekte, als Life-Long-Learning Applikationen, als elektronische Zeitschriften oder CD-ROMs miteinander verbunden, ausgewertet und wiederum zerlegt. Ziel all dieser Bemühungen ist die Schaffung einer die digitalen Sammlungen übergreifenden so genannten «knowledge base» (Keene, 1998). Damit jedoch nicht die Gefahr besteht, dass angesichts dieser prall gefüllten Depots virtueller Daten die künftige wissenschaftliche Forschung weniger im Erstellen neuer Erkenntnisse ihr Glück findet, als im Umschichten des vorhandenen Komposthaufens digitaler Daten, wird uns die verstärkte Symbiose von Kommunikation, Kunst, Geschichte, Vermittlung, Wissenschaft und Technologie zu neuen Arbeits- und Forschungsfeldern führen. Die kommende Auseinandersetzung mit dem Forschungsbereich der Hypermedia wird unmittelbare Konsequenzen auf Bildsprache, Ästhetik und Wahrnehmung bis hin zu gesellschaftlichen, kulturpolitischen und fachwissenschaftlichen Änderungen haben. In den letzten Jahren gab es eine massive Zunahme an E-Learning und Hypermedia-Projekten im kulturellen Bereich (Schuck-Wersig/Wersig/Prehn, 1998; Gemmeke/John/Kraemer, 2001; Schulze, 2001; Wohlfromm 2002; Schöppinger Forum, 2003). Insbesondere in der Kunstwissenschaft und im Museumsbereich wurden zahlreiche Projekte realisiert, die häufig nur an den Fachkonferenzen *Computer and the History of Arts*, *Electronic Imaging in the Visual Arts*, *Museum Computer Network*, *Museum and the Internet*, *Museums and the Web* oder *International Cultural Heritage Informatics Meetings* zu bewundern sind. Doch die meisten der im World Wide Web abrufbaren Lernprogramme, wie sie beispielsweise im Rahmen des Projektes *Schule des Sehens* erstellt wurden, sind eher konventionelle Printprodukte, die zwar im Web abgerufen werden können, sich aber kaum von gedruckten Medien unterscheiden. Dies ist kein Wunder, denn nach der jahrhundertelangen Vorherrschaft des Buches fehlt den meisten Geisteswissenschaftern gegenwärtig noch die Kompetenz und die Kreativität, hypermedial zu denken. Interdisziplinäre Veranstaltungen, wie sie beispielsweise vom *New Media Consortium* der Case Western University und des Cleveland Museum of Art durchgeführt werden, und diverse Publikationen versuchen diesem Umstand Rechnung zu tragen (The New Media Consortium, 2006; Cameron/Kenderdine, 2007; Grau, 2007).

Kommunikation und Vermittlung

All die Informationen zu einem Sammlungsobjekt liegen in gänzlich unterschiedlicher Art und Weise in physikalischer Form von Texten, Bildern, Filmen, Tönen oder auch Graphiken vor. Da erst im Zusammenspiel aller Komponenten der wahre Gehalt und der Wert einer Information erkannt werden kann, hat «die Sammlung dieser Informationen mindestens den gleichen Stellenwert wie die Sammlung der Objekte selbst.» (AG Inventarisierung und Dokumentation, 1994, S. 9). Durch den Prozess der Digitalisierung dieser physikalisch unterschiedlichen Informationen werden diese als Daten standardisiert und austauschbar.

Künftige *Digitale Sammlungen*, deren Kennzeichen Offenheit gegenüber Speichertechnologien, globaler Transfer durch einheitliche Standards bzw. Metadaten und zunehmende Zielgruppenorientiertheit lauten, werden wesentlich stärker intermedial strukturiert sein und die Information unabhängig ihrer materiellen Beschaffenheit zugänglich machen, egal, ob es sich bei dem Informationsträger um Super 8 Filme, Glasnegative der Jahrhundertwende, Interviews mit Zeitzeugen oder Autographen handelt. Der Aspekt der Auswertung digitalen Datenmaterials durch die Instrumente der Hypermedia- und Kommunikationstechnologie nimmt einen immer höheren Stellenwert ein, da er massiv die klassischen Arbeitsfelder der Dokumentation und Vermittlung berührt und erweitert. Um auch in Zukunft dem Bildungsauftrag gerecht werden zu können, müssen Museen, Archive, Bibliotheken und die universitären Institute sich diesen Herausforderungen des 21. Jahrhunderts stellen (Kraemer/John, 1998). Aufgrund der besonderen Anforderungen bei der Sacherschliessung, Aufarbeitung und der edukativen Bereitstellung der Informationen ihrer Sammlungsobjekte kommt den Museen hierbei besonderes Augenmerk zu (Kohle/ Kwastek, 2003; Nagel, 1998; Wolters, 1998).

Die Beschäftigung mit all diesen Fragen verlangt einen gewissen Weitblick. Sie setzt nicht nur eine genaue Kenntnis der Möglichkeiten der EDV-gestützten Dokumentation resp. der Museumsinformatik, sondern auch eine ethische Verantwortung gegenüber den nachkommenden Generationen voraus. Denn, «wenn wir dokumentieren, dann müssen wir nämlich nicht nur wissen, wie wir dies tun, sondern auch, warum und mit dem Wissen um den Inhalt unseres Tuns.» (Waidacher, 1997, S. 7). Die in den Datenbanken gesammelten und gestapelten Informationen können in ihrer Nachahmung des wissenschaftlichen Urteils nur eine Annäherung an die Wirklichkeit sein. Die Summe aller durch ein Datenbanksystem verwalteten Detailinformationen gibt nicht das ganze Kunstwerk wieder, sondern allerhöchstens ein blasses Abbild hiervon. Ernst Cassirer warnte bereits 1960 vor dem Verlust der Fähigkeit des Menschen, mit den wirklichen Dingen selbst umzugehen. Um wahrzunehmen, so Cassirer, bedarf der Mensch der «Zwischenschaltung künstlicher Medien» (Cassirer, 1960, S. 39). Oder mit den Worten des Bochumer Soziologen Heiner Treinen ausgedrückt: «Ohne mediale Unterstützung bleiben Ausstellungsobjekte generell im geistigen Dunkel.» (Treinen, 1996, S. 70).

So kommt der musealen Königsdisziplin der Vermittlung und Kommunikation als tragende Strategie der Generierung von Wissen eine zunehmend wichtige Stellung im Zusammenspiel von wissenschaftlicher Sacherschliessung, Informationsverwaltung und den Sammlungsobjekten zu. Transparenz, Mobilität und dialogische Kommunikation werden zu den wesentlichen Kennzeichen einer Vermittlung, die auf Bedürfnisse ihrer Besucher und Benutzer reagiert, Strategien einer aktiven Wahrnehmbarkeit von Kunst und Wissen entwickelt und somit mitwirkt und agiert. Zahlreiche Museen in Grossbritannien, Kanada, Frankreich und den USA haben dies bereits vor Jahren als Herausforderung begriffen. Hierzulande und im deutschsprachigen Raum wurde jedoch erst von wenigen Museen erkannt, dass die Anforderungen des Publikums zunehmend die Aufgaben, die Formen der Sammlungspräsentation und die Vermittlungsstrategien der Museen bestimmen werden. So treten die 'Neuen' Medien neben die altbekannten Medien der Ausstellungsgestaltung, der Text- und Bildtafeln, der Saalzettel und ergänzen, erweitern und erneuern diese.

Hypermedia

Hypermedia ist multimedial, indem es verschiedene Formen von Medien (Ton, Film, Bild, Text, Animationen) vereint und die Inhalte durch Hyperlinks miteinander verknüpft. Der Aspekt der Interaktivität spielt hierbei eine grosse Rolle, da Hypermedia-Anwendungen auf die Eingaben der Benutzer reagieren. Insbesondere der häufig oberflächlich gebrauchte Begriff der Interaktivität verdient jedoch eine besondere Aufmerksamkeit, da sich hinter dem

Leitgedanken der Interaktivität ein System von vorgegebenen Einbahnstrassen befindet, die durch über- und unterirdische Querstrassen verlinkt, also miteinander verknüpft sind. Interaktivität suggeriert zwar die Möglichkeit der freien Auswahl und des freien Zugriffs auf die vorhandenen Informationen, doch im Grunde genommen handelt es sich hierbei häufiger um Interpassivität und Intraaktivität (Kraemer, 2001b; 2006, S. 165). Dennoch simuliert Hypermedia eine Arbeits- und Lernumgebung, die dem menschlichen Denken nahe kommt, indem sie Assoziationen zwischen den Themen herstellt, anstatt sich schrittweise von einem Punkt zum nächsten zu bewegen. Mittlerweile gibt es zahlreiche hypermediale Anwendungen im kulturellen Bereich (Schuck-Wersig/Wersig/Prehn, 1998; Gemmeke/John/Kraemer, 2001; Schulze, 2001; Wohlfromm, 2002; Schöppingen, 2004). Da im Rahmen des Vortrags eine Beschränkung unumgänglich war, wurden im Folgenden Projekte ausgewählt, an denen der Autor mitwirken durfte. Durch die direkte Mitarbeit an diesen Projekten können wesentliche Aspekte hypermedialer Dramaturgie, interaktiver Narration und Navigation aus ihrem Entstehungsprozess heraus erläutert werden.

1. *Vienna Walk Demo*

Bei *Vienna Walk Demo* handelt es sich um den Prototyp eines interaktiven Filmes auf Grundlage der Möglichkeiten, die Internet, Hypermedia und die DVD Technologie bieten (Science Wonder Productions, 1998; Kraemer, 1998). Informationen auf CD-ROMs sind zum Zeitpunkt des Brennens bereits veraltet. Der Zugriff auf aktuelle Informationen kann nur über eine Internetanbindung auf die Web-Site der betreffenden Institution geschehen. Zwei Ausschnitte sollen das Potential dieses interaktiven Filmes skizzieren:

Als eine der drei 'Agentinnen', Pauline, auf ihrer Suche nach Kunst und Kultur das erste Mal den Säulenhof des Österreichischen Museums für angewandte Kunst betritt, lauscht sie dem Eindruck, hält inne, flaniert durch die Räume, schaut sich Objekte an und reflektiert über das Gesehene. Dies hat mit «kulturellem Window-Shopping» (Treinen, 1996, S. 117) nur auf den ersten Blick etwas gemein. Manche Sammlungsobjekte bieten vertiefende wissenschaftliche Informationen, die vom Benutzer abgerufen werden können. Schließlich begegnet sie einem weiteren Besucher, der per Mausklick zum Gespräch aktiviert werden kann. So entwickelt sich ein Gespräch zwischen Pauline und dem Naturwissenschaftler Werner Schimanovich über den Zweck der Kunst und den Wert der Kultur *(Abb. 1)*. Da Paulines Gesprächspartner direkt aus dem Film heraus über E-Mail kontaktiert werden kann, wird an diesem Beispiel ersichtlich, wie durch die zwischenmenschliche Kommunikation interaktive Verzweigungsstränge geöffnet werden können. Gerade für die Vermittlung von Inhalten oder abstrakten Begriffen bieten sich somit ungeahnte Möglichkeiten, denn der Benutzer lernt unterschiedliche Ansichten zu einem bestimmten Thema, Objekt oder einer Fragestellung kennen. Durch Kontaktieren mehrerer Besucher können unterschiedliche Meinungen zu einer Fragestellung oder einem Thema wiedergegeben und so eine hohe Qualität der Wissensvermittlung erreicht werden (Kraemer, 2001b, S. 218–220).

Tatjana, eine weitere 'Agentin', verkörpert den wirtschaftsbetonten Aspekt von *Vienna Walk*. Ihre Mission ist die Erkundung des Luxus und Konsumverhaltens. Als Basis fungiert das Hotel Imperial. Der ihr hierbei zugeteilte Butler (Morgan Russell) übernimmt die Rolle eines *Information-Provider*, der auf Anfrage Tatjanas die notwendigen Informationen zur Erfüllung ihres Auftrages bereithält. Diese Sequenz der Demo präsentiert einige wesentliche Elemente zur Navigation im interaktiven Film. Erstens werden die Möglichkeiten des Telezappens von einem Fernsehkanal zu einem anderen genutzt, um einerseits in der Art von Trailern kurze Ausschnitte aus unterschiedlichen Filmen, Dokumentationen (*Paris Skin* über den Modedesigner Helmut Lang) und Nachrichten (ORF *Zeit im Bild*) zu platzieren. Die komplette Version des betreffenden Films kann dann vom Benutzer separat angewählt werden. Zweitens besteht dann die Möglichkeit, von der Nachrichtensendung des ORF über die Website des ORF auf die Nachrichten des aktuellen Tages zu gelangen. Faszinierend ist in diesem Zusammenhang die Thematisierung der unterschiedlichen Bereiche von Realität. Der reale Benutzer (1. Ebene) verfolgt im Film (2. Ebene) Tatjanas Zappen zwischen den Kanälen des Fernsehens (3. Ebene) und kann sich entscheiden, den gewählten Ausschnitt als vollständigen Film, sozusagen als Dokumentation, anzusehen (4. Ebene) oder aber vom Filmausschnitt auf die real existierende Webseite mit den realen News (5. Ebene) zu gelangen und somit die filmische Ebene zu verlassen und wiederum in die Ebene der Tagesaktualität zu kommen. Gerade diese Vernetzungsvariationen der unterschiedlichen Ebenen von Wirklichkeiten ermöglichen neben einer Vielfalt von Interaktionsgraden auch die Auseinandersetzung

Abb. 1: Vienna Walk Demo / Cultural Walk / Pauline im Gespräch mit Werner Schimanovich © Science Wonder Productions Wien, 1998.

Abb. 2: Kunst und Industrie / Historismus / Menü Stilpluralismus
© MAK – Österreichisches Museum für angewandte Kunst Wien & Cantz Verlag & Transfusionen, 2000.

Abb. 3: Kunst und Industrie / Historismus / Neoklassizismus
© MAK – Österreichisches Museum für angewandte Kunst Wien & Cantz Verlag & Transfusionen, 2000.

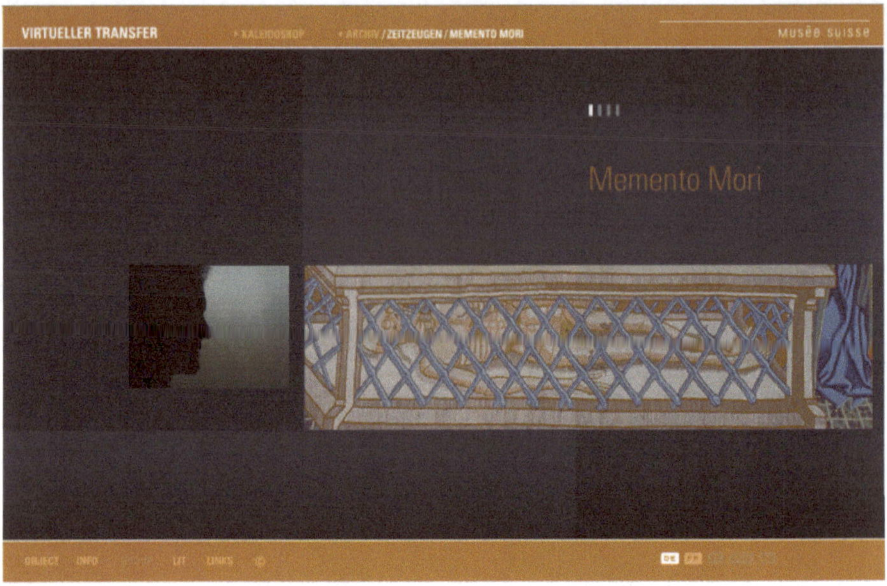

Abb. 4: Virtueller Transfer Musée Suisse / Zeitzeuge / Memento Mori
© Schweizerisches Landesmuseum & Transfusionen, 2002.

Abb. 5: Virtueller Transfer Musée Suisse / Wunderkammer / Mohrenautomat
© Schweizerisches Landesmuseum & Transfusionen, 2003.

Abb. 6: Museum Schloss Kyburg/Interaktive Gemälde/Gertrud von Wart
© Verein Museum Schloss Kyburg & Transfusionen, 2004.

Abb. 7: Museum Schloss Kyburg/Wissen ohne Grenzen/Johann Jakob Leu im Gespräch mit Dr. Gugel
© Verein Museum Schloss Kyburg & Transfusionen, 2004.

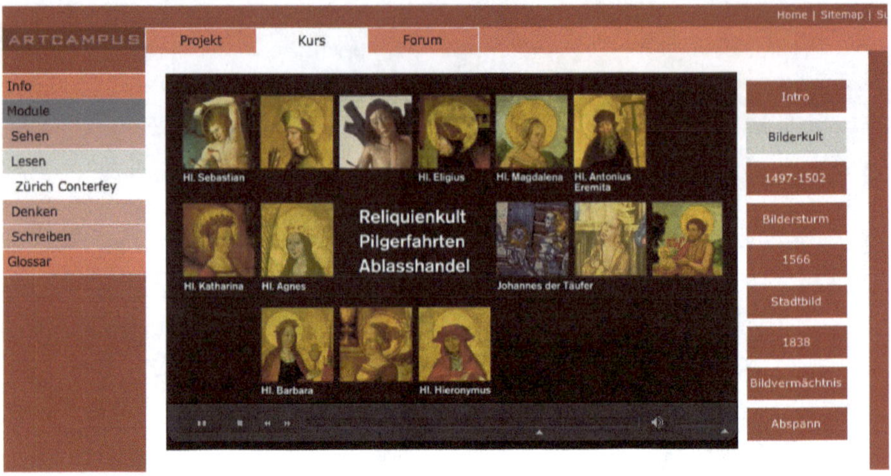

Abb. 8: Artcampus/Kurs/Modul Sehen/Der Stadt Zürich Conterfey
© Institut für Kunstgeschichte, Universität Bern, 2006.

mit realer Realität und virtueller Realität. Die Navigation dient der Bewußtwerdung des Nebeneinanders unterschiedlicher Wirklichkeitsebenen und deren Verschmelzung (Kraemer, 2001b, S. 220–222).

2. *Kunst und Industrie*

Am Beispiel der CD-ROM *Kunst und Industrie – Die Anfänge des Museums für angewandte Kunst in Wien* wird ersichtlich, wie Navigation einerseits als Inhalt fungieren und andererseits dem Benutzer Grundkenntnisse der Interaktivität vermitteln kann (Kraemer, 2001b, S. 208–214). Die chronologische Erzählung der *Geschichte* der Gründung des Museums wird durch eine lineare Navigationsleiste unterstützt, die auch einen Zugriff auf die unmittelbar hieran beteiligten Personen erlaubt. Der Benutzer kann in der Navigationsleiste entweder dem chronologischen Ablauf der Geschichte folgen oder seinen Einstiegspunkt in das Geschehen selbst auswählen. Gegenüber dieser linearen Erzählstruktur der Gründungsgeschichte ist die interaktive Visualisierung des *Historismus* eher als eine überblicksartig geordnete Systematik zu verstehen. Dieser Part der CD-ROM gliedert sich inhaltlich in *Historismus*, *Stilpluralismus* und *Vorlagenwerke* und hat – da kein Stil eine Hervorhebung erfahren soll – einen eher demokratischen Zugriff auf alle erwähnten Stile erhalten *(Abb. 2)*. Neben der am Bildschirm obenstehenden Menüleiste, die einen schnellen Einstieg zum *Introfilm* und auf die Hauptmenüs der *Geschichte*, des *Historismus* und der *Biographien* erlaubt, gibt es eine untenstehende Navigationsleiste. Wesentliche tragende Elemente der Navigation sind die durch die Erzählung vorgegebene lineare Abfolge und die Darstellung so genannter 'Handlungsbäume.' Der Handlungsbaum bietet dem Benutzer unterschiedlich zu wählende Aktionswege, die nach dem Ende ihres Ablaufs wieder in den linearen Hauptstrang münden.

Die Navigation wird betont benutzerfreundlich und leicht verständlich gehalten; dies bedeutet sowohl übersichtliche Seiten, nachvollziehbare Wege als auch die Berücksichtigung klar verständlicher Symbole. Die Komplexität der interaktiven Möglichkeiten steigert sich langsam von Kapitel zu Kapitel. Die Schwierigkeit des Umgangs mit der komplexen Themenvielfalt lag hierbei nicht so sehr in der quantitativen Verwaltung des 'Content', also der Systematisierung von Daten und wissenschaftlichen Wahrheiten, sondern in der Rückführung dieses Faktenwissens in einen spannungsreichen 'Context' *(Abb. 3)*. Die Konzeption einer hypermedialen Dramaturgie wird durch stark subjektive Elemente und assoziative Querbezüge geprägt. So ist nicht die Darstellung der kompletten Geschichte der Museumsgründung oder gar eine Enzyklopädie des Historismus Inhalt des Produktes, sondern die Gestaltung von Spannungsbögen narrativer Episoden jener Geschehnisse, die durch ihre Form als Texte, Töne, Bilder, Graphiken und Filme zu hypermedialen Bausteinen des Geschehens werden und ein Stimmungsbild wiedergeben.

3. Virtueller Transfer Musée Suisse

Surft man durch das WWW, so begegnet man musealen Online-Broschüre-Webseiten, regionalen und überregionalen Kultur-Portalen, Rekonstruktionen virtueller Räume, Städten, Landschaften, mehr oder minder gut gefüllten und geführten Museumsdatenbanken. Viele dieser Web-Manifestationen bezeichnen sich als *Virtuelle Museen*. Als Abgrenzung gegen den inflationären Gebrauch dieses Modewortes wurde als eine konträre Position hierzu die Bezeichnung *Virtueller Transfer* gewählt. Von 2002–2004 war das Projekt *Virtueller Transfer Musée Suisse*, welches am Schweizerischen Landesmuseum in Zürich realisiert wurde, in der Phase seiner Umsetzung (Jaggi/Kraemer, 2003). Das Projekt ist Bestandteil der Konzeption des künftigen integrativen Neuen Landesmuseums, seiner digitalen Corporate Identity und einer offensiven Gesamtstrategie der Kommunikation und Wissensvermittlung. Die Webpräsenz der Musée Suisse Gruppe wird durch die Web-Strategien *Web-Collections* und *Virtueller Transfer* unterstützt. Das Projekt *Web-Collections* stellt aus den über eine Million Objekte umfassenden Sammlungen eine Auswahl von 5.000 Sammlungsobjekten vor. Ziel ist es, die bestehende Objekt-Datenbank zu füllen und via *Web-Collections* der Fachwissenschaft zugänglich zu machen. Auch hinter dem *Virtuellen Transfer* liegt eine multimediafähige PHP MySQL Datenbank als Redaktionssystem. Doch der *Virtuelle Transfer Musée Suisse* ist keine digitale Sammlung wie *Web-Collections*, auch ist er kein Portal für die Musée Suisse Gruppe, sondern eher eine Vision der Interaktion und Kommunikation mit den Internet-BesucherInnen und BenutzerInnen. Er versteht sich als Strategie einer direkten Kommunikation, funktioniert wie eine Art *Online Agentur*. Die Idee des Virtuellen Transfer ist demnach auf unterschiedlichste Museumssammlungen übertragbar.

Im Mittelpunkt steht die Wiederentdeckung von Charme und Charisma der Sammlungsobjekte, ihrer Geschichten und ihrer Auswirkungen den Betrachtern gegenüber. Interaktiv zu erforschende Orte und Geschichten, selektiv ausgewählte Objekte, stark subjektiv-personalisierte Formen der Ansprache, anregende Dramaturgien, zeitlose und zeitgemässe Fragestellungen; all dies dient dazu, starke Impulse zu geben und die Eigenkreativität der BenutzerInnen anzuregen. Informationen zum Objekt, so genannte 'gute' Nachbarn aus dem Sammlungsumfeld, weiterführende Literatur und gezielte Links runden das Angebot ab. Neben Wunderkammern mit Meisterwerken, Lieblingsstücken und Kuriositäten begegnet man historischen, fiktiven und heutigen Zeitzeugen, erlebt Audio-Abenteuer und erfährt beispielsweise, was ein Playmobil-Ritterturnier mit der mittelalterlichen Wirklichkeit gemein hat *(Abb. 4)*. Eine kulturgeschichtliche Sammlung ist zugleich Panoptikum und Paradies, Panorama und Prisma. So treffen sich Mohrenautomaten, Palmesel, neolithische Gefässe, Postkutschen, Einhörner und Madonnen, Dürrenmatt und Twain zum Stelldichein im WWW *(Abb. 5)*.

Der *Virtuelle Transfer* ist kein virtueller Ersatz eines Museums, sondern das Konzept dient der Entwicklung experimenteller Strategien einer interaktiven Vermittlung und erzeugt als öffentlichkeitswirksame Maßnahme eine permanente Aufmerksamkeit und hohe Wahrnehmung. Mit diesem Prestigeprojekt, das sich durch seinen hohen Innovationsgrad und seine Mehrsprachigkeit (deutsch, französisch, italienisch, rätoromanisch, englisch) auszeichnet, gelingt es, mit den Medien der Zukunft, eine neue Qualität in der Vermittlung des kulturellen Erbes zu entwickeln.

4. *Museum Schloss Kyburg*

Bereits ein halbes Jahr nachdem die Ausstellungsräume des unweit der Stadt Winterthur gelegenen Museums Schloss Kyburg im Jahre 2002 neu gestaltet waren, stellten sich die Verantwortlichen die Frage: Wie kann das Instrumentarium der Multimedia das Vermittlungsangebot der bestehenden Ausstellung optimal unterstützen und erweitern? Als Ergebnis und somit auch Aufgabenstellung der im Winter 2002 durchgeführten Begutachtung wurden folgende Aspekte festgelegt: Entwicklung einer Medien-Dramaturgie, Vertiefung bestehender Ausstellungsthemen durch Multimedia, Ausbau und Unterstützung von geführten Rundgängen, Einbindung von Screen-Design und Medienmöbeln in die Ausstellung und nicht zuletzt als Ergänzung zum bestehenden Katalog die Entwicklung eines Medien-Produktes in Form einer CD-ROM für den Shop. Um diese Anforderungen zu erfüllen, wurden aus den bestehenden ausgestellten Themen Fragestellungen und Möglichkeiten der inhaltlichen Vertiefung entwickelt. Unter dem Motto *Lustvolle, tragische und lehrreiche Geschichten erzählt von Bewohnern und Gästen der Kyburg* werden die in der Ausstellung vorhandenen historischen Persönlichkeiten als Erzähler und Zeugen ihrer Epoche eingebunden. Hierbei wurde besonders auf Quellennähe und Bezüge zum historischen Geschehen geachtet. Besonderen Stellenwert nimmt das Interaktive Gemälde *Gertrud von Wart für ihren Gatten um Gnade flehend* von 1878 des Schweizer Historienmalers August Weckesser ein. Im Gespräch mit seinem Auftraggeber Johann Jakob Im Hof entwickelt der Künstler das inhaltlich-gestalterische Konzept seines Gemäldes und gibt zugleich einen Einblick in kunstwissenschaftliche Arbeitsweisen. Die hierbei angesprochenen methodischen Elemente der Bildanalyse, die aus Geschichte, Personen, Bildaufbau, Kairos, Ikonographie, Sehachsen, Farben, Chronologie und Ikonologie bestehen, werden durch Animationen bzw. spielerische 'Seh-Hilfen' umgesetzt *(Abb. 6)*.

Beim 1725 auf der Kyburg durch Landvogt Johann Jakob Holzhalb verhandelten Kriminalfall *Johannes Grün von Kauffbüren* werden die Protokolle aus dem Malefizbuch einer filmischen Rekonstruktion gegenübergestellt. Der 15-minütige Film erlaubt dem Benutzer, die Sachlage zu beurteilen und an ausgewählten Stellen zu interagieren. Des weiteren können Ausschnitte der Gerichtsakten und des Protokolls von 1725 nachgelesen werden. Aus dem Protokoll:

> Landvogt zum Angeklagten: «Er solle wüsen, das mann ihne ansehe und halte für einen Dieben und Mörder, darumb er Red unf Bescheid geben müse. Er werde beser thun, wann er sein Herz frey raumen, als wann er müese dar zu gezwungen werden und hiermit frey bekennen, wer seine Conhorten was für Einbrüch er guthan.»

Dem gegenüber steht ein Ausschnitt aus dem Film.

> Landvogt zu den anwesenden Richtern: «Ihr alle wisst aber, dass wir für seine Verurteilung ein Geständnis brauchen. Wenn wir kein Geständnis von ihm erhalten und die Indizien ausreichen, dann sollten wir doch die Folter androhen.»

> Fürsprecher zum Landvogt: «Territio verbalis ... mmh, ja die Folter androhen, dies können wir schon tun, aber um die Tortura dann wirklich durchzuführen, muss ein massiver Tatverdacht bestehen.»

So treten die Authentizität der stattgefundenen Wirklichkeit und die Rekonstruktion des Verhandlungsverfahrens aus heutiger Sicht in ein anregendes Zwiegespräch und ergänzen einander, da das Medium des Films ausgehend von den Akten das Verfahren für uns nachvollziehbar macht. Eine Einführung in das Gerichtswesen des 18. Jahrhunderts und eine Beurteilung des umstrittenen Rechtsfalls aus unserer Zeit erweitert die heikle Thematik des Einsatzes von Folter als Mittel zur Wahrheitsfindung. Zitate aus der Allgemeinen Erklärung der Menschenrechte (Artikel 5) und die Definition von Folter gemäss den UN-Konventionen (Artikel 1) führen das Thema in die Gegenwart und bieten so breitgefächerte Perspektiven für Diskussionen in Unterricht und Lehre.

Wie kam der Landvogt *Johann Jakob Leu* im 18. Jahrhundert an sein Wissen, um das 16-bändige Allgemeine Helvetische Lexikon zu schreiben? In der fiktiven Fernsehsendung 'Wissen ohne Grenzen' fordert Moderator Dr. Gugel den Landvogt zu einem Wettkampf besonderer Art heraus, in dessen Folge die zwei Wissenssysteme, Lexikon und Suchmaschine, gegeneinander antreten *(Abb. 7)*. Im ehemaligen Arbeitszimmer des Landvogts installiert, greift diese Medienstation eine, spätestens seit der PISA-Studie, brisante Thematik auf: Inwieweit benötigen Schüler und Studenten heutzutage angesichts des im WWW abrufbaren Wissens noch eine klassische Bildung? An den Beispielen der Begriffe *Minerva*, *Kartoffel* und *Geburtshelferkröte* werden Recherche der Fakten und deren Auswertungsergebnisse, also Methoden der Analyse und Genese von Wissen simuliert. Und spätestens, wenn in der zweiten Folge der Fernsehsendung die Resultate präsentiert werden, wird im abschliessenden Zwiegespräch zwischen Johann Jakob Leu:

> Fakten verwalten ist eine Sache, aber neues Wissen daraus gewinnen ist eine ganz andere. Dafür braucht es schon etwas mehr. Wissen muss nicht nur verwaltet werden, sondern Wissen muss gelebt werden.

und Dr. Gugel:

> Heutzutage muss man nicht mehr alles wissen; es reicht, wenn man weiss, wie man an die Informationen rankommt, denn diese sind immer verfügbar.

ersichtlich, dass beide Systeme ihre Vorteile und ihre Nachteile haben.

5. Artcampus

Seit einigen Semestern finden die durch die Bologna-Reform entstandenen Studienordnungen an den Universitäten ihre Anwendung. Die von den Studierenden innerhalb kürzerer Studienzeiten zu erreichenden Bachelor und Master Abschlüsse führen zu einer inhaltlichen Straffung des Lehrmaterials. Um auf dem Arbeitsmarkt zu bestehen, müssen Studierende heutzutage neben den bisher geforderten Fähigkeiten auch Kompetenzen im Umgang mit EDV-gestützter Dokumentation, Projektmanagement, Kulturinformatik und Gestaltung von Wissen mittels hypermedialer Anwendungen erlernen. Und um auch künftig die hohe Qualität in der Lehre aufrecht erhalten zu können, bedürfen die der Vermittlung dienenden Instrumente einer veränderten strategischen Ausrichtung, innovativer Lernmethoden sowie erweiterter Strukturen. Die Frage, wie die durch die Bologna-Reform gestellten Herausforderungen an die kunstwissenschaftliche Lehre optimal unterstützt werden können, führte schliesslich zu einer Kombination unterschiedlicher Medien, die althergebrachte Printmedien, Präsenz-Unterricht und E-Learning miteinander verknüpfen. Mit dem online Lernkurs *ARTCAMPUS* verfügt das Institut für Kunstgeschichte und somit auch die Philosophisch-historische Fakultät der Universität Bern über eine hervorragende Grundlage, um diese Fähigkeiten zu schulen (Kraemer, 2005). Durch das im Rahmen der Bundesinitiative Swiss Virtual Campus und der Universität Bern realisierte Projekt *ARTCAMPUS* (Projekt Nr. 991051) wurde in den Jahren von 2001 bis 2007 am Institut für Kunstgeschichte der Universität Bern eine IT-Infrastruktur aufgebaut. Diese ermöglicht, kunstwissenschaftliche Lehre und Forschung auf höchstem Standard der EDV-Technologie durchzuführen.

ARTCAMPUS wurde von den kunstgeschichtlichen Instituten der Universitäten Bern, Neuchâtel, Fribourg unter Mitwirkung des Bildarchivs Foto Marburg, des Instituts für Erziehungswissenschaften der Friedrich-Schiller-Universität Jena und des Instituts für Informatik und angewandter Mathematik der Universität Bern ursprünglich als Online-Einführungskurs in die Kunstwissenschaft konzipiert, der anhand der wichtigsten Etappen der Geschichte westlicher Kunst von der frühen Neuzeit bis zur Gegenwart die zentralen kunstwissenschaftlichen Kompetenzen vermittelt (Bracht, 2002). Aufgrund seiner Vorzeigequalitäten als Pilotprojekt zählte *ARTCAMPUS* im Jahr 2003 zu den Finalisten des MedidaPrix. In der Maintenance-Phase 2004–2006 entwickelte sich das Projekt zum Dienstleister der kompletten IT-Koordination am IKG und betreut auch die IKG-Webseite. Des weiteren fungierte es als Leadinghouse eines Netzwerkes kunstwissenschaftlicher Bilddatenbanken mit internationalen Partnern und diente nicht zuletzt sowohl als kompetenter Berater in Fragen hypermedialer Wissensgestaltung in mehreren Online-Projekten, als auch in der Konzeption fachwissenschaftlicher Webseiten.

Hinter dem öffentlich zugänglichen *Forum* des *ARTCAMPUS* liegt eine Webseite mit grundlegenden und weiterführenden Informationen zum Fach Kunstgeschichte. Das *Forum* gliedert sich in Studienführer, Übersicht über gegenwärtige Veranstaltungen und die wichtigsten kunstwissenschaftlichen und museologischen Mailinglisten. Neben diesem Forum bilden die *Kurse* den Hauptgegenstand von ARTCAMPUS. Diese gliedern sich in *Sehen*, *Lesen*, *Denken* und *Schreiben*. Die Module einzeln betrachtet:

1. *Sehen*. Bisher sind die folgenden Aspekte der Bildanalyse bearbeitet: Farbe – Kontrast – Komposition – Ausdruck – Bewegung – Illusion – Motiv – Erzählung – Kontext. Hierbei wurden ca. 600 Seiten Text produziert und 500 Kunstwerke berücksichtigt. Insbesondere in der Vor- und Nachbereitung von Unterrichtseinheiten fand das Modul seinen Einsatzbereich, der von den Studierenden stark geschätzt wird. Aufgrund seiner generellen Ausrichtung konnte das Modul an den Universitäten in Bern, Fribourg und Neuchâtel in Proseminaren mit unterschiedlichsten Themen angewendet werden.

2. *Lesen*. Wie wird ein Kunstwerk «gelesen»? Wie werden Geschichten gesehen? Wie werden literarische Vorlagen zu prägnanten Bildmotiven? Anhand von Beispielen verschiedener Gattungen und Epochen wird die «Lesbarkeit» ausgewählter Kunstwerke durch narrative Erzählformen mit interaktiven Anteilen dargestellt. Somit können unterschiedliche methodische Verfahrensweisen einstudiert werden. Am Beispiel der abwechslungsreichen Geschichte des fünfteiligen Altarbildes *Der Stadt Zürich Conterfey* des Schweizerischen Landesmuseums wurde die Zuschreibungsproblematik des durch den Bildersturm veränderten Bildinhaltes und die komplexe Geschichte der Restaurierung dargestellt *(Abb. 8)*. Ein Modul zur Ikonographie ist in Planung.

3. *Denken*. Hier gibt es eine passwortgeschützte Bilderschau oder eine Art Bilderquiz, welche derzeit noch als Prototyp dient. Die Studierenden können

sich chronologisch gereihte Bilder von Kunstwerken ansehen und die dazugehörenden Stammdaten anzeigen lassen. Mittels einer speziellen Anwahlmöglichkeit können die Bilder auch zufällig abgerufen werden. Dies dient dem Aneignen von Kunstwerken aus Sammlungen Schweizer Museen, hilft das visuelle Gedächtnis zu trainieren und somit unmittelbar bei der Vorbereitung auf die Prüfungen. Gegenwärtig sind in diesem passwortgeschützten Prototyp ungefähr 600 Werke berücksichtigt.

4. *Schreiben.* Richtlinien zum Erstellen wissenschaftlicher Arbeiten erlauben einen Einblick in die formalen Aspekte. Hinzu kommen noch Hinweise, wie eine wissenschaftliche Arbeit aufgebaut sein soll. Da die Rechte der Bilder aufgrund der Kosten und des hohen administrativen Aufwandes nicht abgeklärt werden konnten, sind die Module *Sehen* und *Denken* nur über ein Passwort zugänglich. Nach Rücksprache mit dem Rechtsdienst der Universität Bern, den am Bilderkarussell beteiligten Schweizer Museen und durch die Unterstützung des Zentralen Informatikdienstes wurde es jedoch möglich, dass alle Zugriffsberechtigten der Universität Bern mittels VPN (Virtual Private Networking) auf das Modul per Passwort zugreifen können.

Ausblick

Eigentlich gehören die Kenntnisse grundlegender IT-gestützter Verfahrensweisen mittlerweile schon zum Standardrepertoire der Kunstwissenschaft. Dennoch finden die unterschiedlichen Aufgabenbereiche der Museums- bzw. Kulturinformatik wenig bis keine Berücksichtigung in den Studienplänen. Als interdisziplinäres Fach beinhaltet die Museumsinformatik Aspekte der Dokumentationswissenschaft, EDV-gestützten Dokumentation, angewandten Museologie, Betriebswirtschaftslehre, Informatik, Kommunikations- und Medienwissenschaft, Multimedia-Technologie und der jeweiligen Wissenschaftsbereiche, in unserem Fall der Kunstwissenschaft. Zum Gegenstand gehören neben der Konzeption, Planung und Realisierung von Datenbankprojekten in Museen, Bibliotheken und Archiven ebenso Kenntnisse von nationalen und internationalen Datenbank Management Systemen und Datenfeldkatalogen im museologischen Bereich (Kraemer, 2001a). Die Besonderheiten der Digitalisierung kunstwissenschaftlichen Datenmaterials sollten hierbei genauso berücksichtigt werden, wie die Herausforderungen, die sich durch Beschlagwortung, Thesauri, Normen und Standards (Dublin Core Metadata Initiative, CIDOC CRM, Object ID und Iconclass) ergeben. Informationen zu internationalen Strategien und Initiativen (CIDOC, CIMI, Getty II, CHIN etc.) und eine Einführung in den Umgang mit Intellectual Property Rights, insbesondere der Werknutzungsrechte, runden das Themengebiet ab (Kraemer 2005). Einen besonderen Schwerpunkt bildet jedoch die Nutzung hypermedialer Technologien zur Gestaltung des Wissens im Internet durch digitale Sammlungen und virtuelle Museen. Noch immer weist die Ausbildung diesbezüglich erhebliche Lücken auf. Regelmässige Lehrgänge zur EDV-gestützten Dokumentation und zur Museums- bzw. Kulturinformatik finden gegenwärtig nur an der Donau Universität Krems, der HTWK Leipzig, der Universität Lüneburg, an der Universität Marburg und fallweise an den Universitäten Bern, Zürich und Konstanz statt.

Um diesen Prozess der Wandlung und somit die Zukunft schöpferisch mitzugestalten, bedarf es einerseits des rechten Maßes im Umgang mit der Informationstechnologie und andererseits der Visionen und Utopien. Für die Kunstwissenschaft bedeutet dies eine Erweiterung der inhaltlichen Themen und der Aufgabenbereiche. Horst Bredekamps Forderung nach einer «Kultur der Beschreibung» und nach dem Ausbau des «Verständnis der visuellen Kultur», die Forderung nach einer aktiven Mitgestaltung und Mitbestimmung der Strategien und Strukturen einer durch Bilder und Filme gesteuerten Mediengesellschaft durch das Fach Kunstwissenschaft enthält eine vehemente Dringlichkeit und Priorität, denn eine «Verweigerung», so Bredekamp weiter, «hat Züge des Totstellens» (Bredekamp, 1997, S. 35 f.). Von den einschneidenden Änderungen, die sich durch das digitale Zusammenführen der Archive, Bibliotheken und Museen noch ergeben werden, ist die gesamte geisteswissenschaftliche Forschung und insbesondere die Lehre in besonderem Maße betroffen. Ob sich die Kunstgeschichte gar zu einer Hilfswissenschaft einer übergeordneten Wissenschaft der visuellen und hypermedialen Kultur entwickeln könnte, muss an dieser Stelle unbeantwortet bleiben. Angesichts der bevorstehenden Herausforderungen gilt es, sich der Rolle des Faches in der Kommunikationsgesellschaft stärker bewusst zu werden. Wir haben die Verpflichtung, zum konstruktiv-reflexiven Gegenpol einer real existierenden und sich manisch reproduzierenden Flut digitaler Medien zu werden. Und dies nicht zuletzt auch deshalb, weil «die Welt der digitalisierten Bilder ohne Kenntnis der Kunstgeschichte nicht im Ansatz zu begreifen» ist (Bredekamp, 1993, S. 102).

Die großen Chancen und Möglichkeiten, welche die Hypermedia-Technologie mit all ihren Maßnahmen bietet, liegen in der Verschmelzung unterschiedlicher Kommunikationsmedien und Wahrnehmungsträger. Navigation soll anregen und den Besucher zur Beschäftigung mit dem Artefakt und der Geschichte, die es erzählt, hinführen (Kraemer, 2007). Statt nüchterner Besucher-Information ist eher anregende Benutzer-Inspiration gefragt. Die multimedial eingesetzten Strategien einer Navigation führen im besten Falle zur Entdeckung von Kunst, zum Gewinn von Erfahrung für den Einzelnen wie auch für Gruppen. Im schlechtesten Fall wird der Besucher entweder von einer unglaublichen Fülle dürftig gestalteter und toter Informationen, wie sie manche als Besucherinformationssysteme getarnten Datenbanksysteme bieten, überfordert oder unterfordert. Konzeption und Realisierung solcher hypermedialer Navigations-Anwendungen im Museum erfordern das unbedingte Mitwirken von an Aufmerksamkeit und Wahrnehmung geschulten Fachkräften.

Diese Überlegungen zur Herausforderung der Hypermedia in Forschung und Lehre abschliessend, sollte nicht unerwähnt bleiben, dass unsere kulturelle Vergangenheit unsere Zukunft unentwegt mitgestaltet und dass die Geisteswissenschaften nicht nur als Hüter und Torwächter zu verstehen sind, sondern immer stärker zu Impulsgebern und interaktiv multimedialen Sendern transformieren, wenn sie auch künftig als die wesentlichen Vermittler der kulturellen Grundwerte unserer Gesellschaft gelten sollen. Um sich die Möglichkeiten hypermedialer Strategien in der kunstwissenschaftlichen Wissensvermittlung anzueignen, werden neue Organisationsstrukturen benötigt. Die technologischen Kommunikationswege sind bereits vorhanden. Die Benutzer dieser Kommunikationswege befinden sich gegenwärtig in einer Phase der Begriffsbildung. Eine Auseinandersetzung mit der Wissensvermittlung durch hypermediale Technologien erfordert aber den unbedingten Willen zur Mitgestaltung der Zukunft, zu dem die Kollegen und insbesondere die Studierenden hiermit aufgerufen werden.

Literatur

Artcampus. http://www.artcampus.ch

Bracht, C. (2002). artcampus – Eine webbasierte Einführung in das Studium der Kunstgeschichte. In Hemsley, J./Stanke, G. (Hg.), *Electronic Imaging in the Visual Arts*, Conference Proceedings (S. 173–177). Berlin: Vasari.

Bredekamp, H. (1993). *Antikensehnsucht und Maschinenglauben. Die Geschichte der Kunstkammer und die Zukunft der Kunstgeschichte.* Berlin: Wagenbach.

Bredekamp, H. (1997). Metaphern des Endes im Zeitalter des Bildes. In Klotz, Heinrich (Hg.), *Kunst der Gegenwart* (S. 32–37). Karlsruhe: Museum für Neue Kunst; ZKM.

Cameron, F. R./Kenderdine, S. (Eds.) (2007). *Theorizing Cultural Heritage: a Critical Discourse.* Cambridge, Mass.: MIT Press.

Cassirer, E. (1960). *Was ist der Mensch? Versuch einer Philosophie der menschlichen Kultur.* Stuttgart: Kohlhammer.

Computer and the History of Arts. http://www.chart.ac.uk

EVA. Electronic Imaging in the Visual Arts. http://www.vasari.co.uk

Gemmeke, C./John, H./Kraemer, H. (Hg.) (2001). *Euphorie digital? Aspekte der Wissensvermittlung in Kunst, Kultur und Technologie.* Bielefeld: Transcript Verlag.

Grau, O. (Ed.) (2007). MediaArtHistories. Cambridge, Mass.: MIT Press.

ICHIM. International Cultural Heritage Informatics Meetings. http://www.ichim.org

Jaggi, K./Kraemer, H. (2003). The Virtual Transfer Musée Suisse – digital technology reshaping the strategy of the Swiss National Museum/Le Transfert Virtuel Musée Suisse – une stratégie interactive pour le Musée National Suisse du 21e siècle. In *ICHIM. International Cultural Heritage Informatics Meetings*, Conference Proceedings on CD-ROM, Paris: Ecole du Louvre.

Keene, S. (1998). *Digital Collections. Museums and the Information Age.* Oxford: Butterworth-Heinemann.

Kohle, H./Kwastek, K. (2003). *Computer, Kunst und Kunstgeschichte.* Köln: Deubner Verlag für Kunst, Theorie und Praxis.

Kraemer, H./John, H. (Hg.) (1998). *Zum Bedeutungswandel der Kunstmuseen. Positionen und Visionen zu Inszenierung, Dokumentation, Vermittlung.* Nürnberg: Verlag für moderne Kunst.

Kraemer, H. (1998). Vienna Walk – über den Prototyp eines interaktiven Films. In: *Museen im Rheinland*, Vol. 1, 1998, S. 13–15.

Kraemer, H. (2001a). *Museumsinformatik und Digitale Sammlung.* Wien: WUV Verlag.

Kraemer, H. (2001b). CD-ROM und Digitaler Film. Interaktivität als Strategie der Wissensvermittlung. In Gemmeke, C./John, H./Kraemer, H. (Hg.), *Euphorie digital? Aspekte der Wissensvermittlung in Kunst, Kultur und Technologie* (S. 199–228). Bielefeld: Transcript Verlag.

Kraemer, H. (2005). Artcampus: An Experiment to Teach Art History in the 21st Century or The Bonds Of IPR. In Bearman, D./Perrot, X. (Eds.), *ICHIM. Inter-*

national Cultural Heritage Informatics Meetings, Conference Proceedings on CD-ROM, Paris: Ecole du Louvre.

Kraemer, H. (2006). Museums are storytellers! New perspectives of education and hypermedia. In The New Media Consortium (Ed.), *Understanding the New Dynamic: Art, Technology, and the Mind*, Readings. (pp. 165–172). Cleveland, Ohio: CASE Western University & Cleveland Museum of Art.

Kraemer, H. (2007). Entschleunigung, Schlichtheit und gute Geschichten. Aneignungen szenischen Designs für die hypermediale Wissensvermittlung. In Mangold, M./Weibel, P./Woletz, J. (Hg.), *Vom Betrachter zum Gestalter. Neue Medien in Museen – Strategien, Beispiele und Perspektiven für die Bildung* (S. 65–88). Baden-Baden: Nomos.

Verein Museum Schloß Kyburg (Hg.) (2004). *Lustvolle, tragische und lehrreiche Geschichten erzählt von Bewohnern und Gästen der Kyburg*. CD-ROM. Zürich: Transfusionen.

MAK – Museum für angewandte Kunst, Wien (Hg.) (2000). *Kunst und Industrie – Die Anfänge des Museums für angewandte Kunst in Wien*. CD-ROM. Ostfildern: Cantz Verlag; Wien: Transfusionen.

Museumsverband für Niedersachsen und Bremen (Hg.) (1994). *Inventarisieren mit der IDM-Karteikarte*. Hannover.

MAI. Museum and the Internet. http://www.mai-tagung.de

MCN. Museum Computer Network http://www.mcn.edu

MW. Museums and the Web. http://www.archimuse.com

Nagel, T. (1998). (Kölner) Stichworte zum Thema Museum und EDV. In Kraemer, H./John, H. (Hg.), *Zum Bedeutungswandel der Kunstmuseen* (S. 68–81). Nürnberg: Verlag für moderne Kunst.

The New Media Consortium (Ed.) (2006). *Understanding the New Dynamic: Art, Technology, and the Mind*, Readings. Cleveland/Ohio: CASE Western University & Cleveland Museum of Art.

Science Wonder Productions (Hg.) (1998). Vienna Walk Demo. CD-ROM, DVD-ROM. Wien: Science Wonder Productions.

Schöppinger Forum der Kunstvermittlung (Hg.) (2004). *Versuche im Zwischenraum. Experimentelle Kunstvermittlung im digitalen Zeitalter*, Tagung 2003. Schöppingen: Verlag Stiftung Künstlerdorf Schöppingen.

Schuck-Wersig, P./Wersig, G./Prehn, A. (1998). Deutsche Museen im Internet. *Mitteilungen und Berichte aus dem Institut für Museumskunde*, Oktober 1998, Nr. 13.

Schule des Sehens. http://www.schule-des-sehens.de

Schulze, C. (2001). *Multimedia in Museen*. Wiesbaden: Deutscher Universitäts-Verlag.

Schweizerisches Landesmuseum (Ed.) (2002). *Virtueller Transfer Musée Suisse*, CD-ROM. Zürich: Transfusionen.

Treinen, H. (1996). Ausstellungen und Kommunikationstheorie. In Haus der Geschichte der BRD (Hg.), *Museen und ihre Besucher*. Bonn/Berlin.

Veltman, K. H. (2001). New Media and Transformations in Knowledge. In Gemmeke, C. / John, H. / Kraemer, H. (Hg.), *Euphorie digital? Aspekte der Wissensvermittlung in Kunst, Kultur und Technologie* (S. 35–62, S. 131–166). Bielefeld: Transcript Verlag.

Virtueller Transfer Musée Suisse. http://www.virtualtransfer.com

Waidacher, F. (1997). Vom redlichen Umgang mit Dingen. Sammlungsmanagement im System musealer Aufgaben und Ziele. In *Mitteilungen und Berichte aus dem Institut für Museumskunde*, Januar 1997, Nr. 8.

Wohlfromm, A. (2002). *Museum als Medium – Neue Medien in Museen*. Köln: Herbert von Halem Verlag.

Wolters, C. (1995). Computereinsatz im Museum. Normen und Standards und ihr Preis. In *Mitteilungen und Berichte aus dem Institut für Museumskunde*, Juli 1995, Nr. 1.

Computergames

Alexandra Papadopoulos

Eine Spielentwicklerin beschäftigt sich mit dem Entwurf und der Umsetzung von virtuellen Welten. Diese entstehen aus einem Zusammenspiel zwischen Technik, Spielregeln, Gestaltung und Erzählung. Bild, Ton, Design, Programmierung und die Kenntnis der Bedürfnisse der Spielenden dienen dazu, ein genussvolles Spielerlebnis zu ermöglichen. Der folgende Beitrag kann freilich nicht auf alle diese Bereiche eingehen. Nach einem Überblick über die Geschichte der Computerspiele sollen jedoch einige aktuelle Aspekte gestreift werden, die dabei helfen könnten, das Medium zu verstehen und einzuordnen.

Geschichte

Computerspiele gab es im Grunde bereits, bevor der Computer erfunden wurde. Damit sind nicht nur die unzähligen Spielautomaten und automatischen Schach- und Klavierspieler gemeint; ohne einen spielerischen und verspielten Umgang mit mathematischen Erkenntnissen wären kaum abstrakte Ideen in funktionierende Geräte umgesetzt worden. So pflegte der britische Mathematiker und Computerpionier Alan Turing in den 1940er Jahren Maschinen gegen sich spielen zu lassen, die alleine theoretisch existierten (Hodges, 1983). Kaum aber war der erste kommerzielle Computer fertig gestellt, wurde auch schon tüchtig damit gespielt. 1951 bringt die englische *Ferranti Ltd.* ihren ersten Rechner auf den Markt. An der Ausstellung *Festival of Britain* wurde das gewaltige Gerät – sorgfältig betreut von einer Schar von Ingenieuren und Wissenschaftlern in weissen Kitteln – als Gegner im Spiel *Nim* vorgestellt (Weiss, 1996). 1956 führte IBM-Mitarbeiter Arthur Samuel am Fernsehen ein Dame-Programm vor, das aus seinen Fehlern «lernt» (Wiederhold/McCarthy, 1992). Diese Computerspiele kamen freilich noch ohne Bildschirme aus, Glühlämpchen waren die einzigen für das menschliche Auge bestimmten Ausgabegeräte damaliger Rechenanlagen. 1958 erfand William Higinbotham am *Brook-*

haven National Laboratory (USA) das Spiel *Tennis for Two*. Es lief auf einem Analogcomputer mit einem Oszillographen als Bildschirm. 1960 stellte die *Digital Equipment Corporation* den PDP-1 vor. Dieser Computer war mit der Grösse eines geräumigen Kleiderschranks schon relativ handlich. Da er darauf ausgelegt war, Daten sofort und ohne die damals üblichen Warteschleifen zu verarbeiten, konnte auch ein Bildschirm daran angeschlossen werden, wobei sich die Experten stritten, ob denn dieser überhaupt einen praktischen Nutzen haben könne. Genau diesen fanden 1962 Steve Russell und die Elektrobastler vom *Tech Model Railroad Club* am Massachusetts Institute of Technology und entwickelten das Spiel *Spacewar!*, das erste eigentliche Computerspiel (Levy, 1984). Das Spiel besteht aus zwei Raumschiffen, die jeweils von einem menschlichen Spieler oder dem Computer gesteuert werden und die um eine zentrale Sonne kreisen. Ziel ist es, den Gegner abzuschiessen. Ein Spieler gewinnt, sobald das gegnerische Schiff getroffen wird oder ins Gravitationsfeld stürzt. *Spacewar!* gilt als die erste Computeranwendung, welche die Möglichkeiten der damals neuen Echtzeitdatenverarbeitung voll ausnutzte. Die Fachwelt war entzückt[1]. Die Bekanntheit des Spiels blieb jedoch auf einen engen Kreis von Akademikern und Tüftlern begrenzt. Damals war vom Vorhandensein allfälliger virtueller Welten in Computern schon aus technischen Gründen keine Rede, vielmehr drehten sich Debatten um die Chancen und Risiken künstlicher Intelligenz und auch der daraus resultierenden Bedrohungen, die von den für Militär, Forschung und Verwaltung eingesetzten Elektronengehirnen ausgingen. Mit *ELIZA* entwickelte Joseph Weizenbaum 1966 ein Computerprogramm, das eine Sitzung bei einem Psychotherapeuten simuliert. Dem Computer war die Rolle des Therapeuten zugedacht, der die Aussagen des Benutzers «spiegelt». Weizenbaum ging es dabei aber nicht um den spielerischen Aspekt des Ganzen, er wollte vielmehr Möglichkeiten und Grenzen von realer Sprache als «Benutzerschnittstelle» aufzeigen.

Computerspiele erfüllten in der Pionierzeit vornehmlich Demonstrationszwecke. Sie zeigten, wie avanciert die Ingenieurskunst sein kann, popularisierten Erkenntnisse aus den Technikwissenschaften, führten einem verblüfften Publikum die Leistungsfähigkeit kommerzieller Datenverarbeitungsanlagen vor oder wiesen auf mögliche Gefahren der Computertechnologie hin. In den 1970er Jahren dann wurden die Computer miniaturisiert und die Farbfernsehtechnologie wurde erschwinglich. Erste kommerzielle Spielkonsolen kamen auf den Markt. 1972 veröffentlichte das Spiel *Atari Pong* (vgl. *Abb. 1*), ein Tennis-

Abb. 1: Atari Spacerace.

Abb. 2: Age of Empires (Screenshot).

Abb. 3: Die Sims drucken Geld (Screenshot).

Abb. 4: Die Sims drucken Geld (Screenshot).

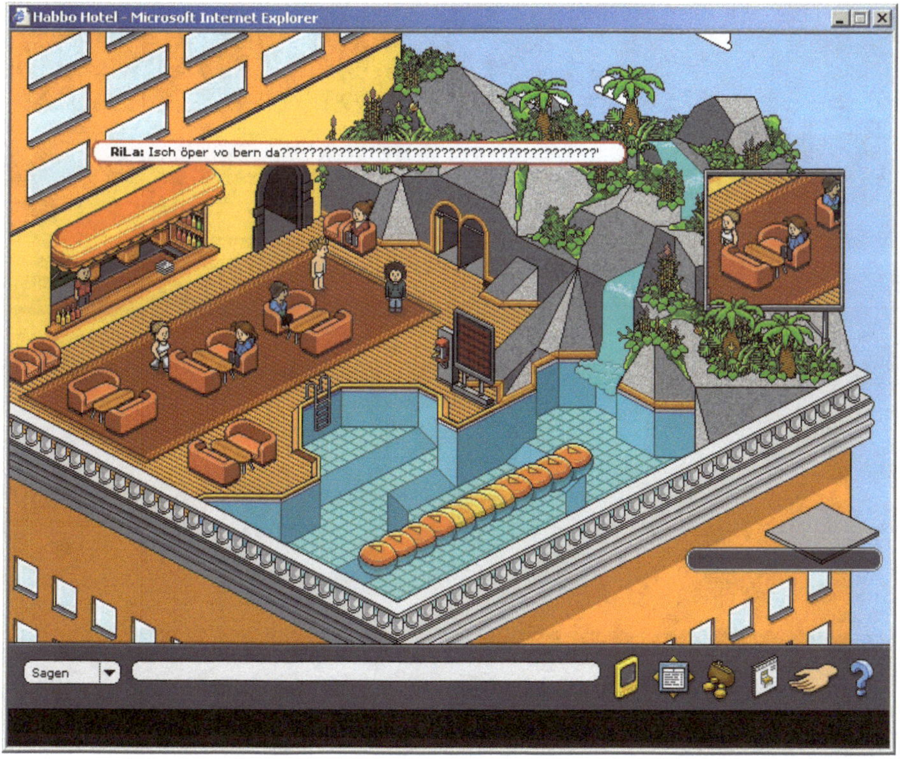

Abb. 5: Habbo Hotel (Screenshot).

Abb. 6: Habbo Hotel (Screenshot).

Abb. 7: World of Warcraft (Screenshot).

spiel, als Spielautomaten. Computer waren nicht mehr nur mächtige Maschinen zur Optimierung der Kriegs-, Staats- und Unternehmensführung, sie gesellten sich mehr und mehr zu Flipperkästen und Billardtischen. An technischen Hochschulen waren Implementierungen von *Fantasy*-Rollenspielen sehr beliebt. Studenten programmierten und erweiterten Abenteuerspiele, die sie bis anhin nur mit Würfeln und Regelbüchern spielten.[2] Als Benutzeroberfläche kannten diese Spiele ausschliesslich eine einfache Textein- und -ausgabe. 1972 entwickelte Ralph Baer die Heimkonsole *Odissey* (Lischka, 2002, S. 26), einen Analogcomputer, der an das Fernsehgerät angeschlossen werden konnte. 1977 erschien *Nintendos* erste Computerspielkonsole für daheim. Im gleichen Jahr erschienen breit genutzte Heimcomputer wie der *Apple II* und der *TRS 80.* Für diese Geräte gab es eine wahre Fülle von Spielen[3].

1980 wurde in Japan *Pacman* für die Spielautomaten erfunden und *Nintendo* führte *Game & Watch* erfolgreich im Markt ein, kleine Handgeräte, mit je einem fest eingebauten Spiel. 1981 veröffentlichte *Commodore* den *VC 20* und IBM brachte den ersten PC auf den Markt. 1982 erschien der *Commodore C64* und eine Art Blütezeit der Computerspiele begann (Mertens/Meissner, 2002). Viele Computerspielvarianten, die wir heute kennen, waren damals bereits Realität, und zwar nicht nur die üblichen Schiess-, Geschicklichkeits- und Denkspiele, sondern auch Vorläufer von *Sim City* wie *Utopia* für den *Intellivision* oder *Little Computer People* für den C64, ein Vorläufer der *Sims*[4]. 1984 erschien der *Macintosh*, im selben Jahr wurde *Windows* vorgestellt. 1986 gelangte *Tetris* über Umwege aus der Sowjetunion auf kapitalistische DOS-Rechner. In dieser Zeit wurden Personal Computer allgemein bekannt und weit verbreitet. Der *Comodore Amiga* wurde speziell für Spiele ausgelegt. Auch entstand eine eigentliche Subkultur von Spielern, die Games in eigene Spielvarianten abänderten oder Kopien der Originalspiele anfertigten, die sie mit eigenen *Demos* versahen, kleinen farbenfrohen und klingenden Kostproben ihres Programmierkönnens. Mitte der 1980er Jahre kamen vermehrt auch japanische Spiele auf den europäischen und US-amerikanischen Markt. Das japanische *Nintendo Entertainment System* brachte die Spiele *Super Mario Bros.* und *The Legend of Zelda* in die hiesigen Stuben, sie waren von einer komplexeren Ästhetik und boten auch weniger sport- und kampfzentrierte Inhalte. In den Büros brach 1987 das Phänomen *Leisure Suit Larry* aus, ein eher eindimensionales Abenteuerspiel mit sexistischem Inhalt. Das Spiel wurde fleissig von Diskette zu Diskette kopiert und weitergegeben. Die Branche wurde in dieser

Zeit durch eine veritable Kopierkrise erschüttert, da es niemandem in den Sinn kam, ein Spiel zu kaufen, welches auch kosten- und problemlos kopiert und weitergegeben werden konnte. Erst ab 1990 wurde die Computerspielvermarktung mit dem *Gameboy* von *Nintendo* wieder kommerziell attraktiv. *Gameboy*-Spiele konnten nicht einfach kopiert werden, da sich diese auf kleinen Hardwarekassetten befanden. Diese Technologie brachte jedoch der Spielindustrie inhaltlich erst einmal wenig Innovation: das Gerät wurde mit dem alt bekannten *Tetris* ausgeliefert, was wesentlich zum Erfolg des Gerätes beitrug, nach dem Zusammenbruch des real existierenden Sozialismus aber zu einer lange andauernden juristischen Auseinandersetzung um die Rechte an *Tetris* führte[5].

Die 1990er Jahre standen offensichtlich im Zeichen der Ausbreitung des World Wide Web und des Internets. Grosse kommerzielle Computernetzwerkbetreiber und Anbieter von Internetgateways wie *AOL* und *Compuserve* warben mit Spielangeboten um zusätzliche Kunden. 1991 lancierte *AOL* das Abenteuerspiel *Neverwinter Nights,* ein Spiel, das sich heute noch – unter einem anderen Anbieter – grosser Beliebtheit erfreut. Es lehnte sich an die Textabenteuerspiele der siebziger Jahre mit ihren Tolkien-artigen Figuren an, war aber dank der guten Grafikfähigkeit des Anwenderprogramms auch für *AOL*-Kunden leicht zu bedienen.

Anfang der 1990er Jahre trieb noch eine andere technische Innovation die Entwicklung der Computerspiele voran: Neue technische Möglichkeiten erlaubten die Einführung von Grafikstandards, welche die Programmierung von Spielen in dreidimensionaler Umgebung ermöglichten. 1992 erschien das Ballerspiel *Wolfenstein 3D*. Der Spieler nimmt darin die Perspektive eines Schützen ein, mit dem Auftrag, Nazis in einem labyrinthartigen Gemäuer zu erschiessen. In der Mitte des Bildschirms – das dem Gesichtsfelds der Spielenden gleichkommen soll – befindet sich das Schiesswerkzeug, mit dem auftauchende Gegner sofort fragmentiert werden müssen. *Wolfenstein 3D* gilt als erstes Spiel der Gattung der *Ego Shooter*. In der BRD wurde es aufgrund seiner brutalen Inhalte und seiner darin agierenden Nazis verboten. Sein Nachfolger *Doom* verhalf diesem Genre auch kommerziell zum Durchbruch. Anstatt deutsch radebrechender Nazis führte Doom Zombies, Monster und allerhand andere Gruselgeschöpfe mit weniger historischem Bezug ein. Für einen Spieler ohne technische Kenntnisse war es nicht einfach, ein Spiel mit

3D-Grafik auf einem durchschnittlichen PC zum Laufen zu bringen. Erst nach der Einführung von *Windows 95*[6] breiteten sich die neuen 3D-Spiele in einem Massenmarkt aus. Sehr erfolgreich war *Tomb Raider II* mit dem Busenwunder *Lara Croft* als Heldin. Mitte der 1990er Jahre wurden auch erste grössere *LAN-Parties* veranstaltet, Zusammenkünfte von Spielern, die ihre eigenen PCs mitbrachten, diese über ein lokales Netzwerk (LAN) zusammenschlossen, um gemeinsam gegeneinander zu spielen.

Die Ästhetik der Computerspiele ist weiterhin durchgehend geprägt von den ihr zugrunde liegenden Technologien[7]. Waren die Bilder in den Anfängen der Computerspielzeit noch sehr abstrakt und – wie die Marken auf einem Brettspiel ausschliesslich dem Zweck und den Regeln des Spieles dienend – wurden sie immer mehr zu Abbildern, Idealisierungen und Stilisierungen realer Personen und Dinge. Darstellungen von Elfen, Zwergen, Monstern, Kriegsmaschinen, finsteren Fieslingen oder Feuerwaffen wurden immer ausgepinselter und die Ästhetik vieler Computer- und Videogames gemahnte mehr und mehr, in fast schon beunruhigender Weise, an Werke aus dem Bereich des Airbrushkunstgewerbes. Erspriesslichere gestalterische Ideen wurden aus Japan importiert. 1996 erschienen die ersten *Pokémon* für den damals schon in die Jahre gekommenen *Nintendo Gameboy*. Die putzigen Monsterchen wurden ungemein erfolgreich und in mehreren Auflagen weltweit vertrieben.

Mit der wachsenden Popularität und Verbreitung des Mediums Computer- und Videospiel verstärkten sich auch die kritischen Stimmen. Vor allem wurden die Brutalität und die expliziten Gewaltdarstellungen angeprangert, auch wurde vermehrt auf ihr Suchtpotential hingewiesen (Ladas, 2003). Dies hielt aber die Computer- und Videospielindustrie in keiner Weise davon ab, immer brutalere Games auf den Markt zu bringen. Nach 2000 wurden mit der Einführung von *Sonys Playstation 2* und der *XBox* von *Microsoft* immer raffiniertere und schnellere Grafikdarstellungen möglich. Auch die Grafikhardware für PCs hielt mit dieser Entwicklung Schritt, um der Forderung der Konsumenten nach mehr Wirklichkeitsnähe Rechnung zu tragen. Die Handheldgeräte *Nintendo DS* und *Sony PlayStation Portable (PSP)* machten es ab 2005 möglich, dass die Spieler auch unterwegs nicht auf Spiele mit avancierter Darstellung verzichten müssen. Hingegen konnten sich Hardwareprodukte, die Mobiltelefone mit Handheldspielkonsolen verknüpften, bis jetzt nicht breit genug durchsetzen. Ob mit der neusten Generation von Geräten (– das Erscheinen der *Playstation 3* hat *Sony* auf Herbst 2006 angekündigt –) die Tendenz weiterhin in Richtung Pseudorealismus gehen soll oder ob neben immer detaillierterer Grafik bei den Konsumenten auch wieder neue Spielideen gefragt sind, ist noch nicht ersichtlich. Allerdings sollte das seit dem Erscheinen der *Playstation 2* gegebene Versprechen, Spielkonsolen oder Handhelds internetfähig zu machen, mit der kommenden Gerätegeneration endlich vollständig eingelöst werden.

Markt

Für Marktstudien und den Verkauf von Spielprodukten werden Computer- und Videospiele in Genres gegliedert: Actionspiele, Abenteuerspiele, Ballerspiele, Familien-Unterhaltungsspiele, Rollenspiele, Sportspiele und Strategiespiele. Selbstverständlich gibt es auch Spiele, die in keines dieser Genres passen oder gar Spiele, die mit dem Ehrgeiz entwickelt worden sind, ein neues Genre zu schaffen[8]. Diese Einteilung ist grob und nicht immer korrekt, hat sich aber eingebürgert, da sie Aufschluss über die Vorlieben der Zielgruppen geben kann[9]. Generell bestehen diese offensichtlich in einem Bedürfnis nach Paraleluniversen, die ein immer tieferes Eintauchen in vorgefertigte virtuelle Welten erlauben. Auf europäischen und US-amerikanischen PCs laufen vor allem Internet- und Strategiespiele (vgl. *Abb. 2*), also Spiele, mit denen verschiedenartige virtuelle Schlachten und Kriege gegen Gegner im Internet geplant und durchgeführt werden können. Auf den Spielkonsolen werden hauptsächlich Action- und Sportspiele gespielt, oft mit relativ ungesitteten oder brutalen Inhalten. Viel weniger roh und gruselig, aber trotzdem äusserst erfolgreich auf allen Plattformen sind aber die *Sims*[10] (vgl. *Abb. 3* und *4*), eine Art amerikanische Vorstadt aus Puppenstuben, die man bauen und einrichten kann und deren Bewohnerinnen und Bewohner miteinander Familien gründen, streiten oder einkaufen gehen können.

Computer- und Videospiele sind ein boomendes Geschäft. Der Umsatz der Industrie hat inzwischen denjenigen von Hollywood überflügelt. *Madden 2004*[11], ein Football-Spiel, erzielte 2004 einen Gewinn von 236 Millionen US-Dollar. Der Film *Terminator III* spielte dagegen im selben Jahr 149 Millionen US-

Dollar ein. Eine aktuelle (2006) Studie von PricewaterhouseCoopers[12] prognostiziert der Industrie für 2010 einen USD 46.5 Milliarden Dollar Markt, mit einer durchschnittlichen jährlichen Wachstumsrate von 11.4%. Die hohen Gewinne verdanken die Vertreiberfirmen von Spielen nicht zuletzt dem Umstand, dass Videospiele für moderne Konsolen nicht ohne immensen Aufwand kopiert werden können. Für Spiele, die mit anderen Spielern über Internet gespielt werden, werden regelmässige Gebühren erhoben. Auch wenn *PWC* mit ihren Prognosen nicht Recht behalten sollte, wird die Computer- und Videospielindustrie auf jeden Fall höhere Umsätze als die Musikbranche erzielen und so einen Beitrag zur Jugend- und Popkultur leisten. Und das mit überproportionalen Gewinnaussichten.

War es in den 1980er Jahren noch üblich, dass eine Einzelperson ein erfolgreiches Computerspiel entwerfen, umsetzen und vermarkten konnte, sind die Aufgaben der Entwicklung und des Vertriebs heute in der Regel getrennt. Auf der einen Seite stehen die Spielverleger *(Publisher)*, oft börsenkotierte Unternehmen mit weltweiten Vertriebsnetzen oder Tochterunternehmen von Medienkonzernen. Die eigentliche Spielentwicklung wird andererseits von Studios *(Developers)* geleistet, die ihre Produkte den Verlegern zum Vertrieb verkaufen oder, falls es sich um die Stars der Branche handelt, in Lizenz anbieten. Das Geschäftsmodell mit der Trennung in «kreative» Studios und «mächtige» Verlagsunternehmen wurde aus der Film- und Musikindustrie übernommen. Immer mehr gehören die Studios den Verlagshäusern, es gibt jedoch auch unabhängige *Developers*, die erfolgreich arbeiten. Marketingüberlegungen diktieren vermehrt das Aussehen und die Funktionsweise vieler Spielprodukte. So werden Computer- und Videogames als Merchandisinganhängsel erfolgreicher Produkte vermarktet. Die FIFA-Fussballspiele und die als Spiel eher ungeniessbare aber kommerziell erfolgreiche *Harry-Potter*-Serie sowie verschiedene *Star Wars* und *James Bond* Spiele sind Beispiele dafür. Der Trend geht dahin, dass Entwicklerstudios von den Verlegern zur Produktionsauslagerung gebucht werden, anstatt dass sie zur wirtschaftlich risikoarmen Erzeugung neuer Spielprodukte dienen. Wie das Kino sind auch Computer- und Videospiele irgendwo in einem Spannungsfeld zwischen Unterhaltungsindustrie, Technik und Kunst zu verorten.

Literatur

Unter Experten und Theoretikerinnen streitet man sich darüber, durch welche Mechanismen sich elektronische Spiele denn auszeichnen und was sie für die Spielenden faszinierend macht. Hierbei geht es nicht bloss um Grenzziehungen zwischen klassischen Spielen, die auch auf Computern gespielt werden können und Spielen, die ausschliesslich mit Hilfe von Computern gespielt werden können. Es gibt unterschiedliche Ansichten und einige interessante Publikationen darüber, ob sich ein Computerspiel durch seine erzählerischen Inhalte, durch seine Regelhaftigkeit, durch die Möglichkeiten der Interaktivität zwischen Computer und Mensch oder durch eine wie auch immer gewichtete Kombination von allem auszeichnet (Furtwängler, 2001; Aarseth[13]). Die blutjunge Disziplin der *Computerspieltheorie* beschäftigt sich hauptsächlich mit kulturtheoretischen, kunsthistorischen und anthropologischen Aspekten des Spielens[14]. Viele Autoren rücken der Materie mit Mitteln der Textinterpretation zu Leibe und lassen ihren ökonomischen Kontext aussen vor. Je mehr Komplexität und Freiheit die Technik der Kreativität der Spielentwickler lässt, je schneller die technische Evolution fortschreitet, desto mehr wird sie aus den aktuellen Debatten um Videospieltheorien verdrängt. Es gibt nur wenig brauchbare neue Ansätze, die den Begriff «Videospiel» oder «Computerspiel» definieren. Eine gute Sammlung von Begriffsbestimmungen liefern Katie Salen und Eric Zimmerman in ihrem Reader *Rules of Play* (Salen/Zimmermann, 2003). Wichtig und leider noch weitgehend ungeklärt ist die Frage, wieso denn Frauen und Mädchen weniger und manchmal ganz andere Computer- und Videospiele mögen als Männer und Jungs. Justine Cassell und Henry Jenkins beleuchten mit der Textsammlung *From Barbie to Mortal Kombat* (Cassell/Jenkins, 2000) das Thema aus unterschiedlichen Perspektiven und liefern ebenfalls einen guten Einstieg.

Das Internet als Spielwiese

Spiele waren unter den ersten Internetanwendungen, lange bevor sich das World Wide Web ausgebreitet hat. Das Web ist nun unerlässlich für die Vernetzung der Spielercommunities, für die Verbreitung von Informationen über Spiele, als Bezugsquelle von Computerspielen oder als Downloadmöglichkeit von Spielen aus Tauschbörsen. Hardcore-Gamer betreiben Websites über ihre Lieblingsspiele, es gibt Fanpages zu fast allen Computer- und Videospielen, Spielzeitschriften unterhalten gut besuchte Websites, in der Wikipedia zählen die Artikel zu elektronischen Spielen zu den besten und meist diskutierten. Im Internet werden Spielanleitungen, Tipps, Tricks und *Cheatcodes* veröffentlicht. Was mit der Fortsetzung des Briefschachs mit anderen Mitteln begann, hat sich zu einem eigenständigen Medium gewandelt mit unterschiedlichen Erscheinungsformen. Auch klassische Geld- und Wettspiele wie Poker oder Toto erhalten durch das Internet neuen Auftrieb, da sie, verborgen vor Kolleginnen und Nachbarn, zu jeder Tages- und Nachtzeit und von zu Hause aus gespielt werden können.[15]

Unter Computergamern wird unter dem Begriff «virtuelle Welten» ganz konkret eine grafisch gestaltete Umgebung verstanden, in der die Spielenden eine Stellvertretung, den *Avatar*, agieren lassen können. Ein prominentes Beispiel ist *Second Life*, eine Parallelwelt mit eigener Ökonomie und eigener Jurisdiktion. Im asiatischen Markt gibt es eine Fülle thematisch unterschiedlich gearteter virtueller Welten, die mit allem nur Vorstellbaren bevölkert sind. In Europa wird unter Teenagern gerne das leicht zugängliche *Habbo Hotel* (vgl. *Abb. 5* und *6*) als Kombination von Chatroom und Spielzimmer genutzt. Eine virtuelle Spielwelt hat in der Regel kein eigentliches Gewinnziel, vielmehr besteht der Reiz des Spiels im Eintauchen in eine fantastische Umgebung, die ihre eigenen Regeln und Gesetze hat und an deren weiteren Verlauf und Geschichte sich ein Spieler mit seinem *Avatar* beteiligen kann. Auch kann man sich mit anderen Spielenden messen, indem die Avatare *Quests* lösen, an von der Redaktion des Spielbetreibers initiierten Veranstaltungen teilnehmen oder virtuelle Drachen töten. Solche Parallelwelten existieren auch dann weiter, wenn sich eine Spielerin ausloggt. Die Avatare anderer Spielender setzen die Geschichte dann fort, was dazu beiträgt, dass sich viele Spieler oft nur sehr schwer von diesen Spielen losreissen können.

Seit die ersten mehrspielerfähigen Textabenteuerspiele gestartet wurden, sind *Fantasy* Umgebungen besonders populär. Mittelalterlich gestylte Hexer, Magier und Zauberer, archaisch anmutende Feen und abenteuerlich bewaffnete Kämpfergestalten üben eine ungeheure Faszination auf viele Spielende aus. Das Rollenspiel *World of Warcraft* (vgl. *Abb.* 7) ist im Moment die beliebteste virtuelle Spielwelt. Rund 7 Millionen Spielerinnen[16] und Spieler sind zurzeit weltweit als Nachtelfen, Tauren oder Untote im Internet unterwegs. Bis Mitte 2006 haben sie an die Betreiberfirma *Blizzard* etwa eine Milliarde Dollar an monatlichen Gebühren bezahlt.

Anmerkungen

1 Eine glaubhafte zeitgenössische Beschreibung der Wirkungsweise von *Spacewar!* findet sich unter http://www.wheels.org/spacewar/decuscope.html

2 Das erste Spiel dieser Art wurde ab 1975 unter dem Namen Adventure verbreitet http://de.wikipedia.org/wiki/Adventure_%28Spiel%29

3 *Karateka*, *Jungle Hunt*, *Zaxxon*, *Zork*, mehrere *Pong-Klone* neben anderen, heute selbst bei ausgewiesenen Kennern vollkommen vergessene Spiele.

4 Eine fast vollständige Sammlung von Computerspielbeschreibungen liefert Wirsig, 2003.

5 Vadim Gerasimov, einer der Erfinder von Tetris: http://vadim.oversigma.com/Tetris.htm

6 Nach Erscheinen von Windows 95 führte Microsoft *DirectX* ein, das die Spielprogrammierung auch unter Windows und nicht nur unter DOS ermöglichte, was Einiges komplizierter machte, aber die Bedienung der Software für die Benutzer wesentlich vereinfachte.

7 Ein Beispiel: in vielen Computerspielen ist es oft dunkel oder neblig, da eine düstere Umgebung schneller dargestellt (gerendert) werden kann ist als eine helle Situation mit Spiegelreflexen und Lichteffekten.

8 In diese Kategorie fällt wohl auch *Black & White*, das vom Spielentwickler Peter Moulineaux entworfen worden ist, ein Spiel, in dem man Gott spielen muss und sich entscheiden kann, ob man ein böser oder ein guter Gott sein möchte.

9 Aktuelle Daten zum Konsumentenverhalten in den USA werden im WWW von der *Entertainment Software Association* publiziert http://theesa.com/facts/sales_genre_data.php

10 In den ersten zehn Verkaufstagen ging Sims2 weltweit mehr als eine Million über Mal über die Ladentische und wurde nach Angaben von *Electronic Arts* (http://www.ea.com/) zum erfolgreichsten Spiel überhaupt.

11 *Madden* ist der Name eines berühmten TV-Sportkommentators, dessen unverwechselbare Stimme auch im gleichnamigen Spiel erklingt. Am Spiel verdient die US-Amerikanische NFL-Liga durch Lizenzverträge mit. Ein ähnliches Phänomen sind die FIFA-Fussballcomputerspiele, die vor allem in Europa und Lateinamerika vertrieben werden. Beide Spiele werden von der US-Firma *Electronic Arts* produziert und vertrieben.

12 PricewaterhouseCoopers: *Global Entertainment and Media Outlook: 2006–2010* zu finden unter: http://www.pwc.com/outlook.
13 Espen Aarseth: *Genre Trouble*: http://www.electronicbookreview.com/thread/first-person/vigilant
14 Zwei oft zitierte Grundlagentexte eines kleinen Kanons der sich gerade heranbildenden *Computerspieltheorie* sind die beiden in den 1950er und 1960er Jahren erschienenen Klassiker *Homo Ludens* von Johan Huizinga und *Man, Play, and Games* von Roger Caillois.
15 Geldspiele, Sportwetten.
16 Unter http://www.warcraftrealms.com/activity.php ist eine Serverstatistik der *World of Warcraft* – Aktivitäten einsehbar.

Literatur

Cassell, Justine/Jenkins, Henry (Hg.) (2000). *From Barbie to Mortal Kombat.* Cambridge: MIT Press.

Furtwängler, Frank (2001). *A crossword at war with a narrative/Narrativität versus Interaktivität in Computerspielen.* In Gendolla, Peter/Schmitz, Norbert M./Schneider, Irmela/Spangenberg, Peter M. (Hg.), *Formen interaktiver Medienkunst* (S. 369–400). Frankfurt Main: Suhrkamp (stw 1544).

Hodges, Andrew (1983). *Alan Turing: The Enigma.* New York: Simon & Schuster.

Ladas, Manuel (2003). Brutale Spiele(r)? – Eine Befragung von 2141 Computerspielern zur Wirkung und Nutzung von Gewalt. In Rötzer, Florian (Hg.), *Virtuelle Welten – reale Gewalt* (S. 26–35). Hannover: Heinz Heise.

Levy, Steven (1984). *Hackers: Heroes of the Computer Revolution.* New York: Anchor Press/Doubleday.

Lischka, Konrad (2002). *Spielplatz Computer: Kultur, Geschichte und Ästhetik des Computerspiels.* Heidelberg: Heise (Telepolis), S. 26.

Mertens, Mathias/Meißner, Tobias O. (2002). *Wir waren Space Invaders – Geschichten vom Computerspielen.* Frankfurt am Main: Eichborn Verlag.

Salen, Katie/Zimmermann, Eric (2003). *Rules of Play. Game Design Fundamentals.* Cambridge: MIT Press.

Weiss, Eric (1996). Biographies. In *IEEE Annals of the History of Computing*, Volume 18, Number 3, pp. 60–69.

Wiederhold, John G./McCarthy, Janet (1992). Arthur Samuel: Pioneer in Machine Learning. In *IBM Journal of Research and Development*, Volume 36, Number 3, pp. 329.

Wirsig, Christian (2003). *Das Grosse Lexikon der Computerspiele.* Berlin: Schwarzkopf und Schwarzkopf.

Ethnographie des Cyberspace

Joana Breidenbach

I. Von der Virtualität und der Realität des Internets[1]

Gut ein Jahrzehnt ist es her, seitdem die ersten einflussreichen Bücher zu den kulturellen Folgen des Internets erschienen. Im Jahre 1995 kam Sherry Tuckles *Life on the Screen. Identity in the Age of the Internet* heraus, in dem die Soziologin und Psychologin beschrieb, wie Internetnutzer mit neuen Identitäten experimentieren und anhand der Neuen Medien vielfältige Facetten ihrer Selbste ausloten. AutorInnen wie Donna Haraway (1991) gingen noch weiter und griffen die erstmals von William Gibson in *Neuromancer* (1984) entwickelte Vision von Mischwesen, halb Mensch, halb Maschine, den so genannten Cyborgs auf.

In dieser frühen Forschungsperiode wurden Internettechnologien, insbesondere interaktive Chatrooms und Online-Foren, oft als eine neue, vom RL, dem Real Life, weitgehend abgespaltene Welt beschrieben, in welcher gemeinhin wichtige Demarkierungen und Identifikationen sozialer, kultureller, ethnischer oder religiöser Natur ebenso verschwinden würden wie die Unterschiede zwischen den Geschlechtern.

Online Aktivitäten und Identitäten wurden als unendlich formbar und selbstbestimmbar dargestellt, eine Sicht, die der im New Yorker erschienene Cartoon von Peter Steiner *On the Internet nowbody knows you're a dog (Abb. 1)* auf den Punkt gebracht wird und die auch der mexikanische Performance Künstler Guillermo Gomez-Pena zum Ausdruck brachte als er schrieb:

> Heute bin ich müde, vom Wechseln der Identitäten im Netz. In den letzten 8 Stunden war ich ein Mann, eine Frau, ein sie/er. Ich war ein Schwarzer, ein Asiat, Mixteco, Deutscher und eine multi-hybride Replik. Ich war 10 Jahre alt, 20, 42, 65. Ich habe 7 gebrochene Sprachen gesprochen. Wie Du sehen kannst, brauche ich wirklich eine Pause. Ich möchte bloss ich selbst sein, einige Minuten. (Zit. in Breidenbach/Zukrigl 2000)

Abb. 1: Peter Steiner. On the Internet nobody knows that you're a dog.

Der gleiche Zeitgeist prophezeite nicht nur völlig neue Identitätskonstruktionen, sondern auch weitreichende sozio-politische Auswirkungen der Neuen Medien. Da gab es die Utopisten, die im Internet die Blaupause einer transparenten und gerechteren Weltordnung sahen, in der Menschen sich frei organisieren und informieren, sich von repressiven Mächten befreien und neue Formen der Gemeinschaft bilden könnten (z. B. Rheingold, 1993). Für das dystopische Lager auf der anderen Seite beschleunigte das Netz dagegen nur die individuelle Entfremdung und führte zu einem fundamentalen Orientierungsverlust (z. B. Virilio, 1995). In dieser Vision öffnen die Neuen Medien dem kulturellen Imperialismus alle Schleusen und führen entweder zu einer völligen Entpolitisierung durch eine allumfassende Kommerzialisierung, oder radikalisieren ihre Nutzer, indem bislang marginalisierte Nischenphänomene (von diversen Fundamentalismen bis hin zu sexuellen Sonderpraktiken) eine breite Öffentlichkeit und neue Organisationsmöglichkeiten erhalten.

Vor der Präsentation einiger Thesen zu konkreten Entwicklungstendenzen und kulturellen Folgen der Neuen Medien aus der ethnographischen Erforschung des Cyberspace soll jedoch zuerst die Trennung zwischen Online und Offline Welten an sich hinterfragt werden. Denn der Fokus der ethnologischen Forschung liegt gerade auf dem Kontinuum zwischen diesen beiden Welten. Das Verhalten von Menschen im virtuellen Raum kann nur im Rahmen ihres Offline-Kontextes verstanden werden. Die viel beschworenen neuen Identitätskonstruktionen, Gemeinschaften und Praktiken sind immer auch eine Facette des realen sozialen Lebens. Menschen betten alle neuen Technologien, Waren und Ideen in ihr bestehendes Leben ein und nutzen sie für sehr reale Bedürfnisse und Ziele. Das Internet wird von Ethnologen deshalb als ein Ort angesehen, «continuous with and embedded in other social spaces that happen within mundane social structures and relations that they may transform but that they cannot escape» (Wilson / Peterson, 2002, S. 453).

Viele ethnologische Arbeiten, die sich mit dieser Schnittstelle zwischen Virtualität und Realität beschäftigen, bemerken, dass Menschen selbst alles Mögliche tun, um den Bruch zwischen den beiden Welten möglichst gering zu halten. So versuchen die Teilnehmer von Newsgruppen und Online Diskussionsforen, streng über die Authentizität ihrer Teilnehmer zu wachen. Um bei Peter Steiners Cartoon zu bleiben: Es ist für Hunde verdammt schwer, so zu tun, als seien sie Katzen.

Nehmen wir beispielsweise die chinesischen Onlineforen, die der Sinologe Karsten Giese untersucht hat. Da es den Teilnehmern eines Forums potentiell möglich ist, als Mary in Erscheinung zu treten, zu Zhao zu mutieren um dann als Gusti den Raum zu verlassen und es an den für die Offline Kommunikation typischen Hinweisen bezüglich der Identität des Gegenübers, wie Aussehen, Stimme oder Habitus fehlt, basiert alle Einschätzung auf dem geschriebenen Wort, unterstützt von einigen Emoticons. Da Teilnehmer aber ständig darauf bedacht sind, die Authentizität ihrer Gesprächspartner zu überprüfen, werden diese schriftlichen Äusserungen genauestens untersucht. Die Teilnehmer achten auf inhaltliche Stimmigkeiten – entspricht das, was die Person gestern gesagt hat, mit ihrer Aussage von heute überein? Wenn Luoyan wirklich, wie sie schreibt, aus Shanghai kommt, wieso kennt sie dann nicht die Super Brand Mall? Ebenso versuchen sie aus den verwendeten Schriftzeichen und Redewendungen Alter und Bildungsstand der anderen Teilnehmer herauszulesen (Giese, 2004).

Dass Internetnutzer versuchen, ihre Offline Welten und Bedürfnisse auch in den Neuen Medien zu reproduzieren, wird auch anhand einer Studie des britischen Soziologen Don Slater deutlich, der 18 Monate lang eine Feldforschung im IRC, im Inter Relay Chat, dem ältesten und grössten Chatsystem, durchgeführt hat. Slater erforschte dort die riesige Gemeinde der Sexbild-Sammler (Slater, 2000). Zur Hauptnutzungszeit (abends in den USA) halten sich allein in einem der Kanäle Zigtausende Menschen auf, zum Grossteil Amerikaner, je nach Tageszeit schalten sich aber auch Europäer, Australier, Brasilianer oder Hongkong-Chinesen zu. Sie reichen einzelne Bilder hin und her oder greifen über Fileserver auf fremde Festplatten zu.

In den Kanälen zirkuliert eine überwältigende Flut von Sexpics. Einzelne Teilnehmer haben im Durchschnitt Tausende von Bildern und Dateien, zusammengesucht von Websites, E-Maillisten, Newsgruppen und Bulletinboards, eingescannten Zeitschriften, privaten Filmen oder Fotos. Ständig kommen neue dazu und vermehren sich exponentiell, denn die Pics werden im Tausch ja nicht abgegeben, sondern nur kopiert. Diese Welt ist unerschöpflich, niemand kann alles haben, sehen, sammeln. Und das Ganze gibt es kostenlos! Manna vom Himmel.

Aber was machen die Menschen inmitten Pornotopia, dieser Welt des unerschöpflichen Konsums, der flachen Strukturen und grenzenlosen Anonymität? Sie etablieren Hierarchien, schaffen Werte und bauen menschliche Beziehungen auf.

Da werden zum einen die gleichen Grenzen strengstens patrouilliert, die auch die Sexwelt offline beherrschen. Die Kanäle spiegeln die standardisierten Kategorien der Pornoindustrie wider, von asiatisch über gefesselt bis laktierend. Es herrscht ein eindeutiges, unhinterfragtes Rollenbild: In den «normalen» chats bewegen sich heterosexuelle Männer und bi-neugierige Frauen. Davon streng getrennt laufen die Schwulenchats und solche für Tabuthemen.

Damit der Regeln aber nicht genug. Wie besessen passen Sexpics-Händler auf, dass in ihrer freien Welt auch ja niemand etwas umsonst bekommt. Wer Bilder herunterlädt, ohne selbst welche abzugeben, ist ein «Blutsauger» – und damit Abschaum. Sammler, die nicht die gleiche Anzahl oder gleichwertige Bilder zur Verfügung stellen, werden öffentlich blossgestellt («Handle nicht mit X!») und aufgebrachte «Opfer» verfolgen Blutsauger von Kanal zu Kanal, um sie zu stellen. Die Sammler verlieren zwar durch Blutsaugen nichts, denn es werden ja keine realen Bilder getauscht, sondern nur Kopien erstellt. Aber sie fühlen sich ausgenutzt. Um das zu verhindern, wurden extra Softwareprogramme entwickelt, mit denen Austauschverhältnisse festgelegt werden können: Für 100k von Dir kriegst Du 50k von mir.

Wieso ist es so wichtig, dass Geben und Nehmen sich die Waage halten? Nun, wie offline Gemeinschaften basieren auch Netzcommunities auf geregeltem Austausch. Doch von was? Die Datenpakete – immateriell, kostenlos und unendlich – sind schwer zu bewerten. Erst im Krieg gegen Blutsauger erhalten sie einen quasi ökonomischen Wert; werden in Waren verwandelt, die man besitzen, tauschen oder stehlen kann. Dies macht zwar wirtschaftlich keinen Sinn, stabilisiert aber den Austausch, ohne den Gemeinschaften nicht bestehen können.

Ebenso paradox wie die künstliche Limitierung der Unendlichkeit ist das Bedürfnis der Sammler nach Authentizität. Einerseits glaubt kein Teilnehmer dem anderen, dass er ist, was er (oder sie?) vorgibt, zu sein. Andererseits jedoch bemühen sie sich redlich, die wahre Identität des Gegenübers herauszufinden. Sie schicken E-Mails, telefonieren und treffen sich sogar im RL. Oder sie überprüfen die virtuellen Beziehungen dadurch, wie zuverlässig und aufmerksam einzelne Tauschpartner sind: Wer weiss, was mich anmacht, kennt mich und ist ein guter Freund.

Überhaupt wird der menschliche Aspekt der Tauscherei mit der Zeit für viele wichtiger als die Pics an sich. Erfahrene Händler erzählen, dass sie die Bilder ignorieren und sich nur einloggen, um zu plaudern und zu flirten. In einem der Chaträume wird jeder Neuankömmling freundlich begrüsst. Und nur weil der Kanal #!0fuckmywife heisst und Bilder von Frauen, die es mit gut ausgestatteten schwarzen Männern treiben, über den Bildschirm gleiten, weiss man, dass man nicht am Gartenzaun in Columbus, Ohio, steht.

Auch die Objekte der Begierde werden ständig auf ihre Authentizität überprüft. Am wertvollsten sind Bilder von «echten» Frauen, solchen, die sich privat lustvoll fotografieren lassen. Aber natürlich gibt es Tausende von kommerziellen Bildern, die eben diese Wohnzimmeratmosphäre vortäuschen.

Überhaupt erscheint es absurd, die Datenpakete auf ihre Echtheit zu überprüfen, sind sie doch schon mit der einfachsten Software zu manipulieren.

Und so zeigt Slater, dass im virtuellen IRC die gleichen Werte und Bedürfnisse herrschen wie im offline Leben auch, und dass Menschen selbst in einem Raum, in dem es vermeintlich nur um Sex geht, menschliche Nähe suchen, sich ihrer selbst vergewissern wollen, Gemeinschaften aufbauen wollen und ihre Ordnungstriebe ausleben.

II. Das Spektrum der Methoden und Forschungsfragen

In den letzten zehn Jahren sind die kulturellen, sozio-politischen und wirtschaftlichen Begleiterscheinungen der Internettechnologien, die sich selbst ständig weiterentwickeln und ausdifferenzieren (so sind zu den klassischen Technologien wie E-Mail, Chat, Newsgroups und Websites in den letzten Jahren z. B. Wikis, Podcasts und Weblogs hinzugekommen und verzeichnen ein exponentielles Wachstum; gab es 1999 erst eine Handvoll Blobs zumeist in den USA, sind es heute Millionen auf der ganzen Welt) Gegenstand der ethnologischen Forschung geworden.

Das Spektrum der Forschungszugänge reicht dabei von der Analyse computerbasierter Kommunikation (ein Beispiel dafür ist Slaters oben erwähnte Studie im IRC), während der die Ethnologin ausschliesslich die online Aktivitäten ausgewählter Gruppen verfolgt, bis hin zur klassischen ethnographischen Feldforschung, in der Ethnologinnen mit ihren Informanten zuhause, im Internetcafe und während der Arbeit vor dem Bildschirm sitzen, sie in die Schule, Firma und Nachtclubs begleiten und Interviews mit IT-Consultants, Internetbetreibern oder Politikern führen. Im Idealfall gelingt es dabei, einen «vertikalen Schnitt» (Nader, 1980) durch die behandelte Gesellschaft herzustellen, d. h. die Einbettung der Neuen Medien auf den unterschiedlichsten Ebenen zu verfolgen, von der Mikro-, über die Meso- bis zur Macroebene. In ihrer Studie *The Internet. An Ethnographic Approach* (2000) untersuchten der Anthropologe Daniel Miller und der Soziologe Don Slater u. a. die Auswirkungen von Internettechnologien in Trinidad auf das Selbstverständnis des Einzelnen, die sozialen und familiären Netzwerke, die Arbeitswelt und die religiöse Praxis. Diese Einblicke betteten sie ein in eine Diskussion der staatlichen trinidadischen Informationspolitik und des globalen IT-Umfeldes.[2]

Eine vergleichbare Bandbreite ergibt sich auch bei den Themen, die ethnologisch erforscht worden sind. Hier eine knappe, notgedrungen unvollständige Auswahl:

Ein wichtiges Thema ist die Digital Divide in allen Facetten, nicht nur als Kluft zwischen den verschiedenen Weltregionen, sondern auch innerhalb einzelner Gesellschaften, in denen bestimmte Schichten vom World Wide Web abgeschnitten sind. Eine Vielzahl von Studien befasst sich mit dem Demokratisierungspotential des Internets und hinterfragt kritisch die Annahmen der ersten Euphoriephase, in der davon ausgegangen wurde, dass ein neuer, freierer Informationsfluss unweigerlich demokratische, liberale Impulse aussenden würde. Diese Studien beschäftigen sich z. B. mit den Strategien einzelner Staaten, den Informationsfluss zu zensieren oder für ihre eigenen undemokratischen Zwecke einzusetzen. Diesen Arbeiten stehen solche gegenüber, die die Bedeutung der Neuen Medien für Nichtregierungsorganisationen, Interessenverbände und oppositionelle Gruppen herausarbeiten und darstellen, wie einzelne Gruppen, von den Zapatistas in Mexiko bis zu Exiltibetern, das Netz nutzen, um Widerstand zu leisten, strategische Allianzen zu knüpfen und eine globale Aufmerksamkeit zu wecken (z. B. McLagan, 1996). Eine weitere grosse Debatte, die einige Studien explizit ansprechen, eine noch grössere aber eher im Hintergrund thematisiert, ist die Frage nach den Auswirkungen der Vernetzung auf kulturelle Vielfalt. Geht die Verbreitung der Netztechnologien mit einer Amerikanisierung und/oder Verwestlichung einher, oder entsteht auf ihrer Basis vielmehr eine neue kulturelle Vielfalt? Wie nutzen Diasporagemeinschaften, Minderheiten, kleine Sprachgruppen und marginalisierte Subkulturen wie homosexuelle und lesbische Bewegungen (z. B. Berry/Martin/Yue, 2003) – also die «klassische Klientel» ethnologischer Forschung – die Neuen Medien?

Abb. 2: Luoyan beim Chatten mit Ehemann und Tochter.

III. Zwei Thesen

Aus dem skizzierten Spektrum möchte ich den letzten Themenblock aufgreifen und zwei sozio-kulturelle Entwicklungen vorstellen, auf die die neuen Medien besondere Auswirkungen haben.

These 1: Die neuen Medien verstärken den Trend der Transnationalisierung. Sie verändern die Organisationsformen von Familien, Staaten und ethnischen Gemeinschaften.

These 2: Internettechnologien fördern die kulturelle Vielfalt. Sie ermöglichen einer grossen Anzahl von z. T. marginalisierten Gruppen, Interessenverbänden, ethnischen Minderheiten und Diasporagemeinschaften, ihre kulturellen Besonderheiten zu erneuern und zu fördern. Sie bieten ein Forum, in dem komplexe Identitäten ausgehandelt werden und bislang «stumme» Gruppen eine Stimme erhalten können.

Zu These 1: Die neuen Medien verstärken den Trend der Transnationalisierung. Sie verändern die Organisationsformen von Familien, Staaten und ethnischen Gemeinschaften.

Wenn die 43jährige Luoyan, Händlerin für Plüschtiere und Eisenschlösser, nachmittags nach Hause in die Gepmadar utza kommt, dann wartet ihr Mann in Qingdao schon ungeduldig auf ihr Erscheinen im QQ. QQ ist ein chinesischsprachiger Chatroom, mit so vielen Funktionen, dass ich mir daneben wie eine Steinzeitsurferin vorkam. Luoyan setzt sich vor die Webcam und erzählt über das kostenlose Internettelefon, wie das Geschäft so läuft, wie es den Kindern geht, von Sissi, die in ihrer ungarischen Schule Klassenbeste ist und den Sorgen um ihren Sohn, der mit 17 Jahren gerade auf seine zweite Nierentransplantation wartet. Zwei Stunden verbringen die Ehepartner im Durchschnitt täglich miteinander online, nebenbei liest er die Zeitung und sie trägt die verkauften Teddybären in die Exceltabelle ein (Breidenbach/Nyíri, 2005).

Luoyan ist eine von insgesamt 40.000 chinesischen MigrantInnen, die in den frühen 1990er Jahren aus der Volkrepublik nach Ungarn eingewandert sind, während eines kurzen Zeitfensters, in dem Ungarn die Visumpflicht aufgehoben hatte. Die MigrantInnen füllen das im Sozialismus entstandene Vakuum an Konsumgütern, importieren meist billig in der VR China hergestellte Kleidung und Kleinelektronik und verkaufen sie auf dem Vier-Tiger Markt (den Ungaren als Josephstädter Markt bekannt) in Budapest. Viele von ihnen sind aber auch als Zwischenhändler für chinesische Waren in grossen Teilen Ost- und Westeuropas tätig. Die chinesischen MigrantInnen sind extrem mobil, viele pendeln mehrmals jährlich zwischen Ungarn und der Volksrepublik hin und her, sie eröffnen Tochterfirmen in anderen Teilen Europas, den USA, aber auch Afrika, Südamerika und dem Nahen Osten. Manche erkaufen mit Grossinvestitionen kanadische Staatsbürgerschaften für die ganze Familie, die Kinder werden aufs College nach Australien oder in die USA geschickt.

In Ungarn haben die chinesischen MigrantInnen die Neuen Medien pioniert. Sie waren die ersten, die Telefonkartengeschäfte und Internetcafes aufzogen, Chatrooms und Webcams in ihren Alltag integrierten. In China selbst erleben die Neuen Medien ein exponentielles Wachstum, im Sommer 2005 ging man von 100 Millionen Internetnutzern in der VR aus. Internettechnologien ermöglichen es dieser weltweit verstreuten Gemeinschaft, miteinander Kontakt zu halten, einen Kontakt, der in Luoyans Fall fast so intensiv ist, als lebten beide Partner unter einem Dach.[3]

Internettechnologien spielen damit eine wichtige Rolle bei der so genannten Transnationalisierung. Seit dem bahnbrechenden Werk *Nations Unbound* (1994) der Anthropologinnen Nina Glick Schiller, Linda Basch und Cristina Blanc-Szanton, versteht man in den Kultur- und Sozialwissenschaften unter Transnationalisierung eine Organisationsform, bei der Mitglieder einer Gemeinschaft, sei es ein Staat oder eine ethnische Minderheit, signifikante soziale, wirtschaftliche, religiöse und politische Beziehungen über nationale Grenzen hinweg und oft weitgehend losgelöst von geographischen Räumen aufrechterhalten.

Im Gegensatz zu früheren MigrantInnengenerationen, die nur mühsam den Kontakt zum Herkunftsort herstellen konnten und nach einiger Zeit Sprache und Tischmanieren des neuen Wohnorts annahmen, pflegen die heutigen MigrantInnen dank neuer Reisebestimmungen, Transportmöglichkeiten und eben der Neuen Medien enge Beziehungen zu ihren Herkunftsorten. Viele pendeln mehrmals jährlich zwischen der alten Heimat und dem neuen Wohnort hin und her, halten sich in beiden Ländern Wohnungen und lassen ihre Kinder ein paar Jahre in dem einen, ein paar Jahre in dem anderen Land verbringen. Sie sind alle doppelt verankert.

Zu diesen beiden Bezugspunkten, der alten Heimat und dem neuen Wohnort, gesellt sich oft noch ein dritter, die transnationale, ethnische Gemeinschaft, eine Gemeinschaft, die nicht mehr an konkrete Orte gebunden ist, sondern aus einem dichten Netz von Printmedien, Satelliten-TVs, Websites, Migrantinnenorganisationen und persönlichen Beziehungen besteht. Hat die Diasporabevölkerung eine kritische Masse, so wie die der Chinesen, dann kann man von einer alternativen Globalisierung sprechen, die sich mit der westlichen nur partiell überlappt.

Diese mehrfache Verankerung, die nicht nur für chinesische, sondern auch für türkische, senegalesische, trinidadische oder mexikanische Migrantinnen beschrieben worden ist, erscheint für diese infolge der instabilen globalen Wirtschaftslage sowie dem vielerorts herrschenden Rassismus überaus sinnvoll. Sie ermöglicht es ihnen, die Regeln von Staaten, die für sie vorteilhaft sind, auszunutzen und andere zu umgehen, an einem Ort Geld zu verdienen, an einem zweiten die Kinder in die Schule zu schicken und an einem dritten, meist in der alten Heimat, sich die soziale Anerkennung zu holen, die ihnen an ihren neuen Wohnorten oftmals verwehrt wird. Denn auch viele Staaten mit grossen MigrantInnenbevölkerungen, von Mexiko über die Türkei bis Armenien (nahezu die Hälfte der Menschen armenischer Abstammung leben ausserhalb der Republik Armenien), fördern die mehrfache Verankerung ihrer Bürger, um Investments der Bürger in Übersee in die heimische Wirtschaft zu kanalisieren, um internen Bevölkerungsdruck abzubauen und um ihren politischen Einfluss zu erweitern. Im Zuge dieser Entwicklung erfinden Nationen sich neu, und zwar als Gebilde, die nicht mehr primär an ein Territorium gebunden sind, sondern auch die Bürger einbeziehen, die als MigrantInnen weltweit verstreut leben.

Um den Kontakt mit ihren Bürgern in Übersee zu pflegen, nutzen Staaten das Internet zum Teil direkt, wie die staatliche armenische Website www.armeniandiaspora.com. Oft werden aber die Beziehungen und Loyalitäten auf subtilere Weise aufrechterhalten, zum Beispiel durch eine vom Entsenderstaat massgeblich geprägte Medienlandschaft, in welcher das Internet ein wesentlicher Baustein ist.

So loggen sich beispielsweise Millionen von Chinesen sowohl in der Volksrepublik, als auch in der Diaspora auf die staatliche Tageszeitung *People's Daily* ein. Aber auch alle im Ausland produzierten chinesischen Zeitungen (alleine in Ungarn werden wöchentlich zwischen 7–9 Zeitungen von Auslandchinesen hergestellt) beziehen ihre Nachrichten von den staatlich kontrollierten online Ausgaben der grossen chinesischen Festlandzeitungen. Untersuchungen über den Medienkonsum von Chinesen in der Volksrepublik und der Diaspora haben zudem ergeben, dass Chinesen zu einem überwältigenden Masse (82,6%) chinesisch-sprachige Websites aus der Volksrepublik aufrufen (Giese, 2004). Das chinesische Internet, mit 100 Millionen Benutzern den Amerikanern knapp auf den Fersen, ist chinesisch, nicht global oder amerikanisch, und es wird dominiert von den grossen chinesischsprachigen Internetportalen wie Sina.com, dem chinesischen Yahoo und Chatrooms wie QQ und Skype. Der allen Chinesen gemeinsame Pool von regimetreuen, da der offiziellen

Zensur und der Selbstzensur unterliegenden, Geschichten und Werten festigt wiederum das Zusammengehörigkeitgefühl von Chinesen weltweit. Wenn MigrantInnen in Ungarn, Japan oder Belize eine Zeitung in die Hand nehmen, den Fernseher oder Computer anschalten, sind die Unterschiede zwischen den Medien so gross oder so gering wie zwischen einem Kölner und Beiruter McDonald's.

Neue Medien bilden einen wesentlichen Grundstein einer alternativen chinesischen Globalisierung und einer neuen Art von Heimat, die nicht an konkrete geographische Räume gebunden ist, sondern aus weltweit verstreuten Netzwerken besteht.

Zu These 2: Die neuen Medien ermöglichen einer grossen Anzahl von z. T. marginalisierten Gruppen, Interessenverbänden, ethnischen Minderheiten, Diasporagemeinschaften und anderen kollektiven Identitäten, ihre kulturellen Besonderheiten zu erneuern und zu fördern. Sie bieten ein Forum, in dem komplexe Identitäten ausgehandelt werden und bislang «stumme» Gruppen eine Stimme erhalten können.

Ein weit verbreiteter Mythos des Cyberspace besagt, dass Menschen im virtuellen Raum ihre kulturelle Identität aufgeben. In manchen Szenarien werden Netztechnologien, gemeinsam mit Coca Cola und McDonald's zu grossen kulturellen Gleichmachern – auf den gleichen Microsoft Betriebssystemen surfen wir alle auf den gleichen kommerziellen Websites, meist amerikanischen Ursprungs. Die ethnologische Forschung widerspricht diesem Szenario in weiten Teilen. Sie zeigt vielmehr, wie Menschen die neuen, meist importierten, Techniken einsetzen, um «mehr wie sie selbst zu werden» (M. Sahlins) und das Netz als Bühne für ihre kulturellen Besonderheiten nutzen.

So beschreiben Miller und Slater in ihrer Ethnographie zum Internet auf Trinidad, wie die vielen in den USA, Grossbritannien und anderen Ländern der Welt verstreut lebenden Trinidader sich über den Rechner «die Wärme» ihrer Heimat holen. In den virtuellen Netzwerken, wie dem ICQ Chatroom «De trini lime» oder dem Diskussionsforum «De rumshop lime» gehen die meisten Teilnehmer explizit als Trinidader ins Netz und legen sich Namen wie Betty Trini, NewYorkTrini oder Louisthelover zu, die oft auf lokale

Helden oder Witze anspielen. Im Chat dominieren kulturtypische Sprachwendungen und Metaphern. Typisch trinidadische Kommunikationsformen, wie *ole talk* und *liming* (an der Strassenecke stehen und mit den Kumpels quatschen), ebenso wie sexuelle Flaxereien, können hier gepflegt werden. Viele dieser Ausdrucksformen würden, so die britischen Trinidader, von Engländern als sexistisch, vulgär oder rassistisch missdeutet werden. In Trini-Chatrooms dagegen könne man ganz sich selbst sein und müsse sich nicht ständig durch die fremdkulturelle Brille betrachten (wie wirkt das, was ich sage, in dem fremden Kontext?).

Über diese atmosphärische Aneignung hinaus werden Internettechnologien von vielen Gruppen genutzt, um sich selbst der Welt zu präsentieren. Im Zuge der Globalisierung erlebten wir in den letzten drei Jahrzehnten ein enormes Wachstum neuer kollektiver Identitäten. Viele marginalisierte Gruppen, ethnische und soziale Minderheiten, indigene Völker und interessenbasierte Gemeinschaften, artikulieren ein neues Selbstverständnis und berufen sich im Kampf um Rechte und Anerkennung auf ihre kulturellen Besonderheiten. Das Netz bietet sich für diese Gruppen besonders an, da viele von ihnen in ihren eigenen Ländern unterdrückt sind und nicht das politische Gewicht haben, um effektiv für die Verbesserung ihrer Lebenssituation eintreten zu können. Sie erhoffen sich mehr Gewicht durch die Globalisierung ihrer Agendas, d. h. sie versuchen, eine weltweite Öffentlichkeit auf sich aufmerksam zu machen und indirekt über einflussreiche ausländische Mächte wie die USA oder die Europäische Union Druck auf ihre Regierungen auszuüben. Viele dieser Websites wollen darüber hinaus aber auch die eigene Gemeinschaft und die nachfolgenden Generationen ansprechen, Kulturgut bewahren und revitalisieren.

Das Besondere an den vergleichsweise kostengünstigen Internettechnologien im Gegensatz zu anderen herkömmlichen Medien ist dabei natürlich, dass sie marginalisierten Gruppen ermöglichen, sich selbst öffentlich zu präsentieren und nicht von Dritten repräsentiert zu werden.

So nutzen beispielsweise die Ainu, die diskriminierten Ureinwohner Japans, das Internet zur Selbstdarstellung und Revitalisierung ihrer Gemeinschaft (s. z. B. http://www.ainu-museum.or.jp/english/english.html), die amerikanischen Ureinwohner stellen sich auf Sites wie dem Native Web (www.nativeweb.com)

dar und bieten die Möglichkeit für Gruppen mit ähnlicher Interessenlage, sich weltweit zu vernetzen. Andere, wie die Aboriginies, versuchen, im Netz nicht nur auf ihre Lebensweise aufmerksam zu machen, sondern auch Kunst zu vertreiben (http://www.kaltjitiarts.com.au/), oder sie verbinden einen virtuellen Rundgang durch ein kenianisches Slumviertel mit Spendenaufrufen (www.pips.at/huruma/). Auch die in Belize lebenden Maya stellen sich im Netz dar und dokumentieren ihre traditionellen Landbesitzverhältnisse, um ihr Gebiet vor der Abholzung des Regenwalds zu schützen (http://geography.berkeley.edu/ProjectsResources/MayanAtlas/MayaAtlas/MayanAtlas2.htm). Auch europäische Minderheiten, wie die Aleviten, eine aus Anatolien stammende Kultur- und Glaubensgemeinschaft, die sich nach Jahrzehnten der Assimilation seit den frühen 1990ern vermehrt mit ihren kulturellen Wurzeln auseinandersetzt, nutzen das Internet für ihre Belange. Insbesondere die in der deutschen Diaspora lebenden Aleviten fingen 1996 an, im Internet auf sich aufmerksam zu machen (Sökefeld, 2002).

Um ihre Sprachen netzfähig zu machen, haben Programmierer begonnen, eigene Schriftzeichen zu entwickeln. Fonts, Lernprogramme und Wörterbücher der burmesischen Mon, der Maori oder Maya können kostenlos heruntergeladen und genutzt werden. Die Lernangebote im Netz führen in einigen Fällen sogar zur Revitalisierung bedrohter Sprachen. Das hawaiianische Mailbox-Projekt Leoki weckte das Interesse des Nachwuchses am beinahe ausgestorbenen Ka 'ölelo Hawai'i. Mit Hilfe von Online-Projekten und Sprachsoftware gelang es hawaiianischen Aktivisten, die Sprache nach 90 Jahren Verbot wieder soweit zu verbreiten, dass heute an einigen Schulen des Inselstaats Hawaiianisch als Unterrichtssprache gewählt werden kann.

Auch wenn Websites für eine breite Palette von Gruppen eine Möglichkeit sind, sich selbst und ihre kulturellen Besonderheiten darzustellen, so stellt sich natürlich dennoch die Frage, wer hier für wen spricht. Mit dem richtigen kulturellen Kapital und elementaren Programmierkenntnissen ausgestattet kann jeder von sich behaupten, eine Gruppe zu repräsentieren. Dabei sind Minderheitenkulturen im Zweifel ebenso kulturell divers wie die Mehrheitskultur, von der sie sich absetzen wollen.

Wir stossen hier auf ein weitverbreitetes Dilemma: Um in der Öffentlichkeit gehört zu werden, sind Gruppen gezwungen, sich ein öffentliches Erscheinungsbild zu geben. Unsere politische Kultur schickt Gruppen, die keine sichtbare, griffige Identität haben, ins Aus. Im Zuge der Ideologie des Multikulturalismus nimmt diese Selbstdarstellung sehr spezifische Züge an. Real existierende Unterschiede zwischen Gruppen werden auf ein paar standardisierte Dimensionen reduziert. Jede Gruppe muss eine gemeinsame Geschichte, eine kollektive Biographie, eine gemeinsame Sprache, identifizierbare Werte und Rituale haben, die sie von anderen Gruppen absetzen und die man der Mehrheitsbevölkerung erzählen kann. Es gibt so genannte «Strukturen gemeinsamer Unterschiede» (Richard Wilk), die dafür sorgen, dass wir zwar nicht alle gleich werden, wir aber unsere Unterschiede auf eine Art und Weise organisieren und präsentieren, die einander ähnelt und daher allgemein verständlich ist.

Diese standardisierte Organisation von Pluralität birgt die Gefahr eines essentialistischen Oberflächenrealismus und droht die de facto bestehende Heterogenität von Gruppen auszublenden. Essentialistische Äusserungen wie «Die Familie ist für arabische Frauen der Lebensmittelpunkt» oder «Es ist Teil der chinesischen Kultur, Autoritäten zu respektieren» verschleiern einen Machtmissbrauch im Namen von «Kultur». Bestimmte dominante Gesellschaftsgruppen versuchen, ihre Werte und Praktiken zu verallgemeinern. Dabei drohen die Stimmen von Frauen und Kindern, Kulturwandel und Generations- und Geschlechterkonflikte unter den Tisch gekehrt zu werden (Shyrock, 2004).

Genau diese kulturelle Heterogenität von Gruppen, die auf Websites oft ausgeblendet wird, kann in einer anderen Internetanwendung, den online Diskussionsforen, jedoch eindrücklich sichtbar gemacht werden.

1994 gründeten zwei in den USA lebende Filipinos die Diskussionsgruppe soc.culture.filipino. Ziel der Gruppe sollte sein: «help others to understand what our culture is really like and not what it is rumoured to be». Das selbsterklärte Ziel war die Präsentation und kollaborative Erforschung einer authentischen Filipino-Identität. Die Soziologin Emily Ignacio, selbst das Kind philippinischer Einwanderer in die USA, beobachtete die Diskussionen in der Gruppe, die aus ca. 20.000 Mitgliedern bestand, während zweier Jahre (Ignacio, 2005). Bei der Mehrzahl der Teilnehmer handelte es sich um Filipinos auf den Philippinen und in den USA, es nahmen aber auch zahlreiche Filipinos aus anderen Ländern der Welt, von Griechenland über Singapur bis Österreich an den Diskussionen teil, ebenso wie ethnisch weisse Amerikaner und Europäer.

In den Diskussionen der Gruppe spiegelte sich zum einen die immense Bedeutung, die kulturelle Identität heute hat. Besonders die in der Diaspora lebenden Filipinos der zweiten Generation äusserten ein grosses Bedürfnis, ihre «Filipinoheit» zu erforschen, mehr über die Geschichte und Politik der Philippinen zu erfahren, alten Verwandten und neuen Freunden zu begegnen und sich eine virtuelle Heimat zu schaffen. Stellvertretend für viele hier ein Zitat von George, einem jungen Filipino-American Studenten:

> I am trying my damnedest to get back to my roots and learn more about my parents culture. My parents never taught me Tagalog for fear that I would have an accent and that other kids would make fun of me at school. They also neglected teaching me [...] about the culture or history of the Philippines, so now, at age 23, I feel very whitewashed and sad (Ignacio, 2005, S. 41).

Viele Teilnehmer äusserten Scham darüber, bislang keine Filipino-Identität gelebt zu haben, eine so genannte Kokosnuss zu sein, innen weiss, aussen braun, und sich wie ihre Elterngeneration in den amerikanischen Mainstream assimiliert haben zu wollen. Das Bedürfnis nach einer klar artikulierten Filipinoidentität, das in vielen Beiträgen deutlich wurde, hängt eng mit dem amerikanischen Multikulturalismus zusammen, der, wie ich oben schon kurz angedeutet habe, von Gruppen ein standardisiertes, wieder erkennbares Erscheinungsbild verlangt. In den online Diskussionen wurde immer wieder das starke Bedürfnis der Filipino-Americans deutlich, der dominanten weissen Mainstream Identität eine eigene entgegenzusetzen.

Die koloniale Beziehung und die bis heute herrschenden Machtungleichgewichte zwischen den Philippinen und den USA standen im Zentrum vieler Diskussionen, und Filipino-Identität wurde immer zuerst als «anders als die Amerikaner» verstanden. Die Teilnehmer versuchten, die amerikanischen Fremdeinflüsse Schicht für Schicht zu entfernen und darunter einen «authentischen» philippinischen Kern zu finden. Diskussionen entstanden um Fragen wie: Sind philippinische Werte nur in den Philippinen verwurzelt oder können sie auch in anderen Teilen der Welt gelebt und an nachfolgende Generationen weitergegeben werden? Sind Filipino-Americans überhaupt noch Filipinos? Und was ist mit solchen, die die amerikanische Staatsbürgerschaft angenommen haben und die Philippinen nicht mal regelmässig besuchen? Wie können wir die koloniale Mentalität, den Minderwertigkeitskomplex gegenüber Weissen abschütteln?

Doch die Suche nach einer authentischen Filipinokultur, nach einem von Kolonialismus unkontaminierten philippinischen Kern, wurde immer wieder konterkariert. So forderten in einer Diskussion einige Teilnehmer, die Westernisierung des Tagalog-Alphabets rückgängig zu machen und die ursprünglich nicht vorhandenen Buchstaben f, c, j, q und v als inauthentisch zu streichen. Diese Diskussion wurde sehr kontrovers, als ein Teilnehmer darauf hinwies, dass Tagalog selbst gar keine reine indigene philippinische Sprache ist, sondern während der Begegnung zwischen der philippinischen Sprachgruppe der Tagalen und den Spaniern entstand. Das vermeintlich authentische entpuppte sich als Produkt kolonialer Beziehungen. Auch in den Diskussionen über die kulturellen Wurzeln im Allgemeinen trafen die unterschiedlichsten Vorstellungen aufeinander. So schrieb ein auf den Philippinen lebender Teilnehmer:

> What roots? «To make a long story short, a Philippines does not have a single root. The country was essentially a bunch of tribes in different regions before the Muslims exerted their influence. Then came the Spanish. Then came the Americans, So there was no single Philippine Culture before colonial influence, So divided among those lines. The North is very different culturally from the south, Then on each island, one must consider the smaller regional differences, The Philippines is much like an onion, Lot's of layers, but when you peel them all away, there is no single core (Ignacio, 2005, S. 135).

Da die Teilnehmer von soc.culture.filipino aus den unterschiedlichsten Ländern der Welt kamen, wurde auch die kontrastive Natur jeder kulturellen Identität deutlich sichtbar. So tendierten viele in den USA lebenden Filipinos dazu, ihre eigene Kultur in diametraler Opposition zum weissen amerikanischen Mainstream zu definieren und in weiten Teilen zu idealisieren («wir schätzen und ehren unsere Frauen, die Amerikaner missbrauchen Frauen», «In Amerika werden Jugendliche korrumpiert, auf den Philippinen achten sie die Autorität der Ältesten» etc.) wobei sie aber von den auf den Philippinen lebenden Teilnehmern korrigiert wurden.

Wenn die Diskussionen zu heiss und vehement liefen und Teilnehmer offensichtlich unter den Meinungsaustauschen litten, wurden die Kontroversen oft durch Witze entladen und beendet. So schrieb ein Teilnehmer am Schluss der sehr engagiert geführten und viele Teilnehmer verletzenden Debatte um die Sprachreinheit: «As long as we fronounce our f's froferly, I thing there's no froblem with that.» Damit schwenkte die Diskussion um und es folgte eine Reihe von wortwitzigen Beiträgen, in denen die p's jeweils durch f's ersetzt wurden. Ebenso erhielt eine erbitterte Diskussion über den Kern der philippinischen Identität eine humorvolle Wendung, als ein Mitglied eine Liste veröffentlichte «You might be Filipino if ...» gefolgt von einer Reihe von halb ernst, halb scherzhaft gemeinten Charakteristika:

> Du kannst ein Filipino sein, wenn
> - Dich immer mindestens drei Leute gleichzeitig zum Flughafen bringen
> - Du nach Colgate und nicht nach Zahnpasta verlangst
> - Du immer 30 Minuten zu spät kommst
> - Deine Autohupe drei verschiedene Töne von sich geben kann
> - Deine Sofas mit Bettlaken zugedeckt sind
> - Du Hot Dog mit Reis isst
> - [...]

Diese Liste zog sich über viele Seiten hin und wurde von den Teilnehmern kontinuierlich erweitert und stellte auch in den sich anschliessenden Diskussionen über Identität und Authentizität einen wichtigen Referenzpunkt dar.

Diese Witze lösten nicht nur Spannungen in der Gruppe, sie brachen auch die dominante philippinisch-amerikanische Dichotomie auf. Die Diskussion über Sprache ging im Folgenden soweit, dass auch das so genannte Taglish, die Mischung aus Englisch und Tagalog, als typisch Filipino angesehen wurde und die Teilnehmer übereinkamen, dass sie erfolgreich die Sprache der einstigen Kolonialisten übernommen und zu etwas eigenem transformiert hatten und diese intentionale Hybridität nicht Ausdruck der verhassten kolonialen Mentalität war, sondern diese überwand. Ebenso kamen einige Teilnehmer zu dem Schluss, dass die Suche nach kulturellen Wurzeln zu Wenig führe und sich in den von allen Teilnehmern verstandenen Witzen vielleicht am ehesten ihre Filipino-Identität offenbare.

In diesen transnationalen Diskussionen wurde die Vorstellung einer «authentischen», «reinen» Identität dekonstruiert und kulturelles Selbstverständnis als ein historisches Produkt offen gelegt. Wie Ignacio schreibt:

> the attempt to define authenticity showed them that traditional boundary making and adjudicating membership based on these traditional categories is a problem. These sustained discussions made the participants experience and discover for themselves the power and fallibility of social construction. Even though we never articulated it as such, we saw many of our notions of ourselves and Filipinoness crumble with each debate and flame war (Ignacio, 2005, S. 132).

Zugleich jedoch bastelten die Teilnehmer aktiv an einer neuen, transnationalen Identität, die alte Dichotomien teilweise und punktuell überwand.

Aushandlungsprozesse wie die von Ignacio beschriebenen sind insofern spannend, als dass im virtuellen Raum eine Vielzahl von unterschiedlichen Stimmen zusammentreffen kann.

Dies gilt auch für so genannte «muted» oder «stumme» Bevölkerungsgruppen, wie Kinder, Jugendliche und Frauen, für die grosse Hürden bestehen, sich in öffentliche Diskussionen einzumischen, die aber im anonymen Raum des Internets eine Stimme bekommen. Die holländische Anthropologin Lenie Brouwer nahm 1999/2000 an der ersten holländisch-muslimischen Mailingliste teil und beobachtete die Diskussionen der surinamesischen, türkischen, holländischen und marokkanischen Teilnehmer (Brouwer, 2004a). Besonders Alltagsprobleme mit religiösem Hintergrund wurden hier rege diskutiert und die widersprüchlichen Anforderungen der Einwanderergeneration der Eltern auf der einen Seite und die der holländischen Gesellschaft auf der anderen thematisiert. Fragen wie «In wieweit passe ich mich der holländischen Kultur an?» und «Wann gebe ich meine Kultur preis» wurden hier ebenso rege diskutiert wie die Frage einer Muslimin, ob Frauen während des Fastenmonats Ramadan Make-up tragen dürften. Im Laufe der letzten Diskussionen, an der über 50 Teilnehmer sich beteiligten, setzten sich die Mitglieder der Mailingliste mit der Rolle der Frau in der muslimischen Ehe auseinander: Trägt sie Make-up, um ihrem Mann zu gefallen, oder tut sie es für sich selbst? Musliminnen, die sich für Make-up aussprachen, standen anderen gegenüber, die den Koran dahingehend auslegten, dass die Frau als Mittelpunkt der

Gesellschaft «rein» sein müsste (keine Männer anziehen dürfte) und sich in der Öffentlichkeit nur ungeschminkt zeigen sollte.

Diskussionen wie die Make-up Debatte stellen insofern eine neue Entwicklung dar, als dass sie die Interpretationshoheit über religiöse Texte und Dogmen, die vor der Verbreitung der modernen Massenmedien relativ fest in den Händen von männlichen, religiösen Schriftgelehrten lag, herausfordern. Schon vor dem Internet hatten Medien wie Radio, Kassetten, Fernsehen sowie die Printmedien neue (zum Teil säkulare) Interpreten zu Wort kommen lassen. Durch das Internet erfährt diese Entwicklung eine weitere Steigerung: Indem Muslime ihre Laienfragen öffentlich stellen und etablierte Interpretationen diskutieren, werden vormals unhinterfragte Autoritäten herausgefordert und das Positionenspektrum diversifiziert.

Auch auf Yasmina.nl, einer 2002 gegründeten holländisch-marokkanischen Website rund um das Thema Hochzeit, lässt sich das Bedürfnis gerade weiblicher Migranten nach einem freien Gedankenaustausch beobachten (Brouwer, 2004b). Ein Jahr nach der Gründung der Website durch zwei Marokkaner hatte das Forum schon 20.000 Mitglieder, von denen 85% Marokkaner, 70% weiblich und zwischen 15–30 Jahren alt waren. In vier Themengruppen (1. Beziehungen zwischen Mädchen und Jungen, 2. Frauen und Islam, 3. Heirat und 4. Die Position der Frau in der Ehe) diskutieren die Teilnehmer offen und ungeschminkt Fragen, die in der offline Welt in ihren Gemeinschaften stark tabuisiert sind, von «Wie wichtig ist Jungfernschaft?» bis «Was kommt zuerst: Heirat oder Ausbildung?» und «Was kann man machen, wenn der Ehemann einen zwingt, die Ausbildung abzubrechen oder ein Kopftuch zu tragen?». In diesen Diskussionen kristallisierte sich das Ideal einer Frau heraus, die zuerst ihr Studium absolviert, dann heiratet, ihr Leben aber auch nach der Heirat weitgehend selbst bestimmt.

Nun wäre es allerdings naiv zu glauben, dass Diskussionsforen wie die besprochenen machtfreie Räume sind, in denen alle Teilnehmer zu allen Themen frei ihre Meinung äussern können. Am Anfang meines Beitrages habe ich auf die enge Verzahnung von offline und online-Welten hingewiesen. Diese Verzahnung zeigt sich auch im Hinblick auf Machtverhältnisse. Dies möchte ich abschliessend an einem Beispiel aus der Diskussionsgruppe soc.culture.filipino zeigen:

Obwohl es in dieser Diskussionsgruppe viele sensible Themen gab, die offen und kontrovers von vielen männlichen und weiblichen Teilnehmern diskutiert wurden, so wurde ein Thema fast ganz den Männern überlassen, und zwar ausgerechnet das Thema der «philippinischen Frau». In den zahlreichen Debatten um eine philippinische Identität spielten Filipina eine herausragende Rolle, sie wurden von den männlichen Teilnehmern völlig stereotyp als ultrasinnliche, aber treue Frauen und Mütter dargestellt, ganz im Gegensatz zu androgynen, promiskuitiven und ihre Kinder vernachlässigenden westlichen Frauen. Diese Definition der «typisch philippinischen Frau» diente als Markierung und Grenze zwischen den Filipinos und den Amerikanern. Sie in Frage zu stellen, war ein solches Tabu auch innerhalb der anonymen Gruppe, dass die wenigen Filipinas, die wagten, sie in Frage zu stellen, beschimpft wurden, keine echten Filipinas zu sein und die eigene Kultur in den Dreck zu ziehen. Ebenso wurden die Filipinas, die zugaben, Beziehungen zu weissen Männern zu haben, als Verräterinnen an der philippinischen Sache angesehen. Der Ruf von Filipinas als Ehefrauen aus dem Katalog und als Prostituierte war offensichtlich so schmerzhaft, dass ein völlig stereotypes Gegenbild aufgebaut werden musste, das von den Teilnehmerinnen nicht hinterfragt werden durfte.

Fazit

Ethnologische Arbeiten zum Cyberspace zeigen, dass Internettechnologien von Menschen für die unterschiedlichsten Interessen genutzt und in bestehende Lebenswelten integriert werden und dass sowohl ein Technikdeterminismus als auch eine einseitig utopische oder dystopische Sicht auf das Netz ungerechtfertigt ist.

Auf der einen Seite zeigen die angeführten Studien, wie neue Technologien genutzt werden, um bestehende Lebensentwürfe zu realisieren. Sie können schon vorhandene Entwicklungstendenzen unterstützen und verstärken, z.B. wenn Kulturgemeinschaften sich einer Weltöffentlichkeit auf Websites präsentieren oder die durch Migration bedrohten Familienbande wieder gefestigt werden können. Zugleich weist aber auch einiges darauf hin, dass dem Internet eine aktivere Rolle für den Kulturwandel zukommen kann, beispielsweise wenn neue Solidaritätsnetzwerke geknüpft werden, die ohne neue Kommunikationstechnologien undenkbar gewesen wären. Ebenso können chats, online Diskussionsforen und blogs ein neues Gefühl der Zusammengehörigkeit vormals unbekannter Teilnehmer jenseits geographischer und sonstiger Limitierungen erzeugen. Sie bieten ihren Teilnehmern die Möglichkeit, im geschützten online Raum neue, ungewohnte Positionen auszuloten. Zugleich können im Dialog essentialistische Vorstellungen hinterfragt und Konzepte wie «Identität» und «Realität» nicht als apriori und unumstösslich, sondern als diskursiv erzeugt, erfahren werden.

Anmerkungen

1 Teile dieses Beitrags basieren auf einem früheren Artikel der Autorin und Ina Zukrigl (2003).

2 Ohne Zweifel stellen die Neuen Medien eine Herausforderung für den methodischen Werkzeugkasten der Ethnologie dar. Viele Fragestellungen lassen sich nicht mit der die Wissenschaft lange Zeit dominierenden Feldforschungsmethode, bei der die Ethnologin 18–24 Monate in einer ausgewählten sozialen Szene teilnehmend beobachtet, erfassen. Innerhalb des letzten Jahrzehnts hat sich jedoch, unabhängig von der Erforschung des Internets, eine rege Diskussion um die Feldforschungsmethodik entfacht. Zum einen wurde deutlich, dass in einer hochgradig vernetzten Welt viele der brennenden Probleme und Themen nicht stationär an nur einem Ort erfassbar sind. Zum anderen stellten Ethnologen die lange Zeit verbreitete Annahme, man könne überhaupt «eine Kultur» als Ganzes beschreiben, in Frage und machten es sich bescheidener zur Aufgabe, eine Momentaufnahme und -analyse kultureller Strategien und Praktiken zu liefern. Im Zuge dieser Refokussierungen kam der Ruf nach einer «multi-lokalen Feldforschung» auf, bei der der Ethnologe zwischen zwei oder mehreren Orten hin und her pendeln muss, um komplexe Zusammenhänge adäquat zu erfassen.

Mit diesen methodischen Schwierigkeiten hängt es wohl auch zusammen, dass die Neuen Medien, gemessen an der Größe und Bedeutung des Phänomens, noch nicht den Stellenwert in der Ethnologie haben, der ihnen meines Erachtens zustünde. Bei der Wahl eines Habilitationsthemas oder seines angelsächsischen Äquivalents hüten sich junge Ethnologen wohlweislich davor, sich thematisch und methodisch zu weit von ihren Betreuern zu entfernen, denn die Stellenvergabe erfolgt nach konservativen Kriterien und eine klassisch stationäre Feldforschung wird immer noch einem experimentelleren Vorgehen vorgezogen (George Marcus, persönliche Kommunikation).

3 Vergleichbares haben Miller und Slater (2000) über das Internet in Trinidad beschrieben. Sie zeigten, wie die vielen Familien, in denen Mitglieder im Ausland leben und deren Fortbestehen akut bedroht war, durch die neuen Kommunikationstechnologien ihren Kontakt verstärkten und ihre Beziehungen auf völlig neue Beine stellten.

Literatur

Basch, L. / Glick Schiller, N. / Blanc-Szanton, C. (1994). *Nations Unbound. Transnational Projects, Postcolonial Predicaments and Deterritorialized Nation-States.* New York: Gordon and Breach.

Berry, C. / Martin, F. / Yue, A. (Hg.) (2003). *Mobile Cultures. New Media in Queer Asia.* Durham & London: Duke University Press.

Breidenbach, J. / Nyíri, P. (2005). Die Tiger an der Donau. In *GEO* 10, S. 148–154.

Breidenbach, J./Zukrigl, J. (2000) Weltweitweb. In brand eins 2 Heft 05, Juni 2000.

Brouwer, L. (2004a). Dutch Muslims on the Internet: A new Discussion Platform. In *Journal of Muslim Minority Affairs*, 24, 1, April, S. 47–57.

Brouwer, L., (2004b). Yasmina: een virtuele plek voor Marokkaanse meisjes. In *Tijdschrift Pedagogiek, wetenschappelijk forum voor opvoeding, onderwijs en vorming.* December.

Gibson, W. (1984). *Neuromancer.* New York: Ace.

Giese, K. (2004). Surfing the Virtual Minefield. Doing Ethnographic Research on the Chinese Internet. In Gransow, B. / Nyiri, P. / Shiaw-Chian, F. (Hg.), *China. New Faces of Ethnography.* Berliner China Hefte, Vol. 28, S. 20–43.

Haraway, D. (1991). A Cyborg Manifesto: Science, Technology, and Socialist-Feminism in the Late Twentieth Century. In Haraway, D. (Hg.) *Simians, Cyborgs and Women: The Reinvention of Nature* (S. 149–181). New York: Routledge.

McLagan, M. (1996). Computing for Tibet: Virtual Politics in the Post-Cold War Era. In Marcus, G. (Hg.), *Connected. Engagements with Media* (S. 159–194). Chicago: University of Chicago Press.

Miller, D. & Slater, D. (2000). *The Internet. An Ethnographic Approach.* Oxford: Berg.

Nader, L. (1980). The Vertical Slice: Hierarchies and Children. In Britain, G. / Cohen, R. (Hg.), *Hierarchy and Society* (S. 31–43). Philadelphia: ISHI Press.

Rheingold, H. (1993). *The Virtual community: Homesteading on the Electronic Frontier.* MA: Addison-Wesley Pub. Co.

Shyrock, A. (2004). In the Double Remoteness of Arab Detroit. Reflections on Ethnography, Culture Work, and the Intimate Disciplines of Americanization. In Shyrock, A. (Hg.), *Off Stage, On Display. Intimacy and Ethnography in the Age of Public Culture* (S. 279–314). Stanford: Stanford University Press.

Slater, D. (2000). Consumption without Scarcity: Exchange and Normativity in an Internet Setting. In Jackson, P./Lowe, M./Miller, D./Mort, F. (Hg.), *Commercial Cultures* (S. 123–142). Oxford: Berg.

Sökefeld, M. (2002). Alevism Online: Re-Imagining a Community in Virtual Space. In *Diaspora – A Journal of Transnational Studies*, 11, S. 85–123.

Tuckle, S. (1995). *Life on the Screen. Identity in the Age of the Internet.* New York: Simon and Schuster.

Virilio, P. (1995). *Speed and Information. Cyberspace Alarm.* Verfügbar im Internet: http://www.ctheory.net/text_file.asp?pick=72

Wilson, S./Peterson, L. (2002). The Anthropology of online communities. In *Annual Review of Anthropology*, 31, S. 449–467.

Tourismus-Communities: Neue Reiseinformation, neues Reisen?

Marco Prestipino[1] und Gerhard Schwabe

1 Einleitung: Communities als Informationssysteme

Virtual Communities sind in den letzten Jahren vermehrt in den Fokus der Forschung geraten. Rheingold (1993) prägte den Begriff und beschrieb virtuelle Gemeinschaften idealisierend als Gegenwelten. Die Betrachtung der sozialen Beziehungen in virtuellen Gemeinschaften aus soziologischer und psychologischer Perspektive ist bis heute ein dominierendes Feld der Community-Forschung. In der Betriebswirtschaftslehre wurden Virtual Communities – häufig ebenfalls stark idealisiert – als Instrumente der Kundenbindung in der New Economy (vgl. Hagel/Armstrong, 1997) und als Instrument des Wissensmanagements (Wenger, 2002) populär. Im vorliegenden Artikel schlagen wir die Betrachtung von Communities als Informationssysteme vor. Damit zielen wir auf das Potential von Virtual Communities ab, neben der Herstellung sozialer Bindung Informationsbedürfnisse befriedigen zu können. Wir werden zeigen, dass dies leistungsfähig und mit einer Reihe von Vorteilen gegenüber Informationssystemem wie Büchern geschieht. Da somit eine Community auch als Informationssystem recht leistungsfähig sein kann, lohnt es sich zu überlegen wie sie verbessert werden können.

Wir betrachten Communities im Tourismus, da diese Anwendungsdomäne einige interessante Merkmale aufweist: der Informationsbedarf kann hoch und komplex sein; der Markt ist intransparent, es werden überwiegend Wissens- und Vertrauensgüter gehandelt; die Nutzer können von mobilen Technologien profitieren; Reisen ist mit Emotion verbunden, die Motivation zum Austausch von Erfahrungen ist daher hoch. Reisen, insbesondere Individualreisen, ist mit vielerlei Informationsbedarf verbunden. Reiseziel und -route müssen geplant werden, komplexe Wechselbeziehungen und persönliche Präferenzen berücksichtigt werden. Während der Reise entsteht spontan weiterer

Informationsbedarf, insbesondere bei Individualtourismus. Das liegt an der Dynamik und Unvorhersehbarkeit vieler Faktoren wie Wetter, Preise, Transport, politische Verhältnisse und Koordination mit Personen oder Ereignissen. Ein Reisender könnte z. B. aufgrund von Wetterbedingungen oder enttäuschter Erwartungen seine Reise umplanen und dafür neue Information benötigen. Das Spektrum des Informationsbedarfs reicht von sehr allgemein, z. B. Landeskunde, Klima, Saison bis zu hochspezifisch und individuell. Ein Beispiel: «Ich möchte drei Wochen Europa bereisen und habe dazu 2000 € zur Verfügung, möchte Freunde in Rom besuchen und mittelalterliche Kirchen sehen. Welche Route soll ich wählen?». Dieses Problem könnte mit beliebig vielen Vorschlägen gelöst werden. Offensichtlich wurden jedoch nicht alle Faktoren und Präferenzen formuliert. Alter, Gesundheit, Bildung, Risikobereitschaft, Vorwissen und Vorstellungen vom Reiseziel u. a. beinflussen die Reisegestaltung. Der Informationsbedarf muss daher häufig in einem Kommunikationsprozess herausgearbeitet werden.

2 Grundlagen

2.1 Tourismus-Informationsprodukte

Wir unterscheiden zwischen Informationsprodukten und Informationsdienstleistungen. Informationsprodukte werden ohne direkte Mitwirkung des Kunden erzeugt und von diesem autonom konsumiert, Informationsdienstleistungen erfordern die aktive Mitwirkung des Reisenden. Reiseführer in Buchform sind ein klassisches Beispiel für Tourismus-Informationsprodukte: Reiseführer werden von einem oder mehreren Autoren geschrieben, die persönlich grosse Teile des Inhalts recherchieren und versuchen, den Informationsbedarf des Lesers vorwegzunehmen. Oft können Reisende dem Verlag oder den Autoren Berichtigungen/Erfahrungen zukommen lassen, die in zukünftigen Auflagen berücksichtigt werden.

Informationsprodukte weisen einige Schwächen auf. Ein Nutzer kann von der verfügbaren Information nur das abrufen, was er als seinen Bedarf erkannt hat und auch adäquat formulieren kann (vgl. Abbildung 1). Der tatsächliche

Informationsbedarf kann erheblich vom wahrgenommenen Bedürfnis abweichen, unter- oder überschätzt werden. Der Nutzer kann seinen Informationsbedarf möglicherweise nicht ausdrücken, da er nicht weiss, wie die Antwort aussehen wird und welche Begriffe relevant sind. Belkin (1982) bezeichnete dieses Problem als «anomalous state of knowledge».

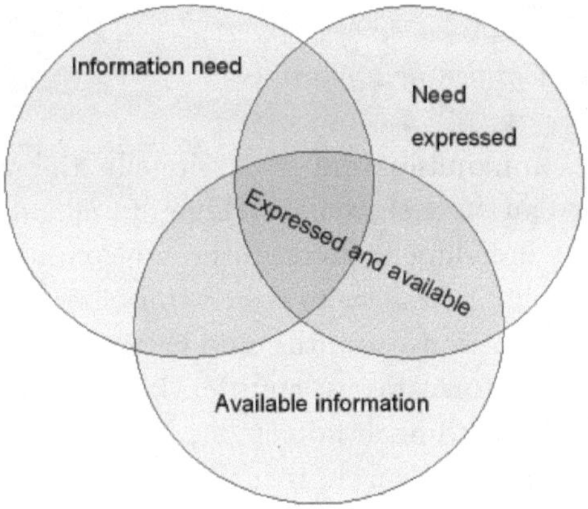

Abbildung 1: Vorhandene Information, erkannter und geäusserter Informationsbedarf.

Informationssysteme können als computergestützte virtuelle Informationsprodukte betrachtet werden, wenn sie vom Nutzer autonom bedient werden und Anfragen ohne menschliche Arbeitsleistung beantworten. Beispiele sind elektronische Reiseführer, datenbankengestützte Hotel- und Flugreservationssysteme und WWW-Seiten. Im Gegensatz zu Büchern können Informationssysteme nahezu beliebige Datenmengen speichern und damit theoretisch für komplexe Fragen Information bereithalten. Es ist aber für eine kleine Gruppe von Produzenten unmöglich, derart umfassende Information zu recherchieren und zu pflegen. Ein solches System müsste dem Nutzer erlauben, komplexe multidimensionale Anfragen auch entsprechend zu formulieren. Bislang unterstützt keine Benutzerschnittstelle die Ausdrucksmächtigkeit menschlicher Sprache. Ohne diese eingrenzenden Feinheiten kann es schnell zur kognitiven Überlastung kommen, da der Nutzer eine zu grosse Informationsmenge erhält und daraus erst das für ihn Relevante extrahieren muss. Wie das Eingangsbeispiel zeigte, ist zur genauen Klärung häufig auch Kommunikation nötig, da der Informationsbedarf nicht klar ausgedrückt wurde. Ein weiteres Problem betrifft Abrechnungsmodelle für ein solches Informationssystem, da der Käufer kaum bereit sein wird, für Information zu zahlen, die zum grossen Teil seinen Informationsbedarf übersteigt. Ein Informationssystem hat als «black box» auch ein Vertrauensproblem, denn der Nutzer kennt weder Herkunft und Qualität der Information noch den Mechanismus zur Auswahl der Information (vgl. Kuhlen, 1999).

2.2 Tourismus-Informationsdienstleistungen

Persönliche Netze, Communities und professionelle Informationsvermittler beteiligen den Kunden an der Leistungserstellung. In einem kommunikativen Prozess liefern sie auf individuelle Bedürfnisse zugeschnittene Information, gratis oder gegen Bezahlung. Man kann daher von einer Dienstleistung sprechen. Professionelle Informationsvermittler sind beispielsweise Reisebüros oder Fremdenverkehrsämter. Informationsvermittler können ihrerseits Informationsprodukte oder Dienstleistungen nutzen. Sie kondensieren und individualisieren erhaltene Information danach aber auf den spezifischen Bedarf und Kontext des Kunden. Das Internet hat zu einer drastischen Senkung von Transaktionskosten geführt und ermöglicht Erbringung und Abruf von Informationsdienstleistungen unabhängig von Zeit und Ort sowie Märkte für Mikro-Informationsdienstleistungen: So können beim «Google answers service»[2] Fragen gestellt werden, für die man nur geringe Summen zu zahlen bereit ist. Ausserdem suchen die Experten auf diesem Markt die Fragen aus, die sie beantworten wollen, es entsteht also nicht das Problem, dass Experten durch direkte Kommunikation mit Anfragen überschüttet werden. Andere Organisationsformen, die der Open-Source Szene zuzuordnen sind, heben die Trennung zwischen Experten und Nachfragern komplett auf und produzieren kostenlose, frei verfügbare Information. Prominentes Beispiel ist die Wikipedia, aber das Prinzip lag schon dem wesentlich älteren USENET zugrunde (vgl. Pfaffenberger, 2003).

Persönliche Netze spielen bei Reiseplanung eine grosse Rolle (Freyer, 2001). Sie sind jedoch begrenzt in ihrer Reichweite und Kommunikationsgeschwindigkeit. Virtuelle Gemeinschaften als computergestützte Entsprechung privater Netze haben diese Beschränkungen nicht. Eine Community erschliesst Wissen aus ihrem Gedächtnis, d. h. der in der Vergangenheit zusammengetragenen Information und aus allen anderen erwähnten Quellen. Dabei ist die

«Schnittstelle» natürlichsprachlich, und der Informationsbedarf kann in einer Diskussion iterativ ermittelt und verfeinert werden. In einer Virtual Community wird Kommunikation zu gemeinsamem, sichtbarem Material. Information kann bestätigt, kritisiert oder ergänzt werden, es gibt eine Art «Peer reviewing». Die Äusserungen einer Person in der Vergangenheit, seine Reputation und Feinheiten der Sprache helfen dabei, erhaltene Information zu bewerten. So wird die Aussage eines als wagemutig bekannten Schreibers zu Schwierigkeiten einer Tour anders zu bewerten sein als die eines als umsichtig bekannten Mitglieds. Daher sprechen einige Argumente dafür, dass virtuelle Tourismus-Communities leistungsfähige Informationssysteme sind (vgl. Abbildung 2).

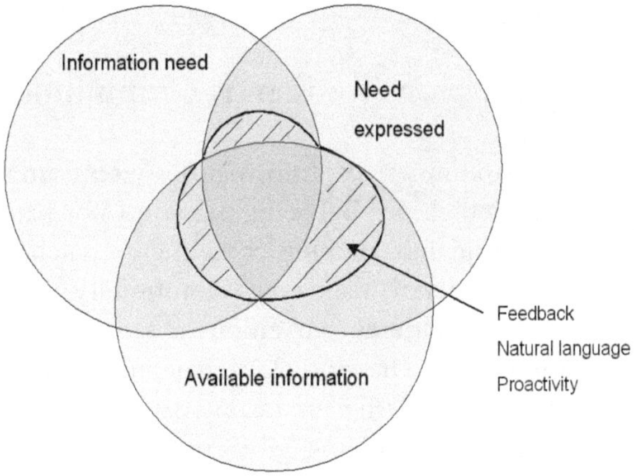

Abbildung 2: Eine funktionierende virtuelle Gemeinschaft erschliesst Wissen besser als ein Informationssystem.

Bei einer aktiven Community mit vielen Teilnehmern und Besuchern kann von einer erweiterten verfügbaren Informationsmenge ausgegangen werden. Durch Diskussionen kann der tatsächliche Informationsbedarf herausgearbeitet werden, den der Frager vielleicht falsch formuliert hatte. Zusätzlicher Informationsbedarf, den der Frager nicht bedacht hatte, kann von Mitgliedern eingebracht werden.

Dieser Artikel wird nun der Frage nachgehen, ob neben plausiblen Argumenten auch empirische Belege für die Leistungsfähigkeit von Tourismus-Communities zu finden sind. Sowohl in der Communityforschung als auch in der

Tourismusforschung ist zur Leistungsfähigkeit von Tourismus-Communities als Informationssysteme bisher nichts zu finden. Die Tourismusforschung betrachtet bisher das Internet und Virtual Communities weitgehend als zusätzlichen Verkaufskanal bzw. überhaupt nicht (vgl. z.B. Buhalis, 1998; Wang, 2002; Rossmann/Donner, 2002), neue Tourismus-Informationssysteme (vgl. z.B. CRUMPET[3] und Fesenmayer, 2003) gehen in der Regel von professionell und redaktionell gestalteten Inhalten und nichtkooperativen Systemen aus. Der Artikel soll deshalb weiterhin etablieren, dass eine Informationssystem-Perspektive auf Communities sinnvoll ist und wie Forschung mit dieser Perspektive aufgebaut werden kann.

3 Leistungsfähigkeit von Tourismus Communities

Unsere Sicht auf Communities als Informationssystem impliziert, dass die Leistungsfähigkeit hinsichtlich der Befriedigung von Informationsbedürfnissen beschrieben, gemessen und mit anderen Systemen verglichen werden kann. Um die These zu verifizieren, dass eine Community ein leistungsfähiges Informationssystem ist, präsentieren wir empirische Untersuchungen konkreter Tourismus Communities. Die erste Untersuchung behandelt die Innensicht dieser Community: Wie effizient beantwortet die Community Fragen ihrer Mitglieder? Diese Untersuchung gibt Aufschluss über die Leistungsfähigkeit der Community aus Sicht ihrer Nutzer, gibt aber noch keinen Aufschluss darüber, ob diese Informationen besser oder schlechter als die eines Informationsprodukts wie eines Buches ist. Diese Frage behandelt die zweite Untersuchung: Hier vergleichen wir die Community mit einem Reiseführer und prüfen, wie gut typische Reisefragen in der Community und im Reiseführer beantwortet werden. Das Spannende und für uns Überraschende an diesen Untersuchungen ist die ausserordentliche Leistungsfähigkeit der Tourismus-Community: Sie findet in vielen Fällen eine brauchbare Antwort für ihre Mitglieder (Frage 1) und sogar für neutrale Fragen ist die Community als Informationssystem mindestens so leistungsfähig wie populäre Reiseführer (Frage 2).

3.1 Absolute Leistungsfähigkeit von Communities

Die erste Untersuchung betrachtet, wie leistungsfähig eine Community für ihre Mitglieder absolut ist. Die Leistungsfähigkeit als Informationssystem lässt sich daran messen, wie gut dort aufgeworfene Fragen innerhalb akzeptabler Zeit beantwortet werden. Als Objekt der Untersuchungen diente eine deutschsprachige Community über Brasilien, das Brasil-Web[4]. Diese nichtkommerzielle virtuelle Gemeinschaft wurde 1998 gegründet. Sie ist vollständig webbasiert und bietet Forum, Veranstaltungskalender, Fotogallerien, Chaträume und Adressdatenbank. Es ist keine Anmeldung erforderlich, um im Forum Beiträge zu lesen, jedoch um in bestimmten Unterforen zu schreiben. Es gibt Moderatoren, die die Einhaltung der Regeln sicherstellen. Zwei Unterforen wurden für alle Untersuchungen ausgewählt, da sie sich am ehesten mit Reisefragen befassen: eines zu Insider-Tipps zu Städten und Regionen und eines zu Reisen nach Brasilien. Bei der Präsentation der Resultate werden die beiden Foren nicht einzeln, sondern gemeinsam betrachtet, da im Verlauf der Analyse keine relevanten Unterschiede erkennbar wurden. Untersuchungseinheit ist jeweils ein Diskussionsverlauf (engl. Thread). Jede untersuchte Einheit beinhaltet somit ein erstes Posting (Initial-Posting) und null bis x Postings mit Antworten (Reaktionen). Die Reaktionen auf Initial-Postings wurden nur ausgewertet, wenn das Initial-Posting eine oder mehrere Reisefragen formuliert hatte.

Zur Veranschaulichung folgt eine Reisefrage aus dem Forum[5]:

> Bin neu hier im Forum und plane nun eine Brasilien-Reise (insgesamt 12 Übernachtungen: Rio + Buzios), stehe aber vor dem Problem, dass ich starke Bedenken wegen des Fluges mit TAP nach Rio habe (Dauer: ca. 14 h mit Zwischenlandung in Lissabon). Der Abflug ab Frankfurt/Main wäre bereits morgens um 7:00 Uhr, weswegen ich schon nachts um 2:00 Uhr mit der Bahn am Flughafen ankommen und dann warten müsste..... Wie macht ihr das?

Beispielhaft drei gekürzte Antworten zu dieser Frage, die bereits das Potential erahnen lassen:

> In Deinem Falle würde ich 1 Tag früher nach Lissabon fliegen, sich die Stadt anschauen und am nächsten Tage weiterfliegen. Entspannend und lohnenswert

> Die übernachtung in lissabon bezahlt normalerweise die tap.frag sicherheitshalber mal bei deinem reisebüro nach. Am angenehmsten ist sicher ein Hotel.Ganz angenehm das Sheraton direkt am Flughafen.Etwas günstiger DZ < 100€ das Steigenberger. Bietet TAP eigentlich Vorabend Check In?Dann bräuchtet ihr nur 30 min vor Abflug am Gate sein.
>
> Zitat von der TAP-Website: Vorabend Check-in Für den ersten TAP Flug von Frankfurt nach Lissabon um 6:45 Uhr täglich ist nun bereits ein Check-in am Vorabend zwischen 16:35 Uhr und 18:15 Uhr möglich.Check-in Counter: TAP Air Portugal, Terminal 2, Schalter Nr. 866 / 867 / 868.

Eine Untersuchung von insgesamt 206 Diskussionsverläufen (Prestipino, 2004), die in einem sechsmonatigen Zeitraum (27.09.2002–27.03.2003) eröffnet wurden, ergab, dass mehr als 80 Prozent der 105 als Reisefragen qualifizierten Beiträge beantwortet wurden, und das recht zeitnah. Es beteiligten sich durchschnittlich 3 Personen (exklusive Fragesteller) an den Diskussionen. Eine Rückfrage an den Fragenden zur Klärung des Informationsbedarfs erfolgte in 16 Fällen. Gelesen wurden die Diskussionen um ein vielfaches häufiger.

Zwischenergebnis: Die Tourismus-Community hat eine hohe absolute Leistungsfähigkeit, da sie die meisten gestellten Fragen beantwortet.

3.2 Vergleich der Community mit gedruckten Reiseführern ausgehend von neutralen Fragen

Die folgende Untersuchung zielte darauf ab, die in der Community vorhandene Information mit der des Informationsprodukts «Buch» zu vergleichen. Dazu wurde untersucht, wie vollständig Fragen anhand beider Medien zu beantworten waren. Eine genaue Beschreibung des Untersuchungsdesigns enthält (Prestipino, 2006). Wir schlagen vier Qualitätsdimensionen vor (Schwabe/Prestipino, 2005): Aktualität, Vollständigkeit, Struktur und Personalisierung, betrachten in diesem Artikel aber nur die Vollständigkeit. Vollständigkeit kann sich zum einen darauf beziehen, wie gut ein Informationssystem den Informationsbedarf eines Reisenden (seiner Meinung nach) befriedigt und wie vollständig andererseits die gelieferte Information im Vergleich zu einer idealen Information wäre. Es ist nicht durchführbar und von geringem praktischem Wert, die Ausgabe eines Informationssystems mit idealer Information zu vergleichen. Es wäre zwar möglich, beispielsweise alle Hotels in einer Stadt zu ermitteln, aber offensichtlich unmöglich, ideale Information zu offenen Fragen zu ermitteln. Daher ermitteln wir die Vollständigkeit pragmatisch aus Sicht des Nutzers.

Um die Evaluation anhand eines typischen Informationsbedarfs durchzuführen, wurden Reisende zu einer Brainstorming-Sitzung eingeladen, bei der sie typische Fragen generierten. Nachdem die Fragen in der Gruppe geordnet wurden, wurden die nachfolgenden neun für die Untersuchung ausgewählt:

1. Welches sind die Empfehlungen für einen einwöchigen Aufenthalt in X?
2. Wie sicher ist X für Touristen?
3. Welche Zahlungsmittel sind in X empfehlenswert?
4. Gibt es gesundheitliche Risiken in X, auf die ich mich vorbereiten muss?
5. Wie kann ich in X mobil telefonieren?
6. Wo gibt es gute Flohmärkte in X?
7. Wo kann ich als Tourist in X Einheimische treffen?
8. Wie komme ich vom Flughafen X ins Zentrum, besonders nachts?
9. Wie viel Geld brauche ich für eine dreiwöchige Low-Budget-Reise in X?

Diese Fragen wurden in Foren zu fünf verschiedenen Ländern gestellt. Nach zwei Wochen wurde von rekrutierten Teilnehmern aus den Antworten und einer Volltextsuche über die Inhalte des Diskussionsforums zu jeder Frage und jedem Land ein Text erstellt. Dieselben Fragen wurden in den jeweiligen Reiseführern von Lonely Planet recherchiert und ebenfalls zu kurzen Texten verarbeitet. Sinn war, die Herkunft der Information zu verschleiern, um einer Verfälschung vorzubeugen.

Country	Online Community	Average number of messages per month (2005)[67]
Brazil (BRA)	Virtual Tourist Forum http://www.virtualtourist.com/	461
Australia (AUS)	newsgroup rec.travel.australia+nz	370
Great Britain (GB)	Thorn Tree Forum UK & Ireland http://thorntree.lonelyplanet.com/categories.cfm?catid=25	5238
Greece (GRE)	newsgroup alt.travel.greece	96
United States of America (USA)	newsgroup rec.travel.usa-canada	1821

Tabelle 1: Untersuchte Communities

Diese Texte wurden nun von anderen Versuchsteilnehmern bewertet. 27 Probanden erhielten die Antworten auf Papier vorgelegt, ohne dass sie wussten, welche Antwort von welchem Medium stammt. Die Beurteilung der Vollständigkeit erfolgte binär (ausreichend: ja/nein) sowie als Note für den Grad der Vollständigkeit (1–6). Jeder Bewerter erhielt 15 Texte, wobei kein Bewerter dieselbe Frage zum selben Land in beiden Medien erhielt. Jeder Text bestand aus einer Frage und dem dazugehörigen Antworttext. Die Bewerter gaben nun eine Einschätzung jedes Textes im Bezug auf die gestellte Frage: enthielt er ausreichend Information, um handlungs- und entscheidungsfähig zu machen?

> Wo gibt es gute Flohmärkte in Athen?
>
> Der grosse Flohmarkt von Athen ist beinahe schon legendär, er erstreckt sich von Plateia Monastirakiou bis zu Onto Ermou. Auf diesem Markt kannst du alles kaufen, was man sich vorstellen kann! Der Flohmarkt wird von den Athenern grundsätzlich Sunday market genannt. Er geht um sieben Uhr auf und die letzten Stände werden um die zwei Uhr weg geräumt.

Resultat: In vier der fünf untersuchten Länder wurden Informationen aus den virtuellen Communities besser bewertet als die Informationen aus den Reiseführern *(Abb. 3)*. Bei dem verbleibenden Land muss angemerkt werden, dass die ausgewählte Community höchstens ein Viertel der Nachrichtenanzahl der anderen Communites erreicht und somit eventuell dysfunktional ist. Es scheint also ein Zusammenhang zwischen Aktivität und Qualität zu bestehen. Werden nur die vier aktiveren Communites betrachtet, ist der Unterschied zu den Reiseführern signifikant ($p<.1$). Über alle Länder war der Vorteil der Communities nicht statistisch signifikant. Die Teststärke beträgt $\lambda = 10$ bei einem Effekt von $\Omega^2 = .1$, damit beträgt die Wahrscheinlichkeit eines Typ II Fehlers $\beta < .1$. Die Wahrscheinlichkeit, dass Virtual Communities eine niedrigere Informationsvollständigkeit aufweisen als Reiseführer, kann als sehr niedrig angesehen werden.

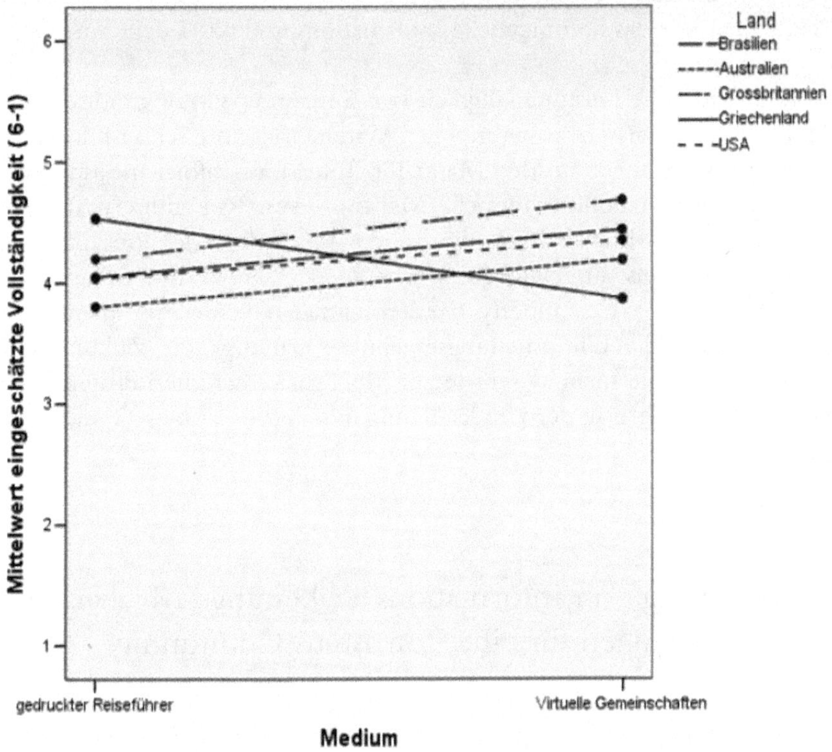

Abbildung 3: Vergleich der Medien anhand von Noten (Höchstpunktzahl = sechs).

Zwischenergebnis: Ausgehend von neutralen Fragen konnte die Leistungsfähigkeit der Tourismus-Communities hinsichtlich Vollständigkeit gegenüber kommerziellen Reiseführern belegt werden. Communities weisen sogar tendenziell höhere Bewertungen durch die Probanden auf (Unterschied statistisch nicht signifikant). Die Vollständigkeit der Information in einer Virtuellen Gemeinschaft hängt offenbar stark von der Aktivität der Gemeinschaft ab (z. B. alt.travel.greece).

3.3 Resümee

Nach der Etablierung einer hohen absoluten Leistungsfähigkeit der Community konnte gezeigt werden, dass die Community eine mindestens gleiche Vollständigkeit wie das kommerzielle Informationsprodukt «Buch» aufweist.

Die verblüffend hohe Leistungsfähigkeit von Tourismus-Communities in Verbindung mit dem Fortschritt bei mobilen Systemen könnte schon mittelfristig deutliche Auswirkungen auf den Markt für Tourismus-Informationsprodukte haben. Der geringere informationelle Mehrwert von Reiseführern wie dem Lonely Planet wird bisher durch die höhere Portabilität des Produktes und den geringeren Preis ausgeglichen. Wenn auch höherwertige Smartphones oder PDAs zu einer Commodity werden, entfallen beide Argumente. Wir fühlen uns durch die Untersuchungsergebnisse ermutigt, die Zukunft beim Einsatz dieser Systeme nicht so sehr in auf Mobilgeräte herunterladbaren Reisebuchextrakten, sondern in der Unterstützung mobiler Tourismus-Communities zu sehen.

4 Verbesserung von Informationsverabeitungs-Mechanismen und Werkzeugen für eine Tourismus Community

4.1 Mechanismen und Werkzeuge der Informationsverarbeitung in Communities

Communities können recht leistungsfähige Informationssysteme sein. Das ist insoweit erstaunlich, als die Werkzeuge von Communities typischerweise weniger für die Informationsspeicherung als für die Unterstützung der Kommunikation gedacht sind. Heute werden wie vor 20 Jahren Diskussionen in einer Baumstruktur abgelegt. Dies ermöglicht es, den Diskussionsverlauf nachzuvollziehen; es ist aber sehr schwierig, Information zu einem bestimmten Thema zu finden. Selbst wenn eine Stichwortsuche über alle Beiträge möglich ist, wird die Information nur fragmentiert dargestellt und viele irrelevante Beiträge überdecken die wirklich relevanten. Diskussionsverläufe zu ähnlichen Themen existieren isoliert voneinander und fragmentieren die vorhandene Information. Da visuell meist die aktuellsten Diskussionen hervorgehoben werden, enden andere Diskussionen nach einiger Zeit und geraten in Vergessenheit.

Deshalb werden in Communities auch immer wieder die gleichen Fragen gestellt – sehr zum Verdruss der aktiven Mitglieder. Die Gemeinschaft kann zwar auf alte Diskussionen hinweisen, Threads sind aber Transkripte einer Diskussion, die spätere Nutzung bedingt das Lesen des kompletten Verlaufs. Die Information kann wegen der mangelnden Kohärenz nicht effizient gewartet werden. Von Moderatoren (Top-down) erzeugte kohärente Texte, sogenannte «Frequently asked questions» helfen meist nur, die Spielregeln der Community zu erklären, geben aber keinen Aufschluss zu den meisten inhaltlichen Fragen (gerade wenn diese aktuell sind). Auch bei ihnen stellt sich zudem das Wartungsproblem. Faktoren der Techniknutzung in Communities wurden in der Forschung thematisiert (vgl. z. B. Leimeister, 2004), jedoch nicht die Änderung der Technik an sich oder die Messung ihrer Leistungsfähigkeit.

Ein Anhaltspunkt für Verbesserungen ergab sich aus einer Kategorisierung von Forenbeiträgen im Brasil-Web. Tabelle 2 zeigt die Kategorien und die Verteilung der Diskussionsthemen. Die Einordnung basiert auf dem ersten Beitrag, nachfolgende Antworten könnten zum Teil anderen Kategorien zugeordnet werden. Ein grosser Anteil der Beiträge sind keine Fragen, sondern unaufgefordert geschriebene Information.

Eine zweite Analyse erbrachte ein ähnliches Ergebnis (Suter, 2004): Ein grosser Anteil neuer Threads wurde ohne konkret formulierte Frage gestartet: über die Hälfte aller Initial-Postings (56 Prozent) artikulieren keinen Informationsbedarf, sondern dienen der direkten ungefragten Weitergabe von Information.

Foren, ursprünglich für Diskussionen entwickelt, unterstützen diese Nutzung suboptimal. Es gibt keine Struktur, um die Information zu finden, und Information jeden Detailgrades wird gleichartig präsentiert. Ungefragte Beiträge erhöhen die Geschwindigkeit, mit der Themen aus dem sichtbaren Bereich verschwinden. Ungefragte Information sollte zusammen mit Extrakten aus Diskussionen strukturiert als gemeinsames Material gespeichert werden, so dass sie aktualisiert, zusammengeführt und korrigiert werden kann.

Kategorie	*Anzahl*	*Anteil*
Travel-related question	105	51,46%
General question	11	5,34%
Meeting/Contact	10	4,85%
Travel diaries	13	6,31%
Unsolicited information	63	30,10%
Unsolicited Opinion	2	0,97%
Provocation	1	0,49%
Amusement	1	0,49%

Tabelle 2: Kategorisierung von 206 Foren-Threads (Pres04)

4.1 Integration von gemeinsamem und persönlichem Material und Kommunikation

Um das Wissensmanagement von Communities zu verbessern, schlagen wir die Verknüpfung von Diskussionswerkzeugen mit gemeinsamem Material vor. Als gemeinsames Material eignen sich z.B. Wikis (Leuf/Cunningham, 2001), Sammlungen von WWW-Seiten, deren Inhalt leicht von Nutzern in ihrem Browser geändert werden kann. Während sich ein Wiki nicht gut als Kommunikationswerkzeug eignet, da es z.B keine Visualisierung von Diskussionsstrukturen bietet, ist es ein exzellentes Werkzeug zur Bearbeitung von gemeinsamem Material. Ein Beispiel ist Wikitravel *(Abb. 4)*. Ein Wiki bietet nicht den Vorteil der «menschlichen» Schnittstelle. Ein ideales System unterstützt daneben die kommunikative Wissensproduktion, z.B. durch ein Forum. Es stellt zusätzlich Werkzeuge zur Nutzung und kooperativen Bearbeitung des Gedächtnisses der Gemeinschaft dar. Information kann direkt oder als Ergebnis von Diskussionen in das gemeinsame Material gelangen. Umgekehrt ist es wichtig, dass das gemeinsame Material wieder Ausgangspunkt von Diskussionen sein kann. Wenn ein Leser Inhalte nicht zur Diskussion stellen kann, ist die Korrekturfunktion eingeschränkt.

Nutzer können eigenständig suchen oder ihre Frage im Forum stellen. Das gemeinsame Material ist ein Informationsprodukt, es kann ohne Kommunikation mit der Gemeinschaft genutzt werden. Ist die gefragte Information bereits vorhanden, können andere Mitglieder darauf verweisen. Das ist ein entscheidendes Merkmal eines kooperativen Informationssystems zu klassischen Informationssystemen. Die Gemeinschaft bildet eine zusätzliche, natürlichsprachliche Schnittstelle zu der Information. Weiterhin ist die Information leicht und unmittelbar zu ändern. Der Erstellungsprozess ist zudem transparent.

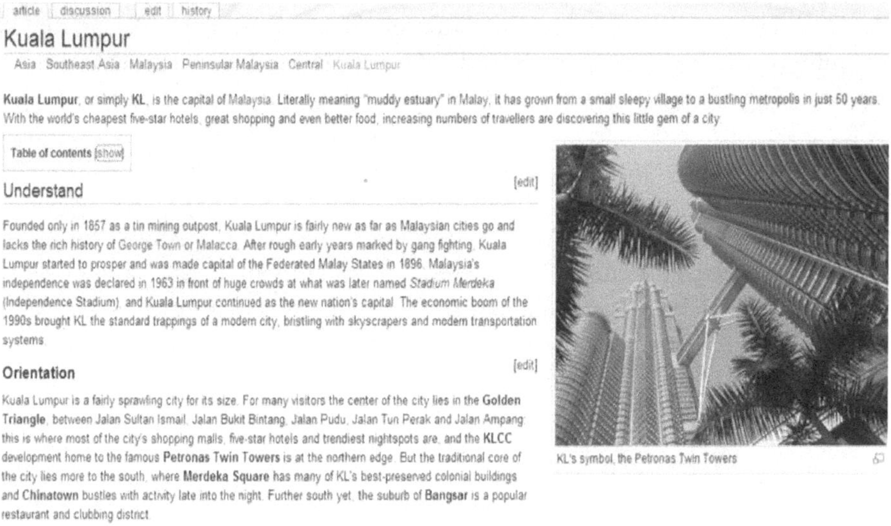
article | discussion | edit | history

Kuala Lumpur

Asia · Southeast Asia · Malaysia · Peninsular Malaysia · Central · Kuala Lumpur

Kuala Lumpur, or simply **KL**, is the capital of Malaysia. Literally meaning "muddy estuary" in Malay, it has grown from a small sleepy village to a bustling metropolis in just 50 years. With the world's cheapest five-star hotels, great shopping and even better food, increasing numbers of travellers are discovering this little gem of a city.

Table of contents [show]

Understand [edit]

Founded only in 1857 as a tin mining outpost, Kuala Lumpur is fairly new as far as Malaysian cities go and lacks the rich history of George Town or Malacca. After rough early years marked by gang fighting, Kuala Lumpur started to prosper and was made capital of the Federated Malay States in 1896. Malaysia's independence was declared in 1963 in front of huge crowds at what was later named *Stadium Merdeka* (Independence Stadium), and Kuala Lumpur continued as the new nation's capital. The economic boom of the 1990s brought KL the standard trappings of a modern city, bristling with skyscrapers and modern transportation systems.

Orientation [edit]

Kuala Lumpur is a fairly sprawling city for its size. For many visitors the center of the city lies in the **Golden Triangle**, between Jalan Sultan Ismail, Jalan Bukit Bintang, Jalan Pudu, Jalan Tun Perak and Jalan Ampang: this is where most of the city's shopping malls, five-star hotels and trendiest nightspots are, and the **KLCC** development home to the famous **Petronas Twin Towers** is at the northern edge. But the traditional core of the city lies more to the south, where **Merdeka Square** has many of KL's best-preserved colonial buildings and **Chinatown** bustles with activity late into the night. Further south yet, the suburb of **Bangsar** is a popular restaurant and clubbing district.

KL's symbol, the Petronas Twin Towers

Abbildung 4: Wikitravel Quelle: http://wikitravel.org/en/Kuala_Lumpur.

Daneben sollte dem Nutzer auch ein persönlicher Bereich zur Verfügung stehen, in dem er für ihn relevante Informationen sammeln und strukturieren kann. Hierzu kann z. B. ein Blog genutzt werden.

Die Werkzeuge müssen nun möglichst weit integriert werden, um den Fluss zwischen Kommunikation und Wissensbasis in beide Richtungen möglichst einfach zu gestalten.

4.3 Ortsbezug und Mobilität

Touristen sind von Natur aus mobil. Eine Visualisierung des Aufenthaltsortes schafft die neue Möglichkeit zur ortsbezogenen Kommunikation. So können Mitglieder gezielt bei Fragen zu ihrem Aufenthaltsort angesprochen werden, da man eine höhere Expertise und Glaubwürdigkeit vermuten kann. Eine andere Möglichkeit ist das Markieren relevanter ortsbezogener Information mit Tags, um automatisch zu Orten Information suchen zu können, z. B. zum aktuellen Aufenthaltsort eines Nutzers mit GPS-Empfänger und PDA. Durch das Anzeigen von Mitgliedern im Umkreis können spontane Begegnungen organisiert werden und damit Koordinationsprobleme gelöst werden wie das Finden einer Gruppe mit gleichen Interessen (Beispiel «Bootsausflug»). Typischerweise sind Reisende hierbei auf Bekanntschaften aus der Unterkunft oder des Transits beschränkt. Evaluationsergebnisse stehen noch aus. Anhand von GPS-Koordinaten können neben Menschen auch Objekte gekennzeichnet werden, z. B. würde die Annotierung eines interessanten Aussichtspunktes anderen Reisenden ermöglichen, diesen zu finden. Auch das typische Problem von gedruckten Reiseführern, das Veralten der Gastronomie- und Unterhaltungstipps, kann durch Annotation vermieden werden. Wieder stellt die Gemeinschaft dabei einen Filter dar, denn eine Vielzahl von teilweise kommerziell motivierten Einzelannotationen würde dem Reisenden nicht helfen.

5 Konklusion

Dieser Beitrag gab eine Übersicht über unsere laufende Community-Forschung und führte die Betrachtung von Communities als Informationssysteme ein. Die überraschend hohe Leistungsfähigkeit lässt uns vermuten, dass die Informationsverarbeitung von Reisenden vor einem Umbruch steht: Der Reiseführer wird ersetzt durch ein mobiles Endgerät. Dieses wird aber nicht – wie häufig behauptet – hauptsächlich mit professionell erstelltem Content gefüllt sein, sondern neben einem allgemeinen Internetzugang Informationsdienstleistungen von einer Tourismus-Community enthalten. Dabei übernimmt die Tourismus-Community die Informationssammel- und Bewertungsfunktion der Reisebuch-Autoren. Während in der sonstigen Buchbranche befürchtet wird, dass das Internet mittelfristig in vielen Bereichen die Wertschöpfungskette zwischen Autoren und Lesern überspringt (und alle Zwischenschritte von den Verlagen bis zum Buchhandel um ihre Existenz bangen lässt), sehen wir im Tourismusbereich eine Branche, wo auch die klassische Rolle der Autoren gefährdet ist. Um diesen Schritt zu gehen, muss nicht nur eine Infrastruktur für den mobilen Zugriff auf Informationen aufgebaut werden, sondern auch die Community-Informationssysteme müssen verbessert werden.

Anmerkungen

1 Corresponding author; email: marco.prestipino@ifi.unizh.ch
2 http://answers.google.com/answers/
3 http://www.ist-crumpet.org/
4 http://www.brasil-web.de/phpBB2/index.php
5 http://www.brasil-web.de/phpBB2/viewtopic.php?t=1405
6 Wegen kontinuierlicher Löschung älterer Beiträge im Thorn Tree Forum von Lonely Planet wurden Daten von Januar 2006 als Grundlage zur Schätzung der Anzahl an Diskussionsbeiträgen pro Jahr genommen.
7 Quelle: Google Groups, e. g. http://groups.google.com/group/rec.travel.usa-canada/about

Literatur

Belkin, N. J. / Oddy, R. N. / Brooks, H. M. et al. (1982). ASK for Information Retrieval: Part I. In *Journal of Documentation* 38(2), 1982, S. 61–71.

Buhalis D. (1998). Strategic Use of information technologies in the tourism industry. In *Tourism Management* 19(5), 1998, S. 409–421.

Cleary, D. / Jenkins, D. / Marshall, O. (2003). *The Rough Guide to Brazil.* Rough Guides Publishing. 5th Edition.

Fesenmaier, D. R. / Ricci, F. / Schaumlechner, E. / Wöber, K. / Zanella, C. (2003). *DIETORECS: Travel Advisory for Multiple Decision Styles.* Proceedings of Enter conference, Helsinki Finland, 2003.

Freyer, W. (2001). *Tourismus, Einführung in die Fremdenverkehrswirtschaft.* München: Oldenbourg.

Hagel, J. III / Armstrong A. G. (1987). *Net Gain. Expanding Markets Through Virtual Communities.* Harvard: Harvard Business School Press.

Kuhlen, R. (1999). *Die Konsequenzen der Informationsassistenten. Was bedeutet informationelle Autonomie oder wie kann Vertrauen in elektronische Dienste in offenen Informationsmärkten gesichert werden?* Frankfurt: Suhrkamp.

Leimeister, J. M. / Sidiras, P. / Krcmar, H. (2004). *Success Factors of Virtual Communities from the Perspective of Members and Operators – an Empirical Study.* Hawaii International Conference on System Sciences, Big Island, Hawaii, 2004.

Leuf, B. / Cunningham, W. (2001). *The Wiki Way: Quick Collaboration on the Web.* Boston: Addison-Wesley.

Noble, J. / Draffen, A. et al. (2002). *Lonely Planet: Brazil. Special wildlife section, including Amazonia and the Pantanal.* Lonely Planet Publications.

Pfaffenberger, B. (2003). A Standing Wave in the Web of our Communications: Usenet and the Socio-Technical Construction of Cyberspace Values. In Lueg, C. / Fischer, D. (Hg.), *From Usenet to Co Webs* (S. 20 ff.). London: Springer.

Prestipino, M. (2004). Supporting Collaborative Information Spaces for Tourists. In *Akzeptiert für: Mensch und Computer* 2004, Paderborn.

Prestipino, Marco (2006). Submitted to 19th Bled eConference, June 5–7, 2006, Bled, Slovenia. (?)

Rheingold, H. (1993). *The Virtual Community: Homesteading on the Electronic Frontier.* Reading, MA: Addison-Wesley.

Rossmann, D. / Donner, R. (2002). *WEB-TOURISMUS 2002. Erfolg im Tourismus durch das Internet.* München: ULYSSES Management.

Schwabe, G. (1995). *Objekte der Gruppenarbeit. Ein Konzept für das Computer Aided Team.* Wiesbaden: Gabler.

Schwabe, G. / Prestipino, M. (2005). How tourism communities can change travel information quality. In Bartmann, D. et al. (Eds), *Proceedings of the 13th European Conference on Information Systems* (ECIS).

Suter, S. (2004). *Virtuelle Gemeinschaften als Informationssysteme im Bereich Tourismus. Evaluation und Optimierung der Unterstützungstechnologie zur asynchronen kooperativen Wissensgenerierung in virtuellen Gemeinschaften.* Diplomarbeit, University of Zürich.

Wang Y. / Yu, Q. / Fesenmaier, D. R. (2002). Defining the virtual tourist community: implications for tourism marketing. In *Tourism Management*, 23, S. 407–417.

Wenger, E. / McDermott, R. / Synder, W. (2002). *Cultivating Communities of Practice.* Boston: Harvard Business School Press.

Augenlose Liebe oder die Liebe der inneren Augen: virtuelle Partnerwahlprozesse

Evelina Bühler-Ilieva

Virtuelle Partnerwahl in der Gegenwartsgesellschaft als soziologisches Thema

Wie kommt heute überhaupt eine Paarbeziehung zustande? Wie frei – anders gesagt wie zufällig – ist die Partnersuche der Gegenwart? Entsteht eine Beziehung allein durch die freie, individuelle Wahl zweier Personen, die beschliessen, ihren Weg in die Zukunft gemeinsam weiterzugehen? Hierauf antwortet die Soziologie, indem sie auf der *gesellschaftlichen Determinierung* der Partnersuche und der Partnerwahl beharrt. Um die *Überzufälligkeit* (eine quasi «sozial gesteuerte Zufälligkeit») der Prozesse der Partnerwahl[1] zu erklären, wird eine Vielzahl von Faktoren herangezogen. Im allgemeinen haben wir das Hauptdilemma der sozialen Steuerung von *gesellschaftlichen Normen* und *individuellen Präferenzen* gegenüber *situativen Gelegenheiten* vor Augen:

A. *Normative Regeln* – in Gesetzen festgelegte Heiratsregeln und sozial geteilte Wertvorstellungen über die angemessene Partnerwahl – mit dem Steuerungsmechanismus der sozialen Kontrolle. Die normative Perspektive begreift die Partnerwahl als Handeln, das hauptsächlich von sozialen Wertvorstellungen determiniert ist.
B. *Persönliche Präferenzen* – individuelle Vorstellungen einer Person, wie ein Partner sein soll. Diese werden in der Austauschtheorie als Balance zwischen Bedürfnissen und Erwartungen und in familienökonomischen Ansätzen als Kosten-Nutzen-Abwägungen thematisiert. Hier handelt es sich wie bei A. um handlungstheoretische Erklärungsversuche, die Antwort auf die Frage «wer mit wem» zu geben versuchen.
C. *Sozialstrukturelle Rahmenbedingungen*, darunter *Gelegenheitsstrukturen* – (a) Bildungsinstitutionen Schule und Universität; (b) Arbeitsplatz und mit dem Beruf verbundene Aktivitäten; (c) Freizeitsorte wie Disco oder Bar; (d) zu-

fällige Begegnungsorte; (e) Verwandte sowie engste Freunde und Bekannte mit Vermittlungsfunktion. Hierbei handelt es sich um strukturelle Erklärungsversuche als Antwort auf die Frage «wo und wie?»

Paradoxerweise ist es aber gerade für die modernen menschlichen Gesellschaften charakteristisch, dass keine explizit auf Partnerwahl ausgerichteten sozialen Arrangements ausgebildet werden. Diese Prozesse vollziehen sich nebenbei – unkontrolliert und unberechenbar – innerhalb von Institutionen oder Interaktionsfeldern mit anderen Hauptfunktionen: Schulen, Vereinigungen, Freizeitanlässen. Solch konventionelle «Angebote» wie Arbeitsplatz und Schule werden aber der heutigen «Nachfrage» nach Partnerfindungsorten quantitativ und qualitativ aus mehreren Gründen nicht mehr gerecht (siehe Geser/Bühler-Ilieva, 2006):

1. Das durchschnittliche Heiratsalter hat sich verschoben, die Suche nach dem Lebenspartner wird oft erst nach der Ausbildungszeit aktuell. Die Schule verliert damit ihre Bedeutung als Stifterin altershomogamer Beziehungen.
2. In vielen Betriebsstätten sind strikte Umgangsregeln (zum Schutz gegen sexuelle Belästigung) eingeführt worden, die die Kontaktaufnahme zwischen Männern und Frauen erschweren.
3. Durch Trennungen und Scheidungen entstehen in grosser Zahl «sekundäre Singles», denen aufgrund ihres mittleren oder höheren Lebensalters die üblichen Einrichtungen und Veranstaltungen (Schule, Party) fehlen, die für Jüngere reichliche Gelegenheit zur Partnersuche bieten (vgl. Brym/Lenton, 2001).

Auf diese Art und Weise verlieren die bisher relevanten sozialen Felder und Institutionen einen Teil ihrer generativen Kraft – Familienanlässe oder Partys, Discos oder Ferienreisegruppen wirken weniger paarbildend als früher, wie Geser & Bühler-Ilieva (2006) feststellen. Als Folge entsteht ein Bedarf nach artifiziellen und möglichst niederschwelligen Formen sozialer Kontaktbildung, die mit der Heterogenität der Lebenslagen besser kompatibel sind. Interpersonelle Beziehungen bilden sich an allen erdenklichen Orten im Internet – sei es in Chatrooms, Mailinglisten, in MUDs und MOOs, oder auf Partnersuch-Portalen. Nur im Fall von Partnersuchplattformen im Internet haben wir es mit einer gezielten Suche nach einem Partner zu tun, die Kontaktbereitschaft wird von jedem Benutzer durch die Teilnahme an sich bekundet. Somit erhalten alle Teilnehmer den gleichen Status – den Status eines Suchenden. 6,7 Millionen Menschen in Deutschland haben laut einer ländervergleichenden Studie von Nielsen/NetRatings[2] im Juli 2005 Partnerbörsen im Internet besucht (21% der aktiven Internetnutzer). In Frankreich suchten 19% der Internetnutzer ihren Partner online, in Grossbritannien 12%. Empirische Untersuchungen zeigen, dass sich die Nutzer von Online Partnerbörsen bezüglich ihrer sozialen Integration kaum von Nichtnutzern unterscheiden: sie treffen sich in ihrer Freizeit gleich häufig mit Freunden und nehmen ebenso stark am Vereinsleben teil (Brym/Lenton, 2001; Madden/Lenhart, 2006; Fiore, 2004).

Onlinedating erweist sich als unschlagbar effizient in doppeltem Sinne, da die Kontaktnahme zu beliebigen Zeiten vom Heimcomputer aus möglich ist (ohne Partizipation an sozialen Events), und da die grosse Auswahl an potentiellen Partnern es erlaubt, sehr präzise Selektionskriterien zur Geltung zu bringen (Geser/Bühler-Ilieva, 2006). Auf den Dating-Plattformen bewegen sich unterschiedliche Altersgruppen; die meisten von ihnen suchen eine stabile Partnerbeziehung. Interessanterweise stellt man beim Onlinedating im Vergleich zu Zeitungsinseraten fest, dass gewisse konventionelle Erwartungsmuster drastisch an Bedeutung verlieren: Weder tendieren die Männer dazu, ihren beruflichen und finanziellen Erfolg hervorzustreichen, noch sind die Frauen bestrebt, ihre äusseren Reize in den Vordergrund zu stellen (Arvidsson, 2005).

Datingportale stellten auf der Karte der Sozialwissenschaften lange ein weisses Feld dar. Zu Beginn unserer empirischen Studien (2001) waren in diesem Bereich kaum breit angelegte, repräsentative Untersuchungen zu finden (eine Ausnahme stellte die Studie von Brym/Lenton, 2001, dar). Einzelne Arbeiten befassten sich mit der Entstehung von Partnerbeziehungen als «Nebenprodukt» von Kontexten ohne explizite Vermittlungsabsicht (Newsgroups, Chats, Online-Spiele). Absichtlich der Suche nach Zweierbeziehungen gewidmete Settings wurden hingegen vernachlässigt. Dazu kam der qualitative Charakter vieler Untersuchungen – die vereinzelten quantitativen Studien stützten sich mit wenigen Ausnahmen auf kleine Stichproben im kritischen Bereich (nicht selten unter 50) und verzichteten auf den Anspruch von Repräsentativität. Heute existiert zwar eine kaum überblickbare Zahl von kommerziellen Studien über Onlinedating, die meist zu PR-Zwecken in Auftrag gegeben worden sind. Im sozialwissenschaftlichen Bereich ist aber immer noch erstaunlich wenig theoretische und empirische Literatur zu finden. Die Arbeiten von McKenna (2002), Burrell et al. (2004), Fiore (2004), Baker (2004), Fiore/Donath (2005), Hitsch (2005), Paap/Raybeck (2005), Arvidsson (2005) haben deshalb beinnahe Pioniercharakter, auch wenn die psychologische Perspektive meist über die soziologische dominiert. Gibbs et al. (2006) untersuchten die Rolle der Selbstdarstellung und der Selbstöffnung für den wahrgenommenen Erfolg bei Onlinedating. Zwei Arbeiten aus dem ökonomischen Bereich – die von Smith (2005) über das Management von Datingbörsen, sowie der «Industry Report» von den weAttract.com-Machern Thompson und Hutchinson in Zusammenarbeit mit dem bekannten Psychologen Philip Zimbardo (siehe Thompson et al., 2005) bieten eine betont kritische Auseinandersetzung mit dem Thema aus der Sicht der Datingsite-Betreiber. Koordinierte Forschungsbemühungen sind allerdings einzig ersichtlich bei der Forschungsgruppe des «Online Dating Research Center» des traditionsreichen «MIT Media Lab» in Berkeley – mit Judith Donath, Andrew Fiore, Dan Ariely, Jeana Frost und Lindsay Shaw[3]. Reiches statistisches Material liefert die Onlinedating-Untersuchung des «PEW Internet & American Life Project» von Madden/Lenhart (2006). In ihrem Bericht kommen sie allerdings zu einem ernüchternden Fazit:

> Much of the available work is either quite specialized in scope or is based on proprietary data, creating challenges for researchers who wish to examine general patterns that might be comparable with other national data on social trends. Furthermore, there was a need to benchmark the broader use of the internet for dating-related activities, which extend well beyond the confines of online dating services.

Portrait der Datingplattform PartnerWinner

Eine Kontaktbörse wie in unserem Fallbeispiel www.partnerwinner.ch stellt eine komplexe, dynamische virtuelle Umgebung dar, welche als ein autopoetisches System funktioniert und, forschungstechnisch betrachtet, in der Mitte zwischen Labor und Feld anzusiedeln wäre – man kann vieles unter Kontrolle halten, wenngleich das Ganze trotzdem ein natürliches, vom Forscher unkontrolliertes Umfeld ist. Auf PartnerWinner ist der Körper nicht absolut abwesend, er wird aber auf einige wenige Merkmale reduziert. Die User besitzen die Freiheit, ihre Identität («Profil») – oder ihre multiplen Identitäten – beliebig zu formen, indem sie mehrere Stufen der Profilerfassung nach Vorgabe durchlaufen müssen. Sauber in einer Datenbank archiviert sind sie mit ihren Persönlichkeitsmerkmalen vertreten: Alter, Wohnort, Grösse, Zivilstand, sexuelle Orientierung, Kinder, Sternzeichen, Religionszugehörigkeit, selbst Augen- und Haarfarbe oder Rauchergewohnheiten. Die Benutzer können auf PartnerWinner virtuelle Identitäten gestalten, was die Website für die Untersuchung von sozialen Beziehungen besonders attraktiv macht.

Die Macht der nonverbalen Kommunikation tritt zurück zu Gunsten des Textes sowie allfälliger internetkonformer Versuche, das Nonverbale zu kompensieren (Emoticons). Sinneswahrnehmungen der Augen (das physische Körperbild), Ohren (der Klang der Stimme) und Nase (der Geruch des Anderen) werden a priori ausgeschaltet. Das persönliche Gespräch (oder das Flirten) wird durch einen ersten Kontakt mithilfe des internen E-Mail-Systems der Plattform ersetzt: «Mit der E-Mail-Korrespondenz wird eine ältere Form der Liebesschriftlichkeit wieder aufgenommen», stellt Eva Lia Wyss (2003) fest. Sie erklärt das Neukommen des Alten mit den Funktionen des Korrespondierens als etwas in kommunikativer Hinsicht «äusserst Zweckmässiges» und nicht als beziehungsbegleitendes Ritual. Wie damals der Liebesbrief als Kulmination der Liebeskommunikation in der Phase der Beziehungsentstehung ist heute das E-Mail daran, das verloren gegangene Ansehen des Liebesbriefes wiederzugewinnen. Die kommunikativen textbasierten Interaktionen zwischen zwei Personen unter Wahrung der Anonymität beider ermöglicht die unbeschwerte Äusserung einer *Kontakt- oder gar Beziehungsbereitschaft*, die ausserhalb des Cyberspace meistens schwer fällt («In der Öffentlichkeit wird frau ja immer weniger von Männern angesprochen», Umfrageteilnehmerin). Das Gelingen der öfters heimlichen, für Dritte unsichtbaren Kommunikation ist die unabdingbare Voraussetzung für das Zustandekommen der Liebe, andernfalls bleiben Tausende versuchter Liebeswerbungen folgenlos. Der allgemein gültige Modus einer *«Exklusivität der Kontaktbereitschaft»* – wenn wir hier die in einem anderen Kontext geschaffene Bezeichnung Luhmanns verwenden dürfen (Luhmann, 1994) – erzeugt erstmals eine bisher nie da gewesene *Statusgleichheit* der Kommunikationspartner online: «Ein entscheidender Vorteil ist, dass sich auf einer solchen Plattform Menschen treffen, die auch auf der Suche sind. Im realen Leben sieht man ja nicht, wer nun frei ist oder nicht» (Umfrageteilnehmer).

Typische Eigenschaft der Datingsite ist die Möglichkeit, Inserate aufzugeben und so Interesse und Neugier anderer Teilnehmer auf sich zu ziehen. Hier werden Selbstdarstellungseffekte äusserst essentiell, da Partnersuchende durch die Veröffentlichung eines Inserats automatisch zu öffentlichen Persönlichkeiten werden: sie haben so statistisch gesehen gesteigerte Chancen, via die systemeigenen Publikationskanäle gefunden zu werden. Danach gilt es, die allgemeine Aufmerksamkeit, bekanntlich ein knappes Gut, auf seine eigene Anzeige zu lenken. Von der Normalität eines Alltagsinserats abweichende Texte haben grössere Chancen auf dem virtuellen Markt, wo Tausende von Kandidaten darauf warten, kontaktiert zu werden. «Wo sind bloss die Schmetterlinge?» – wundert sich ein 32-jähriger Wirtschaftsinformatiker mit dem Nickname *Gangrad*, der mit Godzilla im Lift stecken bleiben will, mit seinen letzten hundert Franken eine Heckenschere kauft, weil er Gärtner sein möchte. «Bin ich ein Traummann?» – fragt *Maesi30*, der als Motto hat: «Nicht aufgeben, irgendwo steckt meine Traumfrau schon». Partnersuchende gehen mit der Veröffentlichung ihrer einseitigen Kontaktversuche das Risiko ein, sich vor einem heterogenen Publikum zu «enthüllen», das ungleiche Erwartungen an ein Kontaktinserat hat. Misslungene Selbstdarstellungen (ganz analog zum realen Leben), die bereits auf dieser Stufe auf mangelnde Beziehungsressourcen hinweisen, sind wohl Erklärung dafür, dass bestimmte User wenig oder gar keine Reaktionen erhalten: «Workaholic, aber sehr romantisch... Da ich in Kürze als Mediziner meine eigene Praxis eröffnen werde, arbeite ich ziemlich viel. Doch weiss ich, dass ich gleich viel Zeit für meine Partnerin investieren würde, wenn es meine Traumfrau wäre»[4].

Wie entstehen Liebesbeziehungen im virtuellen Raum? – Ergebnisse einer repräsentativen Studie

Die im Jahr 2002 durchgeführte repräsentative Webbefragung (4110 deutschsprachige Benutzerinnen und Benutzer der grössten schweizerischen Datingsite www.partnerwinner.ch) hatte eine Pionierrolle und ermöglichte facettenreiche Einblicke in die Entstehungsschemata von Liebesbeziehungen auf Datingsites: Warum nehmen die Versuche zu, im Cyberspace eine Liebesbeziehung anzubahnen? Weshalb und welche Menschen tendieren dazu, romantische Beziehungen im virtuellen Raum zu suchen? Wie verbreitet sind romantische Beziehungen, die im Netz entstanden sind? Wie gross ist die Wahrscheinlichkeit für die Entstehung enger Beziehungen auf einer Partnersuche-Site? Besuchen Menschen Kontaktsites, weil sie einen Partner suchen, oder spielen andere soziale Motivationen und Bedürfnisse eine Rolle? Wie schnell können feste Paarbeziehungen entstehen und auf welche Art und Weise? Zu welchem Zeitpunkt verlieben sich Menschen ineinander, die online eine Beziehung knüpfen? Wie kommt es, dass man sich online gegenseitig attraktiv finden kann, ohne ein visuelles Bild voneinander zu haben? Wo sind die Grenzen zwischen Online- und Offline Liebesbeziehungen? Wann wird eine im Netz entstandene Liebesbeziehung ins reale Leben übertragen?

Von zentralem Interesse waren enge Beziehungen, die sich zwischen zwei heterosexuellen Personen im virtuellen Raum anbahnen, über längere Zeit bestehen und durch Tiefe und Intimität ausgezeichnet sind[5]. Die erstaunlich nachhaltige Popularität der Studie in den Medien[6], ausgedrückt unter anderem im Top-Ranking der Google-Verzeichnisse[7], beweist wohl die grosse gesellschaftliche Relevanz dieser Thematik und die Notwendigkeit einer soziologischen Bearbeitung des Themas. Die wichtigsten Ergebnisse dieser Webstudie (siehe dazu Bühler-Ilieva, 2006) sind in der Tabelle 1 zusammengefasst – sie liessen die zentrale Schlussfolgerung zu, dass Datingportale für komplexe soziale Prozesse wie die Liebesanbahnung besonders gut geeignet sind.

Tabelle 1.

THEMA	*ERGEBNISSE*
Geschlecht	Die Geschlechtskluft im Online-Dating widerspiegelt die Geschlechtskluft im Internet im allgemeinen: nur 38% der PartnerWinner-Benutzer sind Frauen. Beide Geschlechter verfügen über ein auf gegenseitiger Sympathie und Vertrauen beruhendes Liebeskonzept, haben also eine pragmatische Vorstellung von dauerhafter Liebe. Trotzdem ist das männliche Bild von Liebe romantischer und flüchtiger, das weibliche utilitaristischer und dauerhafter. Frauen (als beziehungsorientierte Wesen) wenden am Computer eher *expressive* Strategien und Männer (als handlungsorientierte Wesen) eher *instrumentelle* Strategien für virtuelle Partnersuche an. Frauen definieren sich eher durch persönliche Beziehungen und setzen demnach auch im Cyberspace «passendere» Strategien zum Beziehungsaufbau ein.

THEMA	*ERGEBNISSE*
Alter	Die bekannte Kluft nach Alter (Jüngere nutzen das Internet häufiger als Ältere) existiert in noch verstärkter Form im Bereich des Onlinedating. Das Durchschnittsalter der PartnerWinner-User beträgt 34.4 Jahre bei einer Standardabweichung von 10.3 Jahren. Bei den jüngsten Partnersuchenden sind etwa gleich viele Männer wie Frauen auf Kontaktsuche. Männer im Alter von 26 bis 35 sind übervertreten, in den oberen Altersgruppen (zwischen 41–45 Jahre) sind vermehrt Frauen anzutreffen. Auf PartnerWinner versammeln sich mehrheitlich Menschen, die sich in einer Übergangsphase zwischen zwei Beziehungen befinden (85%).
Soziodemographie	PartnerWinner ist eine Plattform der Heterosexuellen (94%). Schweizerischer Herkunft sind 89%, die Mehrheit der Ausländer sind Deutsche (4.5%). Aus dem Kanton Zürich kommen 38% der Benutzer, 13% aus dem Kanton Bern. Es sind überproportional mehr verheiratete Männer zu finden, übervertreten sind auch geschiedene Frauen. Alleine leben 59%, 5% sind verheiratet; 74% haben keine Kinder. Die grosse Mehrheit ist erwerbstätig, jeder Zweite arbeitet Vollzeit. Berufe in der IT-Branche hat ein Fünftel der Personen (vorwiegend männlichen Geschlechts).
Charakteristiken	Die PartnerWinner-User fühlen sich nach eigener Einschätzung wohl und sind selbstbewusst. Sie sind jedoch einsam und sexuell eher unzufrieden.
Partnerschaftsbilder	Weiche Charaktereigenschaften eines Partners wie Ehrlichkeit oder guter Charakter wurden von den Onlinesuchenden höher eingestuft als «harte» soziodemographische Merkmale wie Einkommen oder Reputation. Innere Werte dominieren die moderne Wunschvorstellung an einen Partner, physische Merkmale wie Alter oder körperliche Eigenschaften werden weniger gewichtet. Frauen schätzten Eigenschaften wie Weltanschauung, Intelligenz, Zuverlässigkeit und Toleranz als bedeutender ein als Männer.
Singles	Entgegen gängiger Vorurteile, dass hauptsächlich «ewige Singles» eine romantische Beziehung im Netz suchen, hatte nur ein Sechstel aller Befragten noch nie eine feste Beziehung (sog. *dauerhafte Singles*). Diese Gruppe charakterisierte sich mit einem Durchschnittsalter von 27 Jahren (davon 84% Männer). Ein Viertel der Befragten gaben zudem an, bisher überhaupt keine Erfahrung mit Partnersuche zu haben.

THEMA	*ERGEBNISSE*
Suchpräferenzen	56% suchen eine dauerhafte Beziehung, 6% «Heirat und Familiengründung» und 30% – Dating. Männer legen mehr Wert auf erotische oder sexuelle Kontakte, Frauen hingegen auf E-Mail-Bekanntschaften und Partner für Freizeit und Hobbys.
Mediensozialisation	Die meisten «Cyberdater» sind erfahrene Internetnutzer – 42% hatten drei bis fünf Jahre Erfahrung mit dem Medium. Insgesamt hatten Frauen auf PartnerWinner weniger Erfahrung mit dem Netz als Männer. Drei Viertel der Partnersuchenden haben Erfahrung mit anderen Wegen der Partnersuche, am häufigsten mit anderen Datingsites im Internet (41%) und Chats (30%). Chatrooms und Datingportale ziehen jüngere Menschen an, Kontaktinserate in der Presse sowie Partnervermittlungsinstitute eher ältere. 17% der Befragten hatten eine Beziehung im Internet, bevor sie auf PartnerWinner stiessen. Davon entstanden 56% im Chat und 33% auf einem Datingportal.
Onlinedating-Aktivitäten, Medienexpansion	52% haben zusätzlich zu ihrer E-Mail-Kommunikation mit ihren virtuellen Bekanntschaften Fotos ausgetauscht, 64% telefoniert, 62% haben sich offline getroffen. Pro Person kamen 4.6 Dates mit verschiedenen Personen offline zustande. Ein Drittel der über PartnerWinner hergestellten E-Mail-Kontakte wurden im realen Leben fortgesetzt.
Erfolgsquote	Fast ein Viertel der Personen (23%) war imstande, eine feste Liebesbeziehung auf PartnerWinner aufzubauen. Für 12% der Teilnehmer war diese Beziehung zum Zeitpunkt der Befragung noch beständig. Ein Zehntel bestätigten, über PartnerWinner «den richtigen Partner» gefunden zu haben. 12% haben sich virtuell (während der E-Mail-Korrespondenz) ineinander verliebt, 4% sogar nach dem ersten Klick (Mail). Im Alter von 40 und mehr steigen die Chancen, Erfolg mit der virtuellen Liebessuche zu haben, um mehr als das Doppelte. Fast jeder dritte zwischen 41 und 45 Jahre hat eine Liebesbeziehung dank PartnerWinner geknüpft. Die jüngste Altersgruppe der 20jährigen zeigte sich hingegen zu 90% erfolglos.
Internet als Ort der Partnerwahl	Das Internet ist zusammen mit dem Arbeitsplatz der wahrscheinlichste Ort für die Beziehungsanbahnung (17.4% bzw. 17.2%), gefolgt von «Disco, Ausgang» (15%). Im Vergleich zu klassischen Orten wie Arbeitsplatz oder Ausgang nimmt die Popularität des Internets bis zum Alter 25 schnell zu, um in der Gruppe der 31- bis 35-jährigen ihre Spitze zu erreichen. Bis in die Altersklasse der über

THEMA	*ERGEBNISSE*
Internet als Ort der Partnerwahl	50jährigen behält das Medium seine Relevanz ohne Einbruch. Ab Alter 41 löst das Netz selbst den Arbeitsplatz ab und wird zur dominierenden Institution der Paarbildung. Das Internet erwies sich als der einzige Ort, dessen Rang altersunabhängig erhalten blieb.
Erfahrungen mit Partnersuche	Ein Viertel der Umfrageteilnehmer hatten Erfahrung mit Partnervermittlung durch Freunde oder Bekannte. Traditionelle Institutionen der Partnervermittlung wie Vermittlung durch Verwandte waren hingegen nur von marginaler Bedeutung (2.7%). Jeder Fünfte hatte Kontaktinserate in der Presse aufgegeben, knappe 9% kannten sich mit Partnervermittlungsinstituten aus.
Usertypen und Erfolgsquote	Die Maximalisten waren die erfolgreichsten Beziehungssuchenden (34.8%), gefolgt von den Idealisten (23.8%), den Realisten (17.6%) und zuletzt den Nihilisten (10.7%). Zum Umfrage-Zeitpunkt verfügte über ein Fünftel der Maximalisten über eine auf PartnerWinner initiierte Liebesbeziehung, bei den Nihilisten waren es nur 3%. Bei der Hälfte aller Erfolgreichen, die während der Untersuchung in einer Beziehung dank PartnerWinner waren, handelte es sich um Maximalisten.
Natur des Onlinedating	Vorteile: herausragende Relevanz von «Anonymität» mit 76% Nennungen, gefolgt mit einem weitem Abstand von «geringe Hemmschwelle» (51%) und «Unverbindlichkeit» (47%). 18% der User waren auf der Suche nach Bekanntschaften mit mehr als einer virtuellen Identität (Profil) vertreten. Als Nachteile wurden der Freiheitsgrad einer textuellen Darstellung gesehen, die fehlende Sinneswahrnehmung und die Körperlosigkeit. Der grösste Vorteil – die Anonymität – kann zugleich ein Nachteil sein (so sahen es ein Fünftel der Benutzer).
Liebeswahrscheinlichkeit	Die persönlichen Einstellungen zu Onlinedating hatten eine grössere Erklärungskraft als soziodemographische Merkmale. Die gewichtige Rolle von Variablen wie Alter, Geschlecht, Bildung, Zivilstand, Beruf und Lebensform verringert sich, wenn Menschen positive und optimistische Einstellungen gegenüber dem Internet als Instrument der Partnersuche aufweisen, oder wenn ihre persönliche Selbstwirksamkeit gross war.

Gegenstand widersprüchlicher Forschungsergebnisse ist die Frage, ob die Bildung von romantischen Beziehungen im Internet im Vergleich zu konventionellen Beziehungen zeitaufwendiger ist. Zahlreiche Autoren wie zum Beispiel

Ling (2000) vertreten die Position, dass sich medial vermittelte Beziehungen langsamer entwickeln als nicht medial vermittelte. Unser Ergebnis spricht eher für das Gegenteil: 29% der erfolgreichen Benutzer haben nach weniger als einem Monat einen Partner gefunden; weitere 11% berichteten von der Existenz einer Liebesbeziehung nach weniger als 10 Tagen. Für einen Fünftel hat es zwischen einem und zwei Monaten gedauert. Wir haben kaum Indizien erhalten, die für eine niedrigere Entstehungsgeschwindigkeit von medial vermittelten Beziehungen sprechen würden. Eine andere kontroverse Annahme (siehe Döring, 2003) besagt, dass es sich bei rein virtuellen Beziehungen meistens um «psychologisch schwache Bindungen» handle. 12% der Personen, die ihre Beziehung über PartnerWinner fanden, haben sich irgendwann während des E-Mail-Schreibens ineinander verliebt – ohne romantische Dates offline. Offensichtlich ist es möglich, dass der Intimitätsgrad allein durch die mediale Vermittlung – hier ist nicht nur das Medium Internet involviert, sondern auch ein wiederholtes Hopping von einem Medium zu einem anderen – schnell die für eine Liebesbeziehung notwendige Tiefe erreicht. Wir fanden eindeutige empirische Evidenzen für die «Liebe auf den ersten Klick» (zumindest für die «Liebe nach dem ersten Mail»): 4% der Partnersuchenden haben sich «bereits nach dem ersten Mail» in den anderen verliebt. Dafür zeugen auch Aussagen wie diese: «Ich bin mir bewusst, dass es nicht immer – wie bei mir – bereits nach einem Tag zu einer Kontaktaufnahme kommt, die dann zu einer wertvollen Beziehung wird».

Die Geschlechtsunterschiede in der untersuchten Population sind allgegenwärtig: Männer legen mehr Wert auf erotische oder sexuelle Kontakte, Frauen hingegen auf E-Mail-Bekanntschaften und Partner für Freizeit und Hobbys. Frauen nutzen das Internet im Vergleich zu Männern vermehrt zu Kommunikationszwecken. Obwohl viele das Medium erst seit einem Jahr kennen und im Schnitt kürzere Zeit eingeloggt sind als die Männer, verstehen sie es offensichtlich besser, das Potential des Mediums für persönliche Kontakte auszunutzen. Der weibliche Liebesbarometer[8] ist paradoxerweise «kühler», dafür interagieren Männer weit weniger intensiv mit ihren E-Mail-Bekanntschaften und zeigen sich nicht gleich mutig, ihre virtuellen Angebeteten im realen Leben kennen zu lernen. Frauen waren um 9% erfolgreicher als Männer – 28% aller Frauen konnten in PartnerWinner einen Liebespartner finden. Jede sechste Frau bzw. jeder zehnte Mann berichteten, dass ihre auf PartnerWinner entstandene Beziehung während der Befragung intakt war – eine Geschlechtsdifferenz, die in weiteren Studien festgestellt wurde (siehe Brym/Lenton, 2001). Doppelt so viele Frauen als Männer waren der Meinung, den richtigen Partner oder die richtige Partnerin auf PartnerWinner entdeckt zu haben, doppelt so viele Frauen als Männer waren imstande, sich virtuell in ihren Partner zu verlieben.

Mittels einer Regression mit optimaler Skalierung (CATREG) wurde des Weiteren versucht, die «Erfolgsquote» der PartnerWinner-BenutzerInnen zu erklären. Dass die Einstellungen der User stärkere Voraussagekraft besassen als konventionelle soziodemographische Faktoren, ist nicht besonders überraschend. Variablen wie Alter, Geschlecht, Bildung, Zivilstand, Beruf und Lebensform würden demnach erheblich schwächer laden, wenn Partnersuchende optimistische Einstellungen gegenüber Onlinedating hätten (Glaube an die Effizienz des Mediums als Partnersuche-Instrument, oder hohe individuelle Selbstwirksamkeit in Bezug auf die Wahrscheinlichkeit, einen Partner zu finden). Auch die substantielle Rolle des persönlichen Verhaltens im virtuellen Raum kommt im besagten Modell als dritter Faktor zur Geltung – in der Form von Aktivitäten wie Schreiben von Inseraten und Mails, Telefonaten und Fotoaustausch im Hinblick auf eine Vertiefung bestehender Bekanntschaften. Wichtiger Prädiktor sind die persönlichen Erfahrungen mit bisherigen Beziehungen sowie die ursprünglichen Motivationen für die Partnersuche. Das individuelle Verhalten im realen Leben erwies sich als für den Erfolg mitbestimmend: die Anzahl der im realen Leben erlebten Dates und die Qualität der dabei gesammelten Erfahrungen waren für eine höhere Erfolgswahrscheinlichkeit mitverantwortlich.

Selbstdarstellungsstrategien und Onlinedating

Die Studie beschäftigte sich auch mit der Frage, ob durch computervermittelte Kommunikation neue Identitäten entstehen oder herkömmliche Identitäten verändert werden und wenn ja, warum. Die Webumfrageergebnisse erlauben eine präzise Antwort darauf, wie gross die effektive Verbreitung mehrfacher Identitäten ist[9]. Obwohl die Profile den Anspruch auf Echtheit erheben, hat ein beträchtlicher Teil der Personen im Schutze der Anonymität zwecks Realitätsprüfung zeitweilig mehrere künstliche Masken angelegt: «Ich wollte dadurch sehen, ob die Leute, die mir E-Mails geschrieben haben, ehrlich sind». Auf die Frage nach persönlichen Motivationen, welche zu multiplen Profilen geführt haben, betonten die PartnerWinner-User die lustvolle, spielerische Komponente als einen Grund, mit verschiedenen Charakteren aufzutreten. Selten handelt es sich dabei jedoch um ein willkürliches, sinnloses Simulationsspiel. Die Identitätskonstruktion beim Onlinedating kann als experimentelle Perspektivenübernahme gedeutet werden, eine besondere Art der Reflexion über die eigene Offline-Identität, realisierbar ausschliesslich im wohl geschützten Raum der hinter dem Nickname versteckten Kommunikationsakte: «Ich wollte mein Profil sozusagen von Seiten der Anderen ansehen und den Eindruck, den es vermittelt, mitbekommen» (Umfrageteilnehmer). Nicht immer muss dies aber das ausgereifte Resultat eines Selbsterkennungsprozesses sein. Eine bestimmte Taktik, die mit dem konkreten Stand der Partnersuche verbunden ist, kann ebenfalls zur Entstehung einer neuen Figur führen: «Ich wollte schauen, ob ein bestimmter Jemand auch andern schreibt». Das *soziale Experimentieren* im Zusammenhang mit Problemlösungsstrategien bei Beziehungsanbahnungen ist eine weitere wichtige Motivation für neue Identitätsbildung. Für eine optimale Selbstkonstruktion ist die Wahl des *virtuellen Spitznamens* entscheidend. Ein Viertel der User haben sich für die «Geburt» einer neuen *Persona* entschieden, weil der alte Nickname die anfänglich in ihn gesetzten Hoffnungen nicht mehr erfüllt hat.

Welche Erscheinungsformen kann die Konstruktion von Identität beim Onlinedating haben? Die durchgeführte Inhaltsanalyse konnte aufzeigen, dass mehrere spannende Szenarien möglich sind – die wichtigsten Szenarien seien hier kurz umrissen:

- Eine *zentrale virtuelle Identität* aufbauen, die der echten Offline-Identität entspricht, und andere virtuelle Subidentitäten, die nur teilweise modifiziert sind («Ich habe neben dem natürlichen mit verschiedenen Charakteren gearbeitet, um zu sehen, was wie ankommt»);
- Ein *synchrones Auftreten verschiedener Identitäten*, wobei bis zu fünf oder sechs Identitäten parallel gelebt werden («Ich suche verschiedene Leute über verschiedene Nicknamen»);
- *Ersetzen einer erfolglosen Identität* durch eine zweite, die anders konstruiert ist, wobei dieses Ersetzen mehrmals wiederholt werden kann («Mein erstes Profil hatte keinen Erfolg»);

- *Phasenbezogenes Identitätsmanagement* als dynamische Bedürfnisoptimierung («Ein braves zum etwas Beständiges suchen und ein freches für die Trockenperiode dazwischen»; «Ein Profil für die Suche nach einer festen Beziehung, das andere für Dates»; «Ein Profil für die Suche nach Sportaktivitäten, eines für Erotik»; «Eines für Tanzen und eines für eine Partnerin»);
- *Synchrone Teilidentitäten*, welche bestehende Offline-Identitätsaspekte fokussieren («Es sind beides 'meine Gesichter', je nachdem halt»);
- *Variation der Grundmerkmale* wie Alter, Grösse, Augenfarbe etc. («Ich wollte schauen, auf welches Alter die Frauen am meisten ansprechen»);
- *Schein-Metamorphosen der sexuellen Identität* («Ich war gespannt, ob ein Inserat mit tantrischen Angaben mehr Männer anzieht. Es ist in der Tat so, aber neben einigen Sexprotzen sind ganz Interessante dabei») oder pluralistische sexuelle Identität («Einmal hetero, einmal bisexuell»);
- *Zweisprachige Identität* (ein Profil in der deutschen Version von PartnerWinner, eines auf seiner französischen).

Mit dem inneren Pluralismus der eigenen Offline-Identität konnten einige schwer umgehen: «Man kann nicht alle Eigenschaften in ein einziges Profil zwängen». Unter den anfänglichen Annahmen lag der *«Gender-Swapping»-Effekt*[10] – lediglich 2% (11 Personen) gaben an, ihr Geschlecht gewechselt zu haben. Eine geschlechtsspezifische Darstellung der Ursachen für die Erstellung von multiplen Identitäten erlaubt im Übrigen weitere Einblicke in die Mechanismen der Identitätsbildung online. Männer sind mehr als doppelt so häufig unzufrieden mit ihren Pseudonymen. Dafür entscheiden sich Frauen doppelt so oft für einen neuen Nicknamen, weil sie nicht mehr erkannt werden möchten.

Die vielleicht bedeutsamste Feststellung in Bezug auf die oben beschriebenen Identitätsbildungsprozesse ist, dass die Entfernung vom wahren Selbst selten sehr gross ist. Die überragende Bedeutung der Körperlichkeit wird beim Onlinedating nur teilweise aufgehoben. Diese ernüchternde Erkenntnis wird für viele User zur enttäuschenden Erfahrung: «Mir ist aufgefallen, dass es viele 'optisch gesteuerte' Menschen auf PartnerWinner gibt. Für mich ist das ein riesiger Widerspruch: Das Internet ist doch (nur) ideal für Menschen, die eher auf das Innere schauen». Beide Partner haben vor dem ersten Treffen eine gelungene dyadische Kommunikation, die Teil ihrer Paar-Geschichte geworden ist und eventuell sogar in digitalisierter Form dasteht. Diese Konstellation ist für den traditionell geschulten sozialwissenschaftlichen Bereich der Zweierbeziehungen eine neuartige, wie auch die auf diese Art und Weise geborenen Beziehungen substantiell anderer Natur sind: man lernt sich zum ersten Mal nicht, wie bisher, von aussen nach innen kennen, sondern umgekehrt: von innen nach aussen. Dies führt dazu, dass Personen bereits beim ersten visuellen Date über Vorwissen voneinander verfügen (sich mit *'anderen'* Augen anschauen), dass also die optische Wahrnehmung gegenseitig in eine positive Richtung gelenkt wird: «Virtuelle Kontakte finde ich viel besser, weil viel mehr Gespräche geführt werden und das Herz und die Einstellung des Anderen viel mehr zum Bewusstsein kommt. Im realen Leben hat man viel zu schnell ein Vorurteil, nur weil sein Aussehen nicht so super ist» (Umfrageteilnehmer). Dies kann bedeuten, dass das Gegenüber attraktiver eingeschätzt wird als es tatsächlich ist, oder dass, sollte die Erwartung an die physische Erscheinung wirklich übertroffen werden, man dennoch nicht verzagt ist: «Ich habe dadurch jemanden kennengelernt, den ich auf der Strasse nie anzusprechen gewagt hätte – und er mich auch nicht» (Umfrageteilnehmerin). Und wenn doch, dann war das bereits «im inneren Auge» gezeichnete innere Bild nicht standfest genug.

Die Unwahrscheinlichkeit der Liebe wahrscheinlicher machen? Zur Relevanz zukünftiger Forschung

Einige Generalisierungen zum sozialen Phänomen des Onlinedating scheinen am Ende angebracht zu sein (vgl. Geser/Bühler-Ilieva, 2006):

1. Elektronische Partnerbörsen sind *innovativ*, da sie einen äusserst *niederschwelligen*, von örtlichen und zeitlichen Restriktionen und soziokulturellen Verhaltenszwängen gleichermassen befreiten Zugang zur Partnersuche bieten. Onlinedating erweist sich als besonders wichtig in Situationen, wo die Abschirmung gegenüber Dritten für beide Beteiligte sehr wichtig ist[11].
2. Die dreifachen Leistungsgewinne elektronischer Partnerbörsen liegen in der Möglichkeit, aus einer stark erhöhten *Vielfalt von Alternativen* mit geringerem Aufwand in kontrollierterer, rationalerer Weise gewünschte Selektionen zu treffen.
3. Beim Onlinedating *fehlt ein situativer Rahmen,* so dass einerseits vielerlei Anstrengungen um die Aussegregation eines diadischen Intimbereichs

dahinfallen. Andererseits fehlen die komplexitätsreduzierenden Wirkungen einer gemeinsamen Bühnenkulisse, die ohne explizite Kommunikation wechselseitige Erwartungssicherheit erzeugen. Dieser Mangel an *exogener Strukturbildung* bedeutet, dass viel mehr *endogene Strukturbildung* geleistet werden muss: durch die Interaktionspartner selbst, die mit ihrer Interaktionsgeschichte eine komplexitätsreduzierende Strukturbildung in Gang setzen und durch self-disclosure dafür sorgen, dass wechselseitige Erwartungssicherheiten entstehen.

4. Der Prozess des Kennenlernens online ist *diskursiv* (statt intuitiv). Während das konventionelle Kennenlernen von den sinnlich wahrnehmbaren Körpereigenschaften und Verhaltensweisen zu den verborgeneren Merkmalen der Persönlichkeit und ihrer Lebensweise voranschreitet, findet beim Onlinedating in der Regel ein *inversives Kennenlernen* «von innen nach aussen» statt. So spielt die «Vorgeschichte», die sich im virtuellen Raum abgespielt hat, eine wichtige Rolle hinsichtlich der späteren Aufnahme einer Beziehung.

Die Frage nach den Auswirkungen des Internets auf soziale Partnerwahl-Prozesse ist in theoretischer Hinsicht besonders reizvoll. Die sozialwissenschaftliche Forschung im Bereich des Onlinedating ist zumindest aus drei Gründen besonders bedeutsam:

1. *Soziologische* Relevanz

Das innovative soziale Handeln innerhalb einer Datingbörse reflektiert bestehende Partnerwahlmuster. Darüber hinaus werden diese umgestaltet; die Gesetze der virtuellen Anziehung sind nicht die gleichen wie diejenigen ihres Offline-Pendants. Für die Theorie der Partnerwahl bedeutet dies vor allem, dass «angebotsorientierte» Erklärungsansätze, die die Determinationskraft objektiver sozialer Mitgliedschaften und Partizipationen (Schulen, Vereinen, Betrieben) in den Vordergrund stellen, an Relevanz verlieren. Erhöhte Bedeutung erhalten hingegen die «Nachfragetheorien», die davon ausgehen, dass sich in den empirisch vorgefundenen Partnerbeziehungen vor allem individuelle Selektionskriterien widerspiegeln (vgl. Geser/Bühler-Ilieva, 2006).

2. *Methodische* Relevanz

Datingsites sind äusserst spannende Untersuchungsobjekte insbesondere für Sozialwissenschaftler, da sie allerlei Optionen für reichhaltige Analysen der bestehenden Daten bieten. Ein virtuelles Datingportal wie PartnerWinner ist, methodologisch betrachtet, das «ultimative» Untersuchungsobjekt – anzusiedeln zwischen Labor und Feld: man kann Prozesse «in vitro» erforschen, wenngleich das Ganze trotzdem ein natürliches Umfeld ist. Allgemein scheinen immer mehr soziale Prozesse eine explizite Abbildung im Netz zu finden und so einen völlig neuen Zugang zur Erforschung sozialer Prozesse schlechthin zu eröffnen. Beispielhaft erwähnt seien hier Social Networking Plattformen (openBc, orkut), Social Bookmarking (del.icio.us), Collaborative Filtering/ Agenda Setting (digg.com).

3. *Pragmatische* Relevanz
Die Ergebnisse hätten immensen praktischen Nutzen für die Datingsite-Betreiber. Die Verantwortung dieser Akteure nimmt nämlich im Gleichschritt mit der Nutzungshäufigkeit von Datingsites zu. Für sie gilt es, einerseits durch ein angemessenes Design solcher Plattformen und andererseits durch geeignete Überwachungs- und Betreuungsmassnahmen ein Umfeld zu schaffen, das in möglichst idealer Weise die Entstehung von glücklichen Beziehungen fördert und andererseits Frustrationen, oder gar psychische Schäden von den im intimsten Bereich ihres Lebens besonders empfindlichen Nutzern abwendet.

Datingplattformen sind mit Geser/Bühler-Ilieva (2006) als «janusgesichtige mesosoziale Einrichtungen» zu bezeichnen:

> Nach unten verändern sie die Lebenssituation und das biographische Schicksal unzähliger Einzelner, nach oben nehmen sie Einfluss auf relevante Aspekte der gesellschaftlichen Struktur – z. B. auf die Segregation oder Durchmischung von Bevölkerungssegmenten und auf die demographische Entwicklung. In einem historisch bisher nicht erreichten Masse wird es möglich, sich bei der Partnersuche von selbstbestimmten Selektionskriterien, anstatt von situativen Gegebenheiten und nicht beeinflussbaren Zufälligkeiten leiten zu lassen.

Die *Nachbarschaftsexistenz* des Mediums Internet – neben herkömmlichen Orten der Partnersuche wie Arbeitsplatz, Freizeitbereich (Ausgang) und herkömmlichen Heiratsvermittlungsinstituten – ist als bereits etablierte Institution der Paarbildung anzuerkennen. Die Grenzen zwischen dem On- und Offline-Leben verlaufen fliessend, deshalb ist eine solche Trennung weder empirisch noch analytisch berechtigt. Partnersuchende tendieren ausserdem dazu, das Internet innerhalb kürzester Zeit zu «verlassen», um die virtuelle

Bekanntschaft ins reale Leben zu übertragen. Das erste Face-to-face-Treffen spielt für die Entscheidung, eine Liebesbeziehung aufzubauen, eine Schlüsselrolle. Die Virtualität ist öfters nur eine erste Phase am Anfang einer Beziehung, die zweite Phase wird im real life gelebt. Aus erkenntnistheoretischer Sicht ist anzumerken, dass es sich hier nicht um eine Rivalität zwischen medialvermittelter und Face-to-face-Kommunikation handelt, welche mit dem Obsiegen der einen und dem Verschwinden der anderen endet. Eine medienzentrierte, technik-deterministische Sicht der Dinge, die auf absolute Weise Vor- oder Nachteile des Mediums hoch stilisiert, greift zu kurz. Eine wichtige Charakteristik des Onlinedating – die Anonymität – kann für unterschiedliche Akteure diametral entgegengesetzte Funktionen erfüllen (sowohl als Vor- wie Nachteil). Die unsererseits favorisierte akteurzentrierte Perspektive ist jedenfalls – davor sei ausdrücklich gewarnt – nicht mit einer individuumszentrierten Perspektive gleichzusetzen. Die Akteure verfügen jeweils über sehr variable Kompetenzen, welche es ihnen ermöglichen, das technisch und kommunikativ bedingte mediale Potential optimal zu nutzen. Hinzu kommen bisherige Erfahrungen, individuelle Motivationen, zweckorientierte Handlungen zum Tragen, die den Mediengebrauch entscheidend mitbestimmen (man nutzt schliesslich ein Medium immer sinnhaft). Viel mehr werden Normen, Werte und Ideen aus dem «realen Leben» in den virtuellen und doch so realen Raum des Mediums hineingetragen und dadurch neu aufgemischt.

Grundsätzlich lässt sich zweifelsohne festhalten, dass sich Onlinedating für die Mehrheit der Partnersuchenden als «ultimative» soziale Option bei der Suche nach Paarbeziehungen fest etabliert hat. Der virtuelle Raum ist ein offenes Subsystem, in welchem tiefe und für die Betroffenen durchaus reale Intimität entstehen kann. Auch Leidenschaft und Faszination zum Anderen können sehr wohl ohne face-to-face-Interaktionen entstehen («Liebe auf den ersten Klick»). Ein Paradox, wenn in einer Kommunikation, die keine physischen Kontakte erlaubt, dyadische Intimität höchsten Grades erreicht wird: «Aus eigener Erfahrung kann ich sagen, dass eine im Internet aufgebaute Beziehung, verbunden mit Telefonaten und schriftlichem Kontakt bei der Auflösung denselben realen Liebeskummer auslösen kann, wie das Scheitern einer 'realen' Beziehung. Man hält es zwar nicht für möglich, es ist aber so» (Umfrageteilnehmer). Das Finden der Liebe und des «richtigen Partners» bleibt jedoch nach wie vor, auch im neu gefundenem Ort Internet, eine ungewisse Angelegenheit: «So gesehen bleibt Partnersuche ein Stück weit auch immer Glückssache» (Umfrageteilnehmer). Die grössten Skeptiker unter den Befragten waren deshalb gerade die *Erfolglosen*. Die Liebe bleibt nach wie vor, um wieder bei Luhmann zu verweilen, eine ziemlich grosse Unwahrscheinlichkeit, die nicht voraussagbar ist. Oder wie es ein anderer Umfrageteilnehmer treffend formuliert hat: «PartnerWinner ist wie ein Fenster für den Zufall. Und Zufall ist, was einem zufällt».

Anmerkungen

1 Nachdem die kulturelle Hegemonie der Familie abgelöst wird, wird auch das Thema *Partnerwahl* als soziologisches Thema entdeckt – zuerst in den 80-er Jahren des 20. Jahrhunderts im englischsprachigen Raum (es darf nicht vergessen werden, dass die Bezeichnung «Partnerwahl» im heutigen Sinne erst etwas mehr als 50 Jahre alt ist). Es wurde befürchtet, dass die Partnerwahl als Folge eines romantischen Liebesideals zu einer Destabilisierung der Familie führen würde. Die sich immer wieder reproduzierende soziale Ungleichheit zwischen den Generationen wird substantiell auch von bestehenden *Mustern der Partnerwahl* mitgetragen, wie Bourdieu in *Marriage Strategies as Strategies of Social Reproduction* darstellt (Bourdieu, 1976).

2 http://www.nielsen-netratings.com/

3 Siehe die mit Abstand relevanteste Sammlung nützlicher Literatur-Links. http://smg.media.mit.edu/personals/biblio.shtml und http://www.ischool.berkeley.edu/~atf/dating/

4 Inserat eines PartnerWinner-Users.

5 Unter Liebes- oder Partnerbeziehung verstehen wir hier eine Beziehung, die mindestens ein halbes Jahr gedauert hat und mehr als nur eine vorübergehende Verliebtheit oder erotische Anziehung war. So wurde eine Liebesbeziehung auch für die Befragten explizit definiert.

6 http://www.suz.unizh.ch/partnerwinner/presse.shtml. Aus Zeitmangel leider nicht mehr nachgeführt.

7 http://www.google.com/Top/World/Deutsch/Wissenschaft/Sozialwissenschaften/Soziologie.

8 Sog. «Single-Slider» – ein Barometer von 1 bis 100%, der das Ausmass der Bereitschaft signalisiert, neue Beziehungen aufzunehmen.

9 18% der Benutzer sagten aus, sie hätten zum Zeitpunkt der Umfrage «mehr als ein Profil» auf PartnerWinner aktiv; 13% besassen parallel zwei Profile. Gleichzeitig fünf Profile hatten 19 Personen; sieben «Gesichter» besassen 22. Frauen zeigten

mehr Freude an multiplen Identitäten und neigten vermehrt dazu, drei oder vier Profile zu erstellen. Ältere User hatten in der Regel mehr Identitäten als jüngere.

10 Geschlechtswechsel.

11 z. B. für Frauen in repressiven traditionellen Gesellschaften.

Literatur

Arvidsson, A. (2005). *Quality Singles: Internet Dating as Immaterial Labour. Cultures of Consumption.* ESRC-AHRC Research Programme, Working Paper 22. London: http://www.consume.bbk.ac.uk/working_papers/ArvidssonReality.final.doc_(29.11. 2006).

Baker, A. J. (2004). *Double Click: Romance and Commitment among Online Couples.* Hampton Press.

Bourdieu, P. (1976). Marriage Strategies as Strategies of Social Reproduction. In Forster, R. / Ranum, O. (Hg.) *Family and Society: Selection from the Annales Economies, Societies, Civilisations* (S. 117–144). Baltimore: Johns Hopkins University Press.

Brym R. J. / Lenton, R. L. (2001). *Love online: A Report on Digital Dating in Canada:* http://www.nelson.com/nelson/harcourt/sociology/newsociety3e/loveonline.pdf (29.11.2006).

Bühler-Ilieva, E. (2006). *Einen Mausklick von mir entfernt. Auf der Suche nach Liebesbeziehungen im Internet.* Marburg: Tectum.

Burrell, Ch., / Collett, S. / Knox, M. / Norman, T. (2004). *Online Dating. Info 311 Term Project.* University of Washington School of Information: http://www.jaamati.info/portfolio/human/info311/Online_Dating.pdf_(29.11. 2006).

Buss, D. M. / Barnes, M. (1986). Preferences in Human Mate Selection. In *Journal of Personality and Social Psychology* 50, S. 559–70.

Döring, N. (2003). *Sozialpsychologie des Internet.* Göttingen: Hogrefe.

Fiore, A. (2004). *Romantic Regressions. An Analysis of Behaviour in Online Dating Systems:* http://www.sims.berkeley.edu/~atf/thesis_mit (29.11.2006).

Fiore, A. T. / Donath, J. S. (2005). *Online Personals: An Overview.* MIT Media Lab. http://smg.media.mit.edu/papers/atf/chi2004_personals_short.pdf (29.11.2006).

Geser, H. / Bühler-Ilieva, E. (2006). *Partnerwahl online:* http://socio.ch/intcom/t_hgeser15.htm (29.11.2006).

Gibbs, J. L. / Ellison, N. B. / Heino, R. D. (2006). Self-Presentation in Online-Personals. The Role of Anticipated Future Interaction, Self-Disclosure, and Perceived Success in Internet Dating. In *Communication Research*, 33 (2), S. 152–177.

Hitsch, G. / Hortacsu, A. / Ariely, D. (2005). *What Makes You Click: An Empirical Analysis of Online Dating*: http://home.uchicago.edu/~hortacsu/onlinedating.pdf (29.11. 2006).

Ling, R. (2000). Direct and Mediated Interaction in the maintenance of social relationships. In Sloane, A./Rifn, F. (Hg.), *Home informatics and telematics: Information, technology and society* (S. 61–86). Boston: Kluver.

Luhmann, N. (1994). *Liebe als Passion. Zur Codierung von Intimität.* Frankfurt am Main: Suhrkamp.

Madden, M./Lenhart, A. (2005). *Online dating. Pew Internet & American Life Project:* www.pewinternet.org/pdfs/PIP_Online_Dating.pdf (29.11.2006).

McKenna, K./Green, S./M. Gleason (2002). Relationship Formation on the Internet: What's the Big Attraction?» In *Journal of Social Issues*, 58(1), S. 9–31.

Paap, K./Raybeck, D. (2005). A Differently Gendered Landscape: Gender and Agency in the Web-based Personals. In *Electronic Journal of Sociology*, http://www.sociology.org/content/2005/tier2/paap__genderedlandscape.pdf (29.11.2006).

Smith, A.D. (2005). Exploring online dating and customer relationship management. In *Online Information Review* 29 (1), S. 18–33.

South, S. (1991). Sociodemographic Differentials in Mate Selection Preference. In *Journal of Marriage and the Family* 53, S. 928–40.

Thompson, M./Zimbardo, Ph./Hutchinson, G. (2005). *Consumers are Having Second Thoughts About Online Dating. weAttract-Whitepaper*: http://weattract.com/images/weAttract_whitepaper.pdf (29.11.2006).

Wyss, E.L. (2003). «Mein liebes Muckelchen», «Lisel, Lisel, lieber Tiger» und «Hi, girl». Liebesbriefe des 20. Jahrhunderts. In *liebe.komm. Botschaften des Herzens* (S. 116–121). Heidelberg: Braus im Wachter.

Virtuelle Welten: Rechtsaspekte im Internet*

Ursula Sury

Was ist neu?

Im Zuge der *New Economy* wurde für den Bereich der Rechtswissenschaft ein neuer Begriff geprägt: Internet-Recht. Es wurde die Frage diskutiert, ob das Internet ein rechtsfreier Raum sei, es wurden Bücher geschrieben zu spezifischen Aspekten wie e-Business, Cyber-Crime, Rechtsfragen von Data Mining und Data Warehousing etc. Gleichzeitig wurde der Begriff der virtuellen Unternehmung oder auch der virtuellen Organisation geprägt und versucht, diesen mit ersten Geschäftsmodellen zu leben.

Mit dem Begriff *virtuelle Welt* ist eine Welt gemeint, die nur scheinbar oder der Möglichkeit nach vorhanden ist, die es also wohl gibt, aber die man nicht sieht. Virtuellen Welten (oder Unternehmungen etc.) messen wir deshalb auch grössere Flexibilität und somit weniger Beständigkeit bei als der physisch realen und sichtbaren Welt.

Beleuchtet man die Rechtsaspekte dieser (immer noch neuen) virtuellen Realitäten, so sind viele der sich stellenden Fragen grundsätzlich nicht neu. Das Spezielle stellt sich nicht in der neuen Rechtsfrage, sondern erschöpft sich darin, dass das *Medium neu* ist resp. der Sachverhalt sich eben in der virtuellen Realität abspielt.

Wegen der zunehmenden Bedeutung der virtuellen Welt, d. h. weil in der Informationsgesellschaft die wesentlichen und somit wertschöpfenden Geschäftsprozesse sich zunehmend nur noch in der virtuellen Welt abspielen und abbilden, erhalten aber traditionelle Rechtsfragen eine neue und somit auch grundsätzliche Dimension. Vermehrt werden nämlich traditionelle Wertvor-

* Dieser Artikel wurde am 20. Juni 2006 auch in der Zeitschrift *Informatik Spektrum* publiziert.

stellungen in der virtuellen Welt überdehnt oder gar missachtet. Die Rechtsaspekte der virtuellen Welt erhalten so eine gesellschaftspolitische Dimension, welche in eine (politische) *Wertediskussion* münden müssen.

Im Folgenden werden vier Themenbereiche der virtuellen Welt exemplarisch dargestellt und auf die hier allgemein umschriebene Problemstellung kurz eingegangen.

Vertragsabschlüsse über Internet B2B und B2B

Der *Vertragsabschluss* über Internet ist problemlos möglich, grundsätzlich handelt es sich beim Internet nur um ein neues Medium, ergänzend zur Mündlichkeit (unter Anwesenden oder Abwesenden am Telefon) oder zu einer Form der Schriftlichkeit. Seit der Gleichstellung der digitalen Unterschrift mit der handschriftlichen Unterschrift kann auch das Erfordernis der Schriftlichkeit beim Vertragsabschluss über Internet eingehalten werden. Mit dem Vertragsabschluss werden Verbindlichkeiten zwischen Parteien eingegangen, welche (zeitgleich oder später) erfüllt werden müssen.

Das Bedürfnis nach *Beweisbarkeit* des Vertragsabschlusses lässt sich problemlos mit digitaler Signatur abdecken.

Über Internet oder anderweitig abgeschlossene Verträge können zum Teil auch über das Medium Internet erfüllt werden. Die *Vertragserfüllung* über Internet bietet sich aber nur für solche Leistungen an, die über dieses Medium überhaupt erbracht werden können, also das Zurverfügungstellen insbesondere von Software, Bildern, Text und Musik. Die Bezahlung mit e-money ist praktisch noch nicht verbreitet, hingegen die Organisation der Zahlung über einen Dritten, sei das eine Kreditkartengesellschaft (Angabe der Kreditkartennummer über Internet) oder mittels e-banking.

Die virtuelle Welt der Vertragsabschlüsse ist vom Grundsatz her somit gleich wie die reale Welt. Da das Internet aber ein neues Medium ist, stellen sich neue Fragen betreffend die Anforderungen an die Beweisbarkeit (was gilt als elektronische Urkunde im Prozess) und damit verbunden auch an die Anforderungen der *Revisionstauglichkeit* und der *elektronischen Archivierung* (häufig auch mit Records Management bezeichnet). Im Rahmen der elektronischen Archivierung interessant sind Fragen von Technologiewechseln, Konvertierungen etc.

Bei der Vertragserfüllung stellen sich die gleichen Fragen, nämlich die Beweisbarkeit und (insbesondere im Rahmen von Zahlungen) auch die Frage der *Anonymität.*

Cybercrime

Im Bereich der Computerkriminalität, auch Cybercrime genannt, gibt es zum einen die *Computerdelikte im engen Sinn,* bei denen der «Computer», d. h. Datenverarbeitungssysteme, Daten, Softwareprogramme etc. Schutzobjekt sind. Die Tatbestände, welche diese Rechtsgüter schützen, sind insbesondere das Verbot des Eindringens in ein geschütztes Datenverarbeitungssystem; das Verbot, sich unbefugt elektronische Daten zu beschaffen, die nicht für einen bestimmt sind; das Verbot, Daten zu beschädigen, beispielsweise mittels Hacking oder der Herstellung und Verbreitung von Viren; der betrügerische Missbrauch einer Datenverarbeitungsanlage.

Computerdelikte im weiteren Sinne sind irgendwelche Straftatbestände, welche mit traditionellen Medien, aber insbesondere durch das Medium der ICT, konkret des Internetes begangen werden. Paradebeispiele eines solchen Straftatbestandes sind die Pornographie, insbesondere Kinderpornographie, und die Gewaltdarstellung (Brutalo). Dies ist an sich kein neues Phänomen, mittels der neuen virtuellen Welten scheint das Delikt aber leider an Attraktivität gewonnen zu haben. Zu den Computerdelikten im weiteren Sinne zählen zudem z. B. Urkundenfälschungen, Rassendiskriminierung, die Erpressung, die Drohung, die Verletzung des Berufsgeheimnisses, Verletzungen des Urheberrechtes und des Datenschutzgesetzes etc.

Die aktuellen Straftatbestände der Computerkriminalität im engen Sinne gehen vom *Schutzobjekt* der Daten/Datenverarbeitungsanlagen im Sinne eines *Vermögensgegenstandes* aus. Mit der umfassenden Spiegelung der realen Welt in der virtuellen Welt und der Verlagerung grosser Teile von Business-Abläufen, Geschäftserstellungsprozessen und dem Halten und Austauschen von Wissen auf (nur noch) virtueller Basis, mag diese Betrachtungsweise zu kurz greifen.

Wenn das Vertrauen in Identitäten, die Seriosität von Dienstleistungen von Dritten, wie Serviceprovidern, oder – beispielsweise wegen Botnetattacken – in die eigenen Rechner nicht mehr gewährleistet ist, sind noch *andere Rechtsschutzinteressen* tangiert, wie beispielsweise die Freiheit, das Allgemeinwohl, das Funktionieren der Marktwirtschaft etc. Auf diesem Hintergrund müssten sicher verschiedenste Straftatbestände entsprechend angepasst werden, da eine extensive Auslegung des Strafrechtes aus Gründen der Rechtssicherheit nicht zulässig ist.

Da die für den Tatbeweis relevanten Informationen bei Computerdelikten sich in der Regel nicht im Umfeld des Täters, sondern auf einem (in einem anderen Land stehenden) entfernten Server befinden, ist eine Strafverfolgung häufig sehr schwierig. Die Nachweisbarkeit der Tat ist für die zuständigen Untersuchungsbehörden praktisch unmöglich. Zudem ist häufig unklar, welches materielle Recht auf den Tatbestand anwendbar ist.

Identity driven Business

Wer im Internet auftritt, ist theoretisch bestimmbar. Jedem Benutzer wird eine IP-Adresse zugeordnet und demjenigen, der die IP-Adresse zuordnet, könnte auch die Identität desjenigen bekannt sein, welcher dahinter steht. Nebst der IP-Adresse erwarten aber Internet-Benutzer die Angabe einer Identität im umgangssprachlichen Sinn. Im E-Mail-Kontakt ist das Weglassen oder Verwischen von Identitäten eines der Elemente des Spamming.

Verschiedenste Applikationen verlangen Authentifizierungen, beispielsweise e-Banking mittels Tan resp. Index Tan oder die Authentifizierung mittels biometrischer Merkmale wie Fingerprint oder Kombinationen verschiedener Authentifizierungsmerkmale.

Die meisten heute verwendeten Authentifizierungen prüfen aber nicht die Identität des Benutzers, sondern *verifizieren* nur, ob der (Hash)-Wert des Benutzers mit dem auf dem System hinterlegten *Wert* übereinstimmt. Eigentliche Identifizierungen, nämlich das Feststellen des (amtlichen) Personenstandes lässt sich mittels der heute verwendeten Methoden der Authentifizierungen aktuell nicht bewerkstelligen. Deshalb ist es auch durchaus möglich, sich andere oder mindestens *Teilidentitäten* zu geben, um im Internet zu kommunizieren. Je nach konkreter Situation kann eine Person in der virtuellen Welt über die *Schnittstelle* eines Verwaltungsrates, die Schnittstelle als Privatperson, die Schnittstelle als Präsidentin des Turnvereins etc. kommunizieren.

Das Phänomen, dass Personen ihre Identität verändern, unterdrücken oder eine andere Identität annehmen, ist nicht neu. Im Internet wird dies sicher (zum Teil auf sehr lustvolle Art) häufiger praktiziert als in der realen Welt. Interessant ist in diesem Zusammenhang die Frage, ob nicht auch ein gewisses *Recht auf Anonymisierung* oder wenigstens *Pseudonymisierung* besteht, wenn man sich privat und ohne Absicht auf Vertragsabschluss im Internet bewegt.

Digital Rights Management-System

Mit Digital Rights Management-Systemen *verwalten* Berechtigte an urheberrechtlichen Werken und insbesondere auch Dokumenten deren *Zugang und die Benutzung*. Unter urheberrechtlich geschützten Werken versteht man insbesondere literarische und künstlerische Werke, Werke der Baukunst, Film- und Musikwerke und Computerprogramme. Urheberrechtsfähig sind auch nur Teile oder Entwürfe solcher Werke.

Dass Urheberinnen und Urheber oder die durch sie berechtigten Verwerter (beispielsweise Verwertungsgesellschaften) von Werken, mit technischen Hilfsmitteln alles unternehmen, um *Missbrauch zu verhindern* und für berechtigten Gebrauch ein angemessenes *Entgelt* zu erhalten, ist nur allzu verständlich. Diese Bestrebungen werden in den Urheberrechtsgesetzen der Europäischen Union und auch in der Schweiz berücksichtigt. Für Arbeitgeberinnen- und Arbeitgeber können DRM-Systeme implizit eine gewisse Sicherheit bieten, dass ihre Arbeitnehmerinnen und Arbeitnehmer im Rahmen der vertraglichen

Pflichten keine Urheberrechte verletzen. Zudem können sie selber mit der Einrichtung von DRM-Systemen kontrollieren, wer Dokumente (auch solche mit *Personendaten*!) in welcher Form benutzen kann. Speziell für Dokumente, welche sich auf den immer häufiger eingesetzten *Collaboration Suite* befinden, kann dies von grosser Wichtigkeit sein.

Der breite Einsatz von DRM-Systemen verhindert aber faktisch die vom Gesetzgeber gewünschte Möglichkeit des *Eigengebrauchs* bestimmter urheberrechtlich geschützter Werke. Da sehr viele der für die Informationsgesellschaft unabdingbaren Ressourcen urheberrechtsfähig sind, kann dies zu einer künstlichen Verknappung der Informationen führen. In diesem Bereich muss mit Sicherheit noch eine Wertediskussion geführt werden.

Zusammenfassung

Wie aus den obigen Ausführungen ersichtlich ist, ergeben sich im Rahmen der virtuellen Welten nicht nur neue Rechtsaspekte. Viele Rechtsfragen im Internet sind alt, nur das Medium ist neu.

Neue Rechtsaspekte eröffnen sich aber aufgrund der *Dimension* des Internets. Im Internet beteiligten sich global sehr *viele Akteure,* was auch wirtschaftlich mit *grossem Umsatz* verbunden ist. Ältere, vielleicht früher eher untergeordnete Rechtsprobleme werden somit gewichtiger und bedürfen einer anderen Behandlung.

Weil das Medium Internet als solches für die Funktionsfähigkeit der Informationsgesellschaft erfolgskritisch ist, werden Fragen der Sicherheit des *Internets als «Verkehrsraum»* zunehmend wichtiger. Relevant ist dabei die Sicherheit des Internets als solches, aber auch das Vertrauen in die Akteure, mit denen man sich austauscht und gegebenenfalls Verträge abschliesst. Die *Einschätzbarkeit* der anderen Person (Aspekte von Identität) und die *Berechenbarkeit* ihrer Handlungen (Trust) bedürfen einer anderen Handhabung als in der realen Welt.

Die Bedürfnisse nach Sicherheit, sowohl was die Betriebssicherheit des Systems Internet als auch die Sicherheit betreffend die Identitäten der Vertragspartner und das Vertrauen in Willensäusserungen anbelangt, ruft nach grösserer *Kontrolle*. Dazu werden Verschlüsselungen, Signaturen, Monitoring-Systeme etc. eingesetzt. Wer sich im Internet als Bürger der Informationsgesellschaft bewegt, hat aber auch ein legitimes Bedürfnis nach unabhängiger und unkontrollierter Meinungsbildung und somit nach *Privatheit* evtl. sogar nach Anonymität. Diese Zielkonflikte müssen im Sinne einer Wertediskussion rechtspolitisch ausdiskutiert und geregelt werden.

Privacy within Tomorrow's Internet

Thomas B. Hodel, Alma Schütter und Michael Biedermann

1 Introduction

The explosive development of privacy invasive technology like *identity management systems* (Covell, 1998; Warwick, 2002) (biometric technologies, radio frequency identification, bio-implants, DNA sniffers), *location based services* (cellular systems, wireless local area networks, bluetooth, ultrawide band) and *ambient intelligence* (Ducatel, 2001; Weiser, 1991) shifts privacy issues onto a global level.

In this paper and in the context of a digitalized world we understand under privacy the right of individuals to exercise autonomy in controlling their personal data. Therefore privacy enhancing technologies were developed like *digital identity manager* (Registratiekamer, 1995; Gabber, 1997; Köhntopp, 2000; Jendricke, 2003), *digital credentials* (Chaum, 1985; Camenisch, 2001), *anonymous communications and transactions in the internet* (Goldschlag, 1999; Reiter, 1998; Berthold, 2001; Chaum, 1981), *platform for privacy preferences* and *privacy-protection systems at the enterprise level* (Karjoth, 2003; Agrawal, 2002; Westin, 1967). All these systems contribute valuable solutions for enhancing privacy. Some of them are even in conflict with national security interests and data protection laws.

It is time for individuals to regain control over their private data, and that people get autonomy over their virtual shadows, which are spread over a number of different organizations. We argue that future database systems must provide autonomy for people for the privacy of data they manage. We further enunciate the key principles for such a data processing system. Our principles are built on current privacy legislations and guidelines, and do not only include technical issues, but also include legal and organizational points. We propose a design based on our principles, identify privacy and security challenges and problems, and suggest some approaches to solving these. Our main goal is to find a realistic and practical solution to return the control and autonomy over personal data to private individuals to increase privacy and end the current approach, in which organizations handle private data, hopefully in accordance with existing data protection laws, often without a person's knowledge or consent.

If such an approach should be widely accepted, its impact dare not hinder business and/or national security. Therefore we do not claim that our system guarantees complete privacy but we believe that this concept can influence people's awareness about their personal data. We do not intend our proposal as a replacement for existing privacy-enhancing technologies (see part 4) but rather as an additional concept which could be used within these technologies. We also recognize that not all data live in database systems. We hope that our concept will provide additional inducement for personal data to be sent back to where it belongs. If nothing else, our concept of a user-controlled Personal Data Identification System may provide guidance for similar structures in other types of data repositories.

In the next two parts we present a summary of privacy-affecting technologies and its privacy issues. Our privacy enhancing concept (see part 5), which separates business data from personal data, so that matching processes can be controlled by the person involved, will build up trust in Information Society services. It empowers people by strengthening a user's control over its own data and the kind of processes he or she allows.

2 Privacy issues of privacy invasive technology

Identity-related technologies, location-based services and ambient intelligence technologies certainly risk the loss of anonymity and raise a number of privacy concerns.

Identity management systems could play a critical tool for the citizen, based on the growing number of services. A unique access tool creates an 'electronic' witness of a major part of the citizen's online life. Furthermore these technologies have to comply with the regulatory framework concerning privacy rights. To manage and control these data is very difficult, especially if the entities are not from the same regulatory territory.

Biometric data are sensitive and of a personal nature. Therefore even if it is forbidden by law, the risk of being disclosed to a third party is high. Numerous privacy concerns are raised within this topic. Biometric data fully identify a person and provide additional and sensitive information. Medical specificity can be found in fingerprints, iris image, and retina scan, for example. Iris scan and face recognition do not require contact therefore they are more risky for privacy, because they can be diffused or hidden in the local environment.

RFID tags can be accessed as well 'contact less' since they are also invisible. Therefore RFID tags raise specific privacy concerns such as user awareness and empowerment. RFID tags represent a sort of identity management system, as soon as the tags are linked to the owner of an object, thus defining the extent of privacy compromise.

In the near future, cellular system and WLAN technologies will diffuse mobile broadband services. Wireless communication increases privacy concerns regarding personal data, traffic data and location data. Negative consequences may arise for users when databases are mined.

Location based services raise important privacy questions. All citizens will have a shadow in the virtual world. Physical location and movements will be stored as personal, traffic and location data within the virtual world. Different parties are involved in the value chain of a location based service, therefore there is an even higher risk with regard to respecting and protecting privacy rules.

Monitoring and surveillance capabilities, using ambient intelligence, will emerge on a large scale. Balancing security and privacy in the information society (Maghiros, 2003) (Walters, 2001) will be a *tough* task. Respecting somebody's private life has to be weighed up against issues of national security, public safety, economic wellbeing, prevention of disorder and crime, protection of health and rights and freedom of others.

3 Ethical Reflection

As mentioned above, we are geared to the concept of autonomy, which has become a key notion in the Modern Era (since the 18th Century). In consequence, autonomy functions as a guiding principle for one's action and as a normative idea to be followed in social and technological evolution The concept of autonomy thus serves as a standard for the ethical evaluation of individual action and of technological development. Of course, the intellectual content of it still needs clarification; yet it functions as an ethical authority with its critical, its directive and constructive, in short with its challenging potential. Thus the concept of autonomy is a true representative of modern consciousness, which insists on the humans' responsibility of their moral and legal rights, as well as on the respect for possible self-determination.

3.1 Autonomy as Self-Determination

In today's interdisciplinary discussion of autonomy, the second element of what we just mentioned takes the lead, i. e. self-determination in a moral, political, and legal sense. Here the autonomy principle calls for the respect of a person's private sphere as well as of its external sphere of action, as far as it depends on the person's will. So far, the autonomy principle is a defensive principle; it is meant to regulate external actions, limitations, also in the form of networks, infringements, yet also co-operation, as experienced by the individual human being. Thus the concerned person's right of self-determination must not be limited without good reason, nor against his or her will. However, it is not possible to derive from the autonomy principle – fundamental as it may be – any clear instruction for or any precise evaluation of a specific action. For this requires the immediate confrontation with the factual context. And yet, accepting autonomy as a human potential and a justified claim entails clear consequences. I. Kant has based his concept of autonomy on the conviction that normative obligation presupposes the rational subject's pledge to universalized norms he or she has formulated him- or herself. He thus laid the ground for our claim to self-determination and the ensuing personal responsibility. We may realize and conserve them both, but only as far as we succeed in controlling, refusing, accepting, or modifying external influences (heteronomy) on parts or the whole of our personal identity.

3.2 Informational Self-Determination

With regard to the so-called «informational self-determination», we may say that the principle of autonomy entails the right of monitoring the conditions under which personalized information is acquired and used (ALLEA, 2002). This is admittedly a general, yet still a substantial principle, which needs a circumspect political and legal – and not in the least, technical – concretization. It goes without saying that the current trend will lead to more personal data being generated and used to an ever greater extent. As a result, there will be a greater risk to «informational self-determination».

This problem must be addressed, because all parts of our society are morally and legally concerned when it comes to guaranteeing and protecting «informational self-determination». This is a target value that must not be lost sight of and one that must be articulated repeatedly, particularly when this target value becomes just one element in a process of weighing goods and of due consideration. The autonomous informational self-determination is not an absolute value; it may lose some of is weight in the light of higher and well founded interests (e.g. in criminal prosecutions). In view of certain interests that sometimes compete with each other, such as among individual rights and protection, and public concerns, this principle must be appropriately implemented; especially when considering the consequences of disclosing personal data. This applies to the rules derived directly from the principle of informational self-determination (Privacy, 1995).

3.3 Basic Rules

a) As a matter of principle, an individual should have the right to decide upon the conditions of the generation and use of his/her own relevant personal data; directly following from which, that any personal information resulting from this particular data is collected, disclosed, and made use of so as to be fully respecting the individual's data protection. This concerns «Informational Privacy».
The extent of this «Informational Privacy» protection should be defined and guaranteed through the best possible means. In most cases, this may be achieved when the concerned parties and the users of the particular

information reach an agreement on exactly how the personal information should be disclosed and used. To reach this goal, it is indispensable that the society guarantees a determined fundamental level of data protection rules – with appropriate sanctions, in the event of misuse.

b) When personal information is stored, the concerned individual may rightfully claim that the respective information is correct, current, and complete in relation to the purpose for which it is intended and used. Therefore, the data must exhibit that it is of reliable quality (Principle of Quality). Furthermore, the users of personal data must in principle furnish information on why such information has been collected, what it is used for and what measures have been taken in order to guarantee the confidentiality and the quality of the particular information (Enlightenment Principle or Notice Principle). This principle serves to guarantee that the individual's information is sufficient (and presented in a comprehensible manner) so as to allow him or her to give his or her informed consent (Principle of Informed Consent).

c) Users of the particular information must undertake appropriate technical and organizational measures in order to guarantee the confidentiality and quality (Protection Principle) of personal related data. If such data are processed in a network-type environment, they are under high risk with regard to a third party's unauthorized access, unauthorized transmission, unauthorized modification of data, etc. Appropriate protection requires a discriminating, diversified, and a continuously verified strategy.

d) The «Principle of Fairness» states that those who are accruing advantages based on their rights are not to be doing so as to the disadvantage of others (J. Rawls). In the context of «Informational Self-Determination», this means that personal information is not to be used in opposition to the concerned individual's expectations on how these data should be – with the exception of well justified public interests permitting such use. In this respect, «fairness» means that the users of the particular information have to accept the expectation as developed from the concerned individual's point of view, in order to determine to which extent the data may be used. The goal consists in guaranteeing that those who are concerned and the data users achieve a balanced understanding on what shall be the adequate precautionary measures for suitable, specific use of personal related data that should be taken.

3.4 Security and Privacy

Balancing security and privacy in the information society will be a *tough* task. Respecting somebody's private life has to be weighed up against issues of national security, public safety, economic wellbeing, prevention of disorder and crime, protection of health and rights and freedom of others (Maghiros, 2003; 2001). It is impossible to make a prediction as to which side the future will lie on, but the risk of losing privacy, the «right to be let alone», «the right to select what personal information about me is known to what people», in the information society is rather high (Warren/Brandeis, 1890; Westin, 1967).

From our point of view, citizens will lose their entire privacy if nothing is done against current developments. To strengthen privacy and security, actions on legal, organizational and technical issues are required (Lessig, 1999). These three elements are included in our approach to privacy-enhanced database systems which we explain in part 6. In the following section we summarize what has already been done in the field of privacy-enhancing technology in order to combat the afore-mentioned risks within this area.

4 State-of-the-art privacy enhancing technology

The term Privacy-Enhancing Technology (PET) originated in the mid-nineties from a study that investigated technological measures to curb the use of identifying data in information systems (Registratiekamer, 1995). Nowadays the term PET is widely used, and refers to technologies which aim to eliminate the use of personal data in information systems or to restore the user's control over the revelation of personal data (Burkert, 1997). In a wider sense, one could say that the term PET represents all technologies which pertain to protecting an individual's privacy.

Many privacy enhancing technologies aim to allow anonymous transactions and anonymous communication in the Internet. While this is clearly the most effective approach to avoid the creation of personal data, it remains to be seen whether service providers are willing to embrace these technologies. The approach of enterprise-level privacy policies promises to guarantee that enterprises do indeed process data according to their declared policy. However none of the technologies presented in this section offer a combination of legal and technical means to restore users' control over personal data. New approaches need to be found that let users regain control of personal data stored in a multitude of databases.

5 Founding principles

Privacy enhancement can be understood as an increase in the control which each customer has regarding personal data which is shared with organizations.

Our founding principles are motivated by the value of privacy itself. These principles are rooted in existing data protection laws. They articulate what it means for a personal data collection system to responsibly manage private information. We argue for the following six 'new' principles, in addition to the several privacy regulations which already exist.

Consent:	People know when their privacy data are stored and have to consent this storage.
Purpose:	Persons affected (see consent) must have the possibility to specify the purpose and usage of their data.
Separation:	Personal data and any other business data have to be stored separately.
Audit:	Transactions involving personal data must be recorded in transactional logs. Persons affected can then follow executed transactions and retrace usage of their personal data.
Participation:	Persons affected have access to their personal data, its usage and purpose specification. They can choose where and how to manage their personal data.
Ease of use:	Persons affected have the choice to bundle access to personal and audit data through portals and can define automatically applied patterns.

5.1 Consent

Nowadays almost any transaction, regardless of what it represents, is recorded. As long as no exact identification of a specific person can be made by using these data, no privacy issues are involved and there is no need for us to care about it. As soon as these data are linked to personal data, however, privacy could be jeopardized.

In most cases, people do not remember which companies store their data; they often have no chance to know this because in many cases they are completely unaware of such a data collection.

5.2 Purpose

Personal data can be used for different purposes and it is often used against people's intentions. This data-misuse problem can be solved if organizations put the people affected in a position from which they can influence the further data management. Each organization defines its own purposes which determine the intended use of personal data. Individuals are then able to decide how these settings should be applied to their personal data.

5.3 Separation

An area which urgently requires more attention with respect to privacy and security, is the stage at which business data is separated from personal data. During such a separation, business data, which contains sensitive information, can be used for data mining without any need for the person's consent.

5.4 Audit

Both people and organizations must have the possibility to understand and detect unauthorized uses of personal data. This leads us to the need for audit information where all executed transactions which accessed personal data can be traced.

5.5 Participation

While discussing the principles above, we saw why it is so important for people to manage and control the usage of their data. On the one hand, customers must be informed about further utilization of personal data, and on the other hand, they must be able to give their consent for any usage purpose.

5.6 Ease of use

The central idea is to aggregate the information shared with all the organizations we are dealing with, and to create one personal portal. This provides people with a better overview and ensures that organizations know where users are managing their data and that they are informed of any changes.

6 Design

In this part of the paper, we discuss the design aspect. We study a scenario and visualize the idea of purpose specification with the help of two examples. Furthermore, we outline the structure to indicate the direction in which the set-up of such databases could be preceded, however, we are unable to provide a full implementation guide.

6.1 A use scenario

Avatara and Belios are two on-line booksellers who want to enhance customers' confidence in their company by implementing an autonomic database system. The main idea is to provide a service which gives customers the possibility to define what happens after personal data is entrusted to their companies. Basically, customers set purposes for their personal data usage. During the process in which business data is separated from a customer's personal data, this anonymous business data can be used for data mining and data analysis. References from business to personal data always need a customers' consent.

Additionally, customers are able to see and verify all executed transactions in a transactional list (audit trail), which is automatically updated each time the personal data is accessed.

In this section, we look at examples revealing how the two booksellers handle this requirement and what purpose specifications they define.

6.1.1 Purpose Specification Belios

Avantara and Belios must observe legal regulations and inform customers about these exceptions. For example, in the case of criminal investigations, personal data may be handed over to public agencies without the customer's consent.

Avantara and Belios have different opinions about how much information and customer's cooperation is necessary. Belios defines only a few settings for purpose specifications of personal data, and only asks general questions, for example, if the customer would like to receive advertisements.

6.1.2 Purpose Specification Avantara

Avantara, on the other hand, gives customers various possibilities to define purpose specifications regarding the use of their personal information. For instance, Avantara assumes that customers have preferences as to which information should come via which channel. Hence Avantara offers various channels for communication and makes distinctions between private and business phone numbers. Furthermore, customers can classify how they prefer to be contacted. These options are contracted under the tab «Contact». Under «Order», general order properties are defined, such as whether or not customers wish to be informed about their order status. Other companies and individuals are also employed to perform functions on Avantara's behalf. Examples include fulfilling orders and delivering packages, sending postal mail and emails, etc. They require access to personal information which is necessary in order to perform their functions, but they are not permitted to use it for any other purpose. Avantara guarantees that business or personal data is never passed to third parties without the customer's prior agreement, and that customers are always asked if data may be used for purposes other than those defined at the beginning. For customers who don't want to answer each single question under the «Defaults» tab, Avantara defines settings-categories for data usage. The data usage allowance can be set on «Minimum» or «Maximum». Last but not least, Avantara gives customers the chance to define the intensity of advertisement.

Alice and Bob (compare Agrawal, 2002) are looking for a skilled online bookseller, whereby Avantara and Belios are short-listed. Alice is a privacy fundamentalist who normally doesn't want companies to retain any information once her purchase transaction is complete. However, she is willing to commit her personal data in order to receive some specific information if she can be certain that her data will be handled confidentially and only for the chosen purposes. For this reason, Alice decides to buy her books at Avantara since there she has the best overview of her personal data usage. Bob, in contrast, is a privacy pragmatist. He appreciates the convenience of only having to provide his email and postal address once when registering with organizations. He likes to receive new recommendations, but does not want to be part of purchase circles. He also chooses Avantara but his reasons are different from Alice's.

Tent is Avantara's privacy officer. He is responsible that the information system complies with the company's privacy policies. Mallory is an employee and he has questionable ethics.

6.2 Architecture

Central to the design is the active participation of customers in providing specific information within the organizational systems.

6.2.1 Components

Customers Data Requestor is responsible for opening a communication channel to the Request Handling Agent, which is located on the Customers Data System side.

Request Handling Agent only accepts properly formulated requests from the corresponding Customer Data Requestor.

Privacy Settings Rule Model covers rules which determine for which purposes customers' personal data can be accessed. These rules are constituted in the Privacy Control Settings. Trent designs these privacy definitions with regards to the company's privacy policy. For instance, he determines the purposes as to when a customer's email address can be used.

Rule Compliance Validator examines whether or not a personal data request complies with the Privacy Control Settings of each user.

Access Control takes care of accesses before and during query execution. Access Control is carried out on both the Business and Personal Data Identification System.

Query Intrusion Detection checks the accuracy of accesses after the queries by comparing the access with the usual access patterns for queries with that purpose and by that user. For example, Mallory decides to steal all email addresses of Avantara's registered users and to sell them to Avantara's competitors. Normally customers' email addresses can only be accessed for sending them recommendations or offers, or to enable order status tracking etc., as defined in the Privacy Settings Rule Model. Before the query results are returned, the Query Intrusion Detection matches these queries with the usual access patterns and detects the fraud.

Audit Trail records all possible queries for privacy audits and addresses challenges regarding compliance. Furthermore, this is where the customer's personal preferences as well as any changes to the Privacy Control Settings are maintained. Since customers have access to audit information, they are in a position to view all transactions and to detect any fraud.

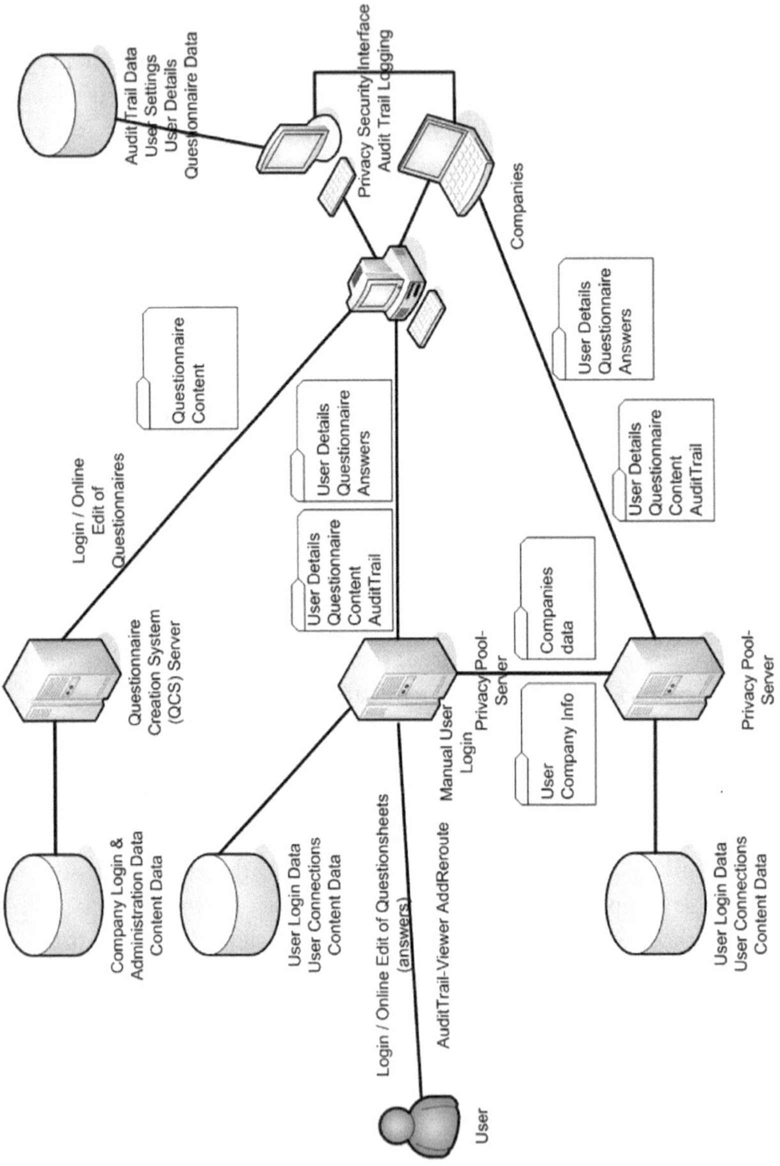

Fig. 1: Architecture Collaboration Model.

6.2.2 Privacy Policy

Fig. 1 illustrates the separation of customers' personal and business data. The privacy policies of the two systems therefore differ in certain aspects, as explained in the following section.

6.2.2.1 Business Data System

Authorized users and applications of the Business Data System are specified in the privacy policy. These are the set of Avantara's employees and applications who, or respectively which, can access particular information. The anonymous business data is accessible for purposes such as data maintenance, data mining and data analysis. As a result of the data separation, Avantara doesn't require a customer's personal information for most data mining and analysis activities – that is, not until Avantara addresses its customers directly.

6.2.2.2 Personal Data Identification System

The privacy policy for the Personal Data Identification System is more sophisticated and consists of three main parts.

Authorized users
This is a group of employees, customers and applications. Employees and applications access this data for maintenance purposes only. Customers, in comparison, access the Privacy Control Settings to assign their preferences and restrictions with regard to data usage. Moreover, customers access Audit Trail information to view and verify the suitability of the use of their personal data. Returning to our example case, Mallory is employed by Avantara to maintain customers' business data, therefore he has no authorization to access customers' personal data.

Rule Mechanism
Privacy rules are defined in the Privacy Settings Rule Model. This model covers rules which determine the general purposes for which customers' personal data can be accessed. The Rule Compliance Validator checks customers' Privacy Control Settings to examine if specific accesses should be allowed.

Request / Reply Mechanism

The only way of connecting anonymous business data to customers' personal data is via a communication channel between the Customer Data Requestor and the Request Handling Agent. The Customer Data Requestor asks for information from the Request Handling Agent, which handles these requests and sends back a reply verified by the rule mechanism.

6.3 Queries

Avantara decides to launch a new marketing promotion, and therefore selects 500 records from the Business Data, with the intention of sending these customers specific recommendations per post or per email. In order to do so, Avantara needs to access the Personal Data Identification System where customers' addresses are stored. The access from the Business Data System to the Customers Data System is only possible via a controlled channel. All queries for customers' personal data are first sent to the Customer Data Requestor. The Customers Data Requestor forwards these queries to the Request Handling Agent, which is located in the Personal Data Identification System. The Request Handling Agent passes all properly formulated queries it receives to the Rule Compliance Validator. The query for customers' postal or email addresses with the purpose «recommendation» was sent by an authorized employee at Avantara. The Rule Compliance Validator now checks, in accordance with the Privacy Settings Rule Model, if this query can be accepted. After the commit, customers' Privacy Control Settings are checked. Alice stipulated in her Privacy Control Settings that she doesn't want to receive any recommendation whilst Bob would like to be sent recommendations per email. Therefore only Bob's email address is sent back to the Customer Data Requestor.

7 New Challenges

Now we describe some interesting problems which we identified in our principles and design. This list is by no means complete; its purpose is to initiate discussions.

7.1 Consent

The cornerstone would be a new international data protection law, which requests the explicit consent of a person before personal data can be stored. Furthermore, the law stipulates that this person must have access to his/her data, to specify purposes and to control audit information.

How can organizations which do not care about this law be identified? Are normal individuals qualified to handle their personal data or instead to instruct a company specialised for this purpose?

However – and this is a crucial point – at least a person knows which databases store information about him/her.

7.2 Purpose

No one is willing to spend several minutes specifying purposes, therefore a low amount of fixed categorizations have to be defined in which each category includes several purpose specifications. Then people can choose to make settings either only on the category level and/or for each purpose.

7.3 Separation

A physical or logical separation is necessary according to the principle of separation. This makes any IT-architecture more complicated. In addition, the architecture has to be extended with a strong identification functionality. To increase confidentiality, the 'Personal Data Identification System' (see *Fig. 1*) should be certified by a third party.

7.4 Audit

Within this scenario, three main questions arise. How can an individual set up his/her *complaint* and who will receive this message? What kind of competence or interest could such a 'compliance office' *persecute?* What kind of consequences may occur for the principal offender? Furthermore, 'Rule Compliance Validator' agents activated by the customer represent several security and privacy risks, despite being *convenient* for the customer.

7.5 Participation

Participation requests a certain kind of connection to the control *equipment* of the purpose specification and audit information. This communication and requested identification must be secure. Misuse cannot be tolerated.

7.6 Ease of use

We propose a hybrid solution. Each person can decide how centralized he/she would like to treat his/her personal data. A centralized system is quicker and easier to handle but encompasses more privacy risks than a decentralized system; however they could both provide a higher level of security.

8 Closing remarks

Organizations collect large amounts of personal data about their customers. Even although they promise privacy to their customers by means of privacy statements, there is no methodology to enforce these promises throughout and across multiple organizations. This paper illustrates the way in which 'autonomic databases' can be achieved; it also defines legal and organizational principles as well as technical privacy-enabled database management systems for increasing personal privacy. We present a vision of a system that takes responsibility for the privacy of the data which it manages. Its comprehensive privacy-specific approach expresses how individuals regain control over their own personal data. From a user's point of view, this will incline towards 'autonomic database' systems. Our approach offers a realistic, practical and pragmatic solution for enhancing peoples' privacy, without hindering organizations' business.

References

Agrawal, R. / Kiernan, J. / Srikant, R. / Xu, Y. (2002). *Hippocratic databases.* VLDB.

ALLEA (2002). The European Federation of National Academies of Arts and Sciences 2002, *Privacy Protection in the Information Society.* Amsterdam: All European Academies (ALLEA).

Berthold, O. / Federrath, H. / Köpsel, S. (2001). Web mixes: A system for anonymous and unobservable internet access. Designing privacy enhancing technologies. In Federrath, H. (Ed.), *International workshop on design issues in anonymity and unobservability*, vol. 2009, Springer, 2001, pp. 113–129.

Burkert, H. (1997). «Privacy-enhancing technologies: Typology, critique, vision,». In Agre, P. / Rotenberg, M. (Eds), *Technology and privacy – the new landscape.*

Camenisch, J. / Lysyanskaya, A. (2001). An efficient system for non-transferable anonymous credentials with optional anonymity revocation. In Pfitzmann, B. (Ed.), *Advances in cryptology – eurocrypt 2001.* International conference on the theory and application of cryptographic techniques, Innsbruck, proceedings, vol. 2045, Springer Verlag, Berlin, 2001, pp. 93–118.

Chaum, D. L. (1981). Untraceable electronic mail, return addresses and digital pseudonyms. In *Communications of the ACM* 24 (1981), no. 2, pp. 84–88.

Chaum, D. (1985). Security without identification: Transaction systems to make big brother obsolete. In *Communications of the ACM* 28 (1985), no. 10, pp. 1030–1044.

Covell, P. / Gordon, S. / Hochberger, A. / Kovacs, J. / Krikorian, R. / Schneck, M. (1998). *Digital identity in cyberspace.* Conference on Legal / Technical Architectures of Cyberspace, 1998.

Ducatel, K. / Bogdanowicz, M. / Scapolo, F. / Leitjen, J. / Burgelman, J.C. (2001). *Scenarios for ambient intelligence in 2010.* IPTS Publications.

Gabber, E. / Gibbons, P. B. (1997). *How to make personalized web browsing simple, secure, and anonymous.* First International Conference on Financial Cryptography, 1997, pp. 17–32.

Goldschlag, D. / Reed, M. / Syverson, P. (1999). Onion routing for anonymous and private internet communications. In *Communications of the ACM* 42 (1999), no. 2.

Jendricke (2003). *Sichere Kommunikation zum Schutz der Privatsphäre durch Identitätsmanagement*, vol. Rhombos, Berlin.

Karjoth, G. / Schunter, M. / Widner, M. (2003). Platform for enterprise privacy practices: Privacy-enabled management of customer data. In Dingledine, R. / Syverson, P. (Eds), *Privacy enhancing technologies.* Springer.

Köhntopp, M. (2000). Generisches Identitätsmanagement im Endgerät. In Grimm, R. / Röhm, A. (Eds), *GI-workshop Sicherheit und Electronic Commerce* – wssec 2000'. Bonn: Köllen.

Lessig, Lawrence (1999). *Code and Other Laws of Cyberspace.* New York: Basic Books.

Maghiros, I. / Centeno, C. / Rodríguez, C. (2003). *Security and privacy for the citizen in the post-september 11 digital age: A prospective overview.* IPTS Publications.
Privacy and the National Information Structure 1995, Principles for Providing and Using Personal Information, available from: http://www.cdt.org/privacy/comments_iitf.html, last visit: September 2004.
Registratiekamer, T. N. (1995). *Privacy-enhancing technologies: The path to anonymity.* vol. 2002, 1995.
Warwick, K. (2002). *Identity and privacy issues raised by biomedical implant.* IPTS Publications.
Weiser, M. (1991). The computer of the 21st century. In *Scientific American* (1991), pp. 94–101.
Westin, A. F. (1967). Privacy and freedom. New York NY: Atheneum.

Autoren und Autorinnen, Herausgeber und Herausgeberin

BIEDERMANN, MICHAEL, Ing. FH, ATW Management AG, Technikumstrasse 14, CH–9470 Buchs SG, mbiedermann@atw-management.com

BRAUN, TORSTEN, Prof. Dr., Institut für Informatik und angewandte Mathematik, Universität Bern, Neubrückstrasse 10, CH–3012 Bern, braun@iam.unibe.ch

BREIDENBACH, JOANA, Dr., Ethnologin, Bayerische Strasse 3, D–10707 Berlin, joanabreidenbach@hotmail.com

BÜHLER-ILIEVA, EVELINA, Dr., Oberassistentin am Soziologischen Institut der Universität Zürich, Andreasstrasse 15, CH–8050 Zürich, eveli@soziologie.unizh.ch, www.suz.unizh.ch/partnerwinner

GRONER, RUDOLF, Prof. Dr., Institut für Psychologie, Universität Bern, Muesmattstrasse 45, CH–3012 Bern, rudolf.groner@psy.unibe.ch

HENTSCHEL, ELKE, Prof. Dr., Institut für Germanistik, Universität Bern, Länggassstrasse 49, CH–3012 Bern, elke.hentschel@germ.unibe.ch

HODEL, THOMAS B., Dr. rer. inf., lic. theol., Forschungsstelle f. Sicherheitspolitik LEH D 5, Leonhardshalde 21, CH–8092 Zürich, hodel@sipo.gess.ethz.ch

HÖLZER, SIMON, PD Dr. med., H+ Die Spitäler der Schweiz, Lorrainestrasse 4A, CH–3013 Bern, Simon.Hoelzer@hplus.ch

KRAEMER, HARALD, Dr. phil., Institut für Kunstgeschichte, Universität Bern, Hodlerstrasse 8, CH–3011 Bern, harald.kraemer@ikg.unibe.ch

LISCHKA, GERHARD JOHANN, Dr., Kulturphilosoph, Gerberngasse 21, CH–3011 Bern, gjlischka@bluewin.ch

MYRACH, THOMAS, Prof. Dr., Institut für Wirtschaftsinformatik, Universität Bern, Engehaldenstrasse 8, CH–3012 Bern, thomas.myrach@iwi.unibe.ch

PAPADOPOULOS, ALEXANDRA, Computerspielentwicklerin und Informatikerin, Zurlindenstrasse 15, CH–8003 Zürich, wusi@limmat.ch

PRESTIPINO, MARCO, M. Sc., Departement für Informatik, Universität Zürich, Winterthurerstr. 190, CH–8057 Zürich, presti@ifi.unizh.ch

SCHOLLERER, ESTHER, lic. phil., Institut für Psychologie, Universität Bern, Muesmattstrasse 45, CH–3012 Bern, esther.schollerer@psy.unibe.ch

SCHÖNHAGEN, PHILOMEN, Prof. Dr., Departement Gesellschaftswissenschaften, Fachbereich Medien- und Kommunikationswissenschaft, Universität Fribourg, Bd de Pérolles 90, CH–1700 Fribourg, philomen.schoenhagen@unifr.ch

SCHÜTTER, ALMA, Institut für Informatik, Universität Zürich, Binzmühlestrasse 14, CH–8050 Zürich, alma.schuetter@iew.unizh.ch

SCHWABE, GERHARD, Prof. Dr., Departement für Informatik, Universität Zürich, Winterthurerstr. 190, CH–8057 Zürich, schwabe@ifi.unizh.ch

SURY, URSULA, Die Advokatur Sury, Alpenquai 4, CH–6002 Luzern, Ursula.Sury@dieadvokatur.ch; Prof. an der Fachhochschule Zentralschweiz FHZ, www.hsw.fhz.ch

WISSMATH, BARTHOLOMAEUS, lic. phil., Institut für Psychologie, Universität Bern, Muesmattstrasse 45, CH–3012 Bern, bartholomaeus.wissmath@psy.unibe.ch

ZWAHLEN, SARA MARGARITA, lic. theol., VDM, wissenschaftliche Mitarbeiterin des Collegium generale, Universität Bern, Hochschulstrasse 4, CH–3012 Bern, zwahlen@hdu.unibe.ch

FSC
www.fsc.org
MIX
Papier | Fördert gute Waldnutzung
FSC® C083411

Kolibri 360 GmbH
Ferdinand-Jühlke-Straße 7
99095 Erfurt, Deutschland
produktsicherheit@kolibri360.de

Druck:
CPI Druckdienstleistungen GmbH
im Auftrag der
Kolibri 360 GmbH
Ferdinand-Jühlke-Str. 7
99095 Erfurt